D1665046

SV

Tankred Dorst
Merlin

oder Das wüste Land

Mitarbeit
Ursula Ehler

Mit einem Nachwort
von
Peter von Becker

Werkausgabe 2

Suhrkamp Verlag

Erste Auflage 1985
© Suhrkamp Verlag Frankfurt am Main 1981
Alle Rechte vorbehalten
Druck: MZ-Verlagsdruckerei GmbH, Memmingen
Printed in Germany

Peter Zadek in
Freundschaft gewidmet

Inhalt

Personen der Handlung

Christus. Engel und Geister
Der Teufel, heidnische Götter und Dämonen.
  Waldgeister, Naturgeister

Merlin

Die Riesin Hanne und ihr Bruder, der Clown.
  Verschiedene Personen, die ihnen begegnen
Der barbarische König Vortiger, sein Zauberer, sein Volk
König Uther Pendragon

König Artus
Königin Ginevra

Sir Lancelot vom See
Sir Mordred, König Artus' unehelicher Sohn, und seine vier
  Halbbrüder: der tapfere und strahlende Sir Gawain, der
  neidische Sir Agrawain, der stumpfe Sir Gaheris, Sir Ga-
  reth das Kind
Deren alte Mutter Morgause, die immer noch Liebhaber
  hat
Sir Ither mit der roten Rüstung
Der eitle Sir Lamorak
Der pedantische Sir Girflet
Der wütende Sir Orilus
Sir Iwain mit seinem Löwen
Der König von Cornwall und der König von Wales
Der grobe Sir Ironside
Der treue Sir Kay
Sein Vater Sir Ector von Maris, der Kay und Artus zusam-
  men aufgezogen hat
Sir Segramur
Die beiden hübschen jungen Ritter Sir Beauface und Sir Per-
  sant
Sir Turquine
Der schneeweiße Sir Galahad, Sohn von Sir Lancelot und
  Elaine
Elaine, die den verwirrten Sir Lancelot mit einem Trick ver-
  führt
Blasius, der Chronist

12

Der amerikanische Schriftsteller Mark Twain
Dagobert, der Müllmann
Der Tod, ein chinesischer Akrobat
Der Tod, der Grüne Ritter
Die hysterische kleine Astolat, die Sir Lancelot verfällt und
  sich umbringt
Ihr kummervoller Vater Sir Bernhard und Sir Lavaine, ihr
  Bruder
Die Zauberin Morgane le Fay, König Artus' Schwester
Die schöne Orgelouse, die die Männer haßt, bis sie Sir Ga-
  wain begegnet
Die hundert Frauen in Klingsors Turm
Mordreds unwürdiger Anhang: der Catcher mit den eisernen
  Zähnen, der tätowierte Matrose, die affenähnliche Mißge-
  burt, die beiden geschminkten Strichjungen, der fette
  Dandy mit Monokel, die elfjährige Nutte
Der kleine alte Papst

Parzival
Seine Mutter Herzeloide, die aus Kummer und Wut verrückt
  geworden ist

Zwei eitle Ritter, die Parzival für Engel hält
Die schöne Blanchefleur, die er liebt
Die kichernde Jeschute

Die kleine Waldnymphe Viviane, der Merlin verfällt

Merlin wurde am 24. Oktober 1981 im Düsseldorfer Schauspielhaus uraufgeführt. Regie führte Jaroslav Chundela.

Prolog

Der von tausend Glühbirnen illuminierte Christus vertreibt die heidnischen Götter. Blitze zerreißen den Himmel. Gebrüll. Schrilles Gekreisch. Scheinwerfer stöbern die heidnischen Götter auf. Sie fallen von hoch oben hinunter ins Dunkel. Sie flüchten in die Wälder, sie verstecken sich in den Städten.

Merlins Geburt

Jemand schreit, jemand schimpft.
Ein Mann und eine Frau streiten sich, der Mann will anschei-
nend die Frau verlassen. Die Frau wimmert. Eine Scheibe
klirrt. Jemand reißt eine Tür auf. Jemand fällt herunter.
Dann Stille. Dann eine Männerstimme:
– Da war gar kein Balkon!

*Der Clown, ein massiger grober Kerl, kommt hinkend her-
ein, bleibt stehen, glotzt.*
FRAUENSTIMME *schreit:* Wo bist du denn?
CLOWN *horcht, schweigt.*
FRAUENSTIMME *schreit:* Wo bist du denn? Wo bist du denn?
CLOWN *schreit:* Hier! *Er läuft schnell an eine andere Stelle,
bleibt dort stehen, steif, hält die Luft an, macht die Augen
zu.*
HANNE *eine schwangere Riesin, erscheint an der Stelle, wo der
Clown vorher gestanden hat, schreit:* Wo bist du denn? Du
bist ja gar nicht da!
CLOWN *schweigt, blinzelt, hält dann die Hände vor die Au-
gen.*
HANNE *horcht, kreischt dann:* Wo bist du denn verschwun-
den?
CLOWN *schreit:* Hier! *Er springt mit einem Satz weg, wirft sich
platt auf den Boden.*
HANNE *läuft dorthin, wo er vorher war:* Da bist du nicht! Ich
sehe dich nicht!
CLOWN *schreit:* Doch! Da bin ich! *Springt schnell auf, will
wegrennen, knallt mit dem Kopf gegen einen Eisenpfeiler,
heult:* Huh! Mein Kopf ist kaputt!
HANNE *läuft hin, entdeckt ihn, schreit:* Da bist du ja! Da bin
ich aber froh! Ich dachte, du willst mir weglaufen.
CLOWN *schreit:* Nein, nein! Ich war nur ganz in Gedanken!
HANNE *schreit:* Was hast du denn gedacht?
CLOWN *schreit:* Was ich gedacht habe? Ich habe gedacht, was
für ein Pech ich habe, weil ich eine so blöde Schwester
habe, die nicht einmal weiß, wer der Vater von ihrem Kind
ist!
HANNE *schreit weinend:* Ja! Ja!

Die schwangere Hanne und ihr Bruder suchen den Kindsvater   21

CLOWN *schreit:* Und ich soll in der ganzen Welt herumrennen und ihn suchen!

HANNE *schreit weinend:* Ja! Ja!

CLOWN *schreit:* Wie hat er denn ausgesehn?

HANNE *schreit:* Es war doch dunkel!

CLOWN *schreit:* Hat er denn was gesagt?

HANNE *schreit jubelnd:* Ja, ja! Er hat was gesagt!

CLOWN *schreit:* Was hat er denn gesagt?

HANNE *schreit jubelnd:* Zuckermaus!

CLOWN *deutet auf einen Zuschauer:* Haben Sie das gesagt?

ZUSCHAUER *schüttelt den Kopf*

CLOWN *bricht klagend zusammen:* Den finden wir nie! Wer soll denn die Alimente zahlen! Ach, ich Armer, daß ich dein Bruder bin!

HANNE *schreit weinend:* Ach je! Ach je!

CLOWN *schreit:* Schrei nicht so, ich muß jetzt schlafen! *Er rollt sich zusammen, um zu schlafen. Dabei fällt sein Blick auf einen anderen Zuschauer. Er springt auf, starrt ihn lange an.*

HANNE *schreit:* Was hast du denn?

CLOWN *schreit:* Psst! *Er zeigt auf den Zuschauer.*

HANNE *starrt hin, schreit:* Was ist denn mit dem Mann?

CLOWN Psst! – Beschreib doch mal deinen Verführer!

HANNE *deutet mit den Händen einen Umriß an.*

CLOWN *zeigt triumphierend auf den Zuschauer, geht zu ihm hin, schreit:* Sie sind der Vater! Geben Sie es zu?

DER ZUSCHAUER *will es ins Lächerliche ziehen und sich humorig zeigen:* Die Dame ist doch wohl nicht ganz mein Geschmack.

CLOWN *schreit:* Was? Das ist nicht Ihr Geschmack? Sie sieht aber der Dame, die Sie da bei sich haben, sehr ähnlich!

ZUSCHAUER *ist peinlich berührt:* Machen Sie doch keine Witze!

CLOWN *schreit:* Mein Herr, ich spaße nicht! *Er gibt dem Zuschauer eine gewaltige Ohrfeige.*

ZUSCHAUER *springt auf, nimmt seine Frau an der Hand:* Das ist unglaublich! Wenn Sie das komisch finden, ich finde das überhaupt nicht komisch! Wenn Sie meinen, mit solchen albernen Einfällen kriegen Sie mehr Publikum in Ihr Theater, dann täuschen Sie sich aber! Hier nicht! In der Provinz vielleicht, aber hier nicht. Mich jedenfalls nicht! Mich nicht! *Er verläßt türenschlagend mit seiner Frau den Raum.*

CLOWN *schreit ihm nach:* Meinen Sie vielleicht, eine Schauspielerin ist niemand?

HANNE *schreit:* Ach je! Jetzt ist er fort!

CLOWN *schreit:* Schrei nicht so! Er war es gar nicht.

HANNE *schreit:* Ach, wenn ich nur den Vater wüßte, wenn ich nur den Vater wüßte!

CLOWN *schreit:* Wir schmeißen das Kind in die Mülltonne!

HANNE *schreit:* Nein, nein, nein, nein!

CLOWN *schreit:* Schrei nicht so! Mir tun die Ohren weh!

HANNE *schreit:* Ich schreie ja gar nicht! Das Kind schreit!

CLOWN *schreit:* Wenn das Kind schreit, muß man es verhauen! *Schlägt sie auf den Bauch.*

HANNE *schreit:* Aua! Aua!

EIN HERR IN LILA *kommt heran, ruft geziert:* Ach, hören Sie doch auf, hören Sie doch auf!

CLOWN *hört auf zu schlagen, glotzt:* Was will der denn?

DER HERR IN LILA Mir tut das Würmchen leid, mich rührt das kleine Würmchen.

CLOWN *glotzt, dann schreiend vor Lachen zu Hanne:* Würmchen! Der sagt Würmchen zu dir! Hahaha!

HANNE *hopst, kreischt:* Hahaha!

DER HERR IN LILA Mißverstehen Sie mich doch nicht! Ich nehme das Kind zu mir –

CLOWN *schreit:* Sind Sie der Vater? *Zu Hanne:* War das so einer?

HANNE *glotzt.*

DER HERR IN LILA *verlegen:* Der Vater? Nee, der Vater bin ich nicht. Ich will das Kindchen adoptieren.

CLOWN *schreit:* Was? Du willst es adoptieren, wo du nicht einmal der Vater bist?

DER HERR IN LILA Ach, ich hätte gern ein Kind.

CLOWN *schreit:* Dann mach dir doch selber eins!

DER HERR IN LILA Ich . . . verstehen Sie doch, das widerstrebt mir . . . das kann ich nicht.

CLOWN *schreit:* Was? Das kannst du nicht? *Zu Hanne, schreit:* Du, das dann der nicht.

CLOWN UND HANNE *lachen furchtbar.*

CLOWN *schreit:* Du, paß auf, das zeigen wir dir jetzt!

CLOWN *knüpft sich einen Schuh auf, zieht Hanne den Rock hoch, während sie kreischt und kokett mit Busen und Hintern wackelt, eine ungeheuer große rote Unterhose kommt zum Vorschein.*

CLOWN *schreit:* Das sind die Dessous!

DER HERR IN LILA *flieht:* Ach nein, ach nein, ich werde ohnmächtig.

HANNE UND CLOWN *glotzen ihm stumpfsinnig nach. Der Clown schüttelt den Kopf. Beide setzen sich hin, stumm, warten.*

CLOWN *nach einiger Zeit, schreit:* Da kommt einer! Hanne! Der ist es! *Er springt auf, verbeugt sich, ist höflich, geht auf Herrn Rothschild zu:* Wie geht es? Schönes Wetter heute!

ROTHSCHILD *tippt an den Zylinder, will weitergehen.*

CLOWN Haben Sie gut geschlafen? *Er winkt eifrig Hanne heran:* Wie geht es Ihrer Frau Mutter? – Die Erdbevölkerung nimmt ständig zu. *Sieht sich um, ob Hanne schon da ist, legt die Hände auf den Rücken, geht, eifrig Herrn Rothschild zugewendet, neben ihm her:* – Ja, ja. – Spazierengehen ist gesund. Ich gehe täglich eine Stunde spazieren und danach ruhe ich mich aus.

HANNE *ist herangekommen.*

CLOWN *packt sie schnell, schiebt sie Herrn Rothschild in den Weg, strahlend:* Wie schön, daß wir uns wiedersehen!

ROTHSCHILD Ich kenne Sie nicht.

CLOWN *schreit:* Sie kennen uns nicht? *Deutet auf Hanne:* Sie erkennen sie nicht wieder? *Er tritt Hanne, die bricht sofort in Heulen aus:* Sehen Sie! Meine Schwester erkennt Sie wieder! Und sogar das Kind erkennt Sie wieder!

ROTHSCHILD Welches Kind?

CLOWN *schreit:* Ihr Sohn, mein Herr!

ROTHSCHILD Ich habe keinen Sohn.

CLOWN *schreit:* Sie werden aber gleich einen bekommen!

ROTHSCHILD Ausgeschlossen!

CLOWN *schreit:* Wie heißen Sie?

ROTHSCHILD Ich bin Monsieur Rothschild.

CLOWN *schreit:* Natürlich, Monsieur Rothschild! *Er schiebt Rothschild ganz nah an den Bauch von Hanne:* Hören Sie nicht? *Schlüpft schnell unter ihren Rock, plärrt mit Baby-stimme:* Papa! Papa Rothschild! Papa! *Er schlüpft wieder heraus:* Gratuliere, Monsieur Rothschild! Wie gut, daß Sie einen Erben haben! In Ihrem Alter! Ein so schönes Kind! Einen so gelungenen Sohn!

ROTHSCHILD Ach, lassen Sie mich in Ruhe! Ich habe andere Sorgen. Ich habe eine große finanzielle Transaktion vor.

CLOWN *schreit:* Sie lassen Ihr Kind im Stich? Das ist grausam und gemein von Ihnen! Ach, dann schenken Sie mir wenigstens Ihren Zylinder! *Nimmt ihm den Hut ab.*

ROTHSCHILD Wenn Sie mich nicht in Ruhe lassen, hole ich die Polizei.

CLOWN schreit: Hier haben Sie Ihren alten Hut zurück! Aber geben Sie mir wenigstens eine Mark dafür!

ROTHSCHILD *gibt ihm Geld, setzt den Zylinder wieder auf, geht.*

CLOWN *schreit:* Das sind ja bloß zehn Pfennig! Davon kann man doch kein Kind aufziehen!

Ein Ritter kommt.

CLOWN *schreit:* Da kommt eine Blechbüchse! Nein, es ist doch ein Mensch. Ich mache es diesmal ganz anders. Ich sage kein Wort, bin ganz still! Ich lege mich mitten auf den Weg und bin ein Stein. Dann fällt er über mich und wir halten ihn fest.

HANNE *schreit:* Du bist doch gar kein Stein!

CLOWN *schreit:* Das weiß er doch nicht. Ich tu so.

HANNE *schreit:* Du bist aber kein Stein!

CLOWN *schreit:* Doch! Ich bin ein Stein!

HANNE *schreit:* Nein, du bist kein Stein!

CLOWN *schreit:* Doch! Ich bin ein Stein.

Der Ritter ist inzwischen außenherum vorbeigegangen.

CLOWN *sieht hin, schreit:* Jetzt ist er vorbeigegangen!

HANNE *schreit jammernd:* Das war der Schönste! Wie schade, jetzt ist er weg!

CLOWN *schreit:* Ich bin auch gleich weg! Ich habe keine Lust mehr! Auf Wiedersehen!

Er geht weg.

HANNE *schreit:* Nein, nein, bleibe doch hier, verlasse deine Schwester nicht.

CLOWN *imitiert Rothschild:* Laß mich in Ruhe, ich habe andere Sorgen. Ich habe eine große finanzielle Transaktion vor.

HANNE *schreit:* Das Kind kommt! Das Kind kommt! Aua! Aua!

CLOWN *schreit:* Nein, nein, jetzt nicht! Du täuschst dich!

HANNE *schreit:* Doch! Doch! Sieh doch mal nach!

CLOWN *schreit:* Nein! Nein! *Hebt ihren Rock hoch:* Bleib drin! Bleib, wo du bist! Wir haben nur zehn Pfennig für deine Zukunft.

HANNE *schreit:* Es will aber!

CLOWN *schreit:* Ich will aber nicht!

HANNE *schreit:* Aua! Aua! Aua!

CLOWN *fängt an zu schlottern:* Ich fürchte mich, ich fürchte mich! *Er krümmt sich zu einer Kugel zusammen, rollt, eine schreiende Kugel, über die ganze Fläche in eine Ecke, wo er wimmernd liegenbleibt.*

3

Ein Schwarm heidnischer Dämonen bricht aus den Wäldern hervor. Die Erde verdunkelt sich, die Schwingen des Teufels verdecken die Sonne.

DER TEUFEL

Misch Licht und Dunkel sich, schmelz Erd und Himmel!
Seid eins und kehrt zurück ins alte Chaos.
Zerbrecht das Werk, zerstört die Welt, ihr Kräfte!
Doch soll die Erde dauern, so gebt Raum
und Leben der Geburt, der mißgeschaffnen,
die euer Orakel mehrt durch ihren Ruhm!
Hekate! Königin der Schatten! Lucina!
Hör mich, Proserpina! Um Ceres willen!
Ruf aus der stygschen Nacht die Schicksalsschwestern!
Oh fahrt daher auf dem beschwingten Winde,
damit der Tod sie und ihr Kind nicht finde.
Helft, Geister aus der unterirdschen Tiefe!
Schieläugige Ericto! Kommt geschwind,
erscheint und helft dem wunderbaren Kind!
Dank, Hekate! Heil dir, der Götter Schwester!

Die schwangere Hanne und ihr Bruder suchen den Kindsvater

Dorthin nur eil! Hilf mir den Schicksalsschwestern
und ende ihr die Angst der herben Schmerzen,
auf daß der Sprößling von der Hölle Saat
ein menschlich Wesen werde.
Hanne ächzt und schreit.

EIN GEIST DER UNTERWELT
Für dieses Kind vereint das Schicksal gern
all seine Kräfte, Wissenschaft und Kunst,
Erkenntnis, Weisheit, die verborgne Gunst
der Prophezeiung, um vorauszusehen
die künftigen Zeiten. Seines Wissens Schauen
wird sich, ein Erzwall, um dies Eiland bauen.

DER TEUFEL
Merlin! Sein Name wird durch alle Lande schallen
solange Menschen leben, er gibt allen
zum Staunen Anlaß, und es weint der Neid.
Das Mißgeschick bewegt die dunklen Schwingen.
Die künftige Welt soll Merlins Taten singen.

Die Dämonen umkreisen, umschwirren die schwangere
Hanne. Die Luft vibriert von hundertstimmigem Wimmern,
das anschwillt und verebbt und wieder anschwillt, und in dem
das Ächzen der Kreißenden untergeht. Das Wimmern zer-
birst schließlich in einem gellenden, hundertstimmigen
Schrei. Der gewaltige Leib stößt Merlin aus.
Nun ist es still. Die Erde liegt im grauen Licht des ersten Tages. Der Teufel und die Geister sind verschwunden. Merlin,
ein großer, bärtiger, nackter Mann liegt in der Haltung eines
Neugeborenen auf dem Boden. Er reibt sich die Augen, sieht
seine Hände an, bewegt die Finger vor seinen Augen. Er richtet sich auf, betrachtet mit Interesse das Spiel seiner Fußze-
hen. Er steht auf, fällt hin, steht wieder auf, macht ein paar
Schritte, gewöhnt sich sehr rasch daran, seine Gliedmaßen in
der richtigen Weise zu bewegen. Er findet schließlich eine Zeitung und setzt sich auf einen Stein, um sie zu lesen.
Hanne hockt am Boden und sieht verklärt ihren Sohn Merlin
an.

CLOWN *wimmert:* Es ist so still! Schwester, ist das Kind denn
da?

HANNE *hört nicht auf ihn, sieht Merlin an.*

CLOWN *kommt zögernd näher:* Ach, was für eine schwere Geburt! Ich bin ganz kaputt! *Glotzt Merlin an:* Wer ist denn der Mann da?

MERLIN *sieht von der Zeitung auf, ernsthaft:* Ich bin das Kind.

CLOWN Was? Du bist das Kind? *Er läuft um Merlin herum.*

MERLIN Guten Tag, Onkel!

CLOWN Was? Du kennst mich? *Er zieht sich zurück, schreit Hanne an:* Diese Sellerieknolle hast du geboren?

HANNE *stolz:* Ein so schönes Kind!

CLOWN Du bist wohl blind geworden! Das ist ein h ä ß l i - c h e s Kind, ein Kind mit einem Bart! Ein Kind mit einer Brille! Ein Kind mit Stoßzähnen, ein Kind mit einer fürchterlichen Baßstimme! Was sollen wir bloß damit machen! Was sollen wir damit machen, das frißt uns die Haare vom Kopf! Das nimmt uns jetzt keiner mehr ab! Hätten wir es nur verkauft, solange es noch in deinem Bauch war! Da hat man es noch nicht gesehen! Wer soll uns das denn jetzt noch abnehmen! Zum Betteln ist es zu dick!

HANNE Ein so schönes Kind!

CLOWN Wenn ich's in die Mülltonne werfe, hängen die Beine raus.

MERLIN *ruft:* Mach dir keine Sorgen, Onkel!

CLOWN Keine Sorgen soll ich mir machen! Wie sollen wir dich denn füttern! Zehn Pfennig habe ich in der Tasche!

MERLIN Du hast hundert Mark in der Tasche, Onkel.

CLOWN Wirst du auch noch frech, du Sellerieknolle!

MERLIN Hundert Mark!

CLOWN Zehn Pfennig! *Will ihn schlagen.*

HANNE Laß mein Kindchen in Ruhe! Mein armes Kindchen!

MERLIN Hundert Mark!

CLOWN Hier! Zehn Pfennig! *Er will die zehn Pfennig aus der Tasche holen, merkt, daß viel mehr Geldstücke in der Tasche sind, holt immer neue Geldstücke heraus, grinst bei jedem neuen Geldstück, macht sofort wieder ein strenges Gesicht, will den Geldsegen vor Merlin verbergen.*

MERLIN Na? Wieviel hast du denn in der Tasche, Onkel?

CLOWN Was ist das für eine impertinente Frage! Du willst

wohl spionieren! Und wenn ich mal nicht aufpasse – *Hand-*
bewegung: klauen.

HANNE Wieviel hast du denn?

CLOWN Für das Geld in meiner Tasche habe ich schwer gearbeitet! Ich habe für Herrn Rothschild die Geschäfte
geführt, er hat gesagt, ich sei ihm unentbehrlich.
Merlin liest wieder in der Zeitung. Der Clown hat ihn die
ganze Zeit argwöhnisch beobachtet: weiß Merlin, wie das
viele Geld in seine Taschen gekommen ist?

MERLIN *grüßt jemand im Publikum.*

CLOWN Was machst du da?

MERLIN Ich habe den Herrn dort hinten begrüßt.

CLOWN Kennst du hier jemand? Wer ist denn das?

MERLIN Das ist der Herr, den du vorhin geohrfeigt hast.

CLOWN Geohrfeigt? Ich? Ich doch nicht! Wen denn?

MERLIN Da hinten sitzt er. Er ist wiedergekommen.

CLOWN *verlegen:* So? Nett von ihm.

MERLIN Entschuldige dich bei dem Herrn.

CLOWN *zu dem Herrn im Publikum:* Entschuldigen Sie, mein
Herr! *Zu Merlin:* Woher weißt du denn das?

MERLIN *gibt keine Antwort.*

CLOWN *verwirrt, verbeugt sich noch einmal:* Mein Herr, es tut
mir sehr leid, daß Ihnen recht geschehen ist. *Zu Merlin:*
Reicht das?

MERLIN *nickt.*

CLOWN Da siehst du, was ich alles für dich getan habe! Wir
sind überall herumgelaufen und haben einen Vater für
dich gesucht. Wir haben uns sogar dafür ohrfeigen lassen!
So eine Plage haben wir gehabt! Mit wem wir alles Beziehungen aufgenommen haben! Mit den verschiedensten
Kandidaten!

MERLIN Ich weiß, ich weiß.

CLOWN Du weißt! Du weißt! Einer war sogar aus Blech, das
weißt du bestimmt nicht!

MERLIN Ja. Das war ein Ritter.

CLOWN Was war das?

MERLIN Das war ein Ritter, Sir Orilus, der will nach Camelot, zur Tafelrunde von König Artus.

CLOWN Was ist denn das? Tafelrunde von König Artus?
Habe ich noch nie gehört. Gibt's gar nicht.

MERLIN *irritiert:* Gibt es noch gar nicht?

CLOWN Warum geht der denn zu was hin, was es noch gar nicht gibt?

MERLIN *übergeht die Frage und sagt nach längerem Schweigen:* Du hättest dir keine Mühe zu geben brauchen, ich kenne meinen Vater.

CLOWN Du kennst deinen Vater? – Hanne, er kennt ihn! – Warum hast du das nicht gleich gesagt?

MERLIN Wie denn? Ich war doch nicht geboren!

CLOWN Ach so. Na ja, aber wenigstens eine Andeutung hättest du machen können. Was hab' ich mich geplagt! – Wer ist es denn? Ist er reich?

MERLIN Unermeßlich!

CLOWN *zu Hanne:* Hanne, er ist reich!

HANNE *strahlt.*

CLOWN Aber sag mal, spendabel ist er sicher nicht!

MERLIN Er ist verschwenderisch! Man muß es ihm nur recht machen.

CLOWN Deine Mutter hat es ihm ja schon recht gemacht!

HANNE *grinst:* Ja. Ja!

CLOWN Hanne, wir sind saniert!

HANNE *jubelt.*

CLOWN Wo wohnt denn der Herr? Wir müssen sofort hingehen.

MERLIN Das geht nicht so einfach. Er ist immer unterwegs. Auf Reisen.

CLOWN *sieht Merlin an, tiefe Enttäuschung:* Dann ist es wieder nichts! Reich, vornehm und spendabel, – ach hättest du es mir lieber nicht gesagt! Wenn wir schon nicht an ihn rankommen, dann soll er arm und geizig sein! Das ist mir lieber.

MERLIN Sieh nur, Onkel! Da kommt er!

CLOWN *abgewandt:* Laß mich in Ruhe! Ich bin enttäuscht! *Der Teufel hat seine Gestalt gewechselt. Ein Herr von erlesener Eleganz springt aus einer napoletanischen Beerdigungskutsche. Er hinkt leicht. Geschminkt, großer, schwarzer Hut, Handschuhe, Ringe darübergesteckt; eine Ratte auf der Schulter.*

DER TEUFEL *sieht sich um, geht auf Merlin zu.* Ah, mein Sohn?

HANNE *hat ihn entdeckt, seuft verzückt.* Oh, oh!

DER TEUFEL *beachtet sie nicht, geht um Merlin herum:* Ausgezeichnet! Ausgezeichnet! Wollen wir doch mal sehen! *Betastet ihn am Kopf, sucht Hörner:* Sehr gut! Alles in Ordnung! *Greift ihn ab wie ein Tier auf dem Viehmarkt:* Muskulös, gut, gut. *Mit einem plötzlichen Griff reißt er ihm die Kiefer auseinander, schaut ihm in den Mund:* Vorzüglich! Gefällt mir! Kräftig! *Fährt ihm mit der Hand ans Geschlechtsteil, um es zu prüfen:* Gut, gut! Ein Mann! *Merlin gibt ihm einen Stoß. Der Teufel lacht:* Ach, reizend! Es ist ihm peinlich, dem jungen Mann! Entschuldigung, daß ich lache. Ich bin entzückt, ich freue mich, mein Sohn ist ein richtiger Mensch. *Mit großer Geste:* Dein Vater steht vor dir, mein Sohn! Ich bin dein Vater! *Er wartet auf die Begrüßung.*

MERLIN *steif:* Guten Tag, Vater.

DER TEUFEL *plötzlich, mit Schrecken:* Der Fuß! *Er packt Merlins Fuß. Merlin fällt hin. Der Teufel betrachtet entzückt den nackten, weißen Menschenfuß:* Wie wohlgestaltet! Wie schön! Oh schöner, weißer Menschenfuß!

HANNE *steht dicht dabei, will auch beachtet werden:* Mein lieber Herr!

CLOWN *ist auch herbeigekommen:* Ich bin der Bruder meiner Schwester und ich werde bald Ihr Schwager sein, wenn Sie die Mutter Ihres Kindes zum Altar geführt haben.

HANNE Ach ja, ach ja, mein lieber Herr!

DER TEUFEL *macht zur Musik zierliche Menuettschritte, faßt Hannes Hand und führt sie mit unerhörter Eleganz ein Stück beiseite:* Mademoiselle, ich habe allen Grund, mit besonderem Entzücken an die Stunde zu denken, die ich in Ihrer beseligenden Umarmung verbracht habe. *Musik bricht ab. Der Teufel gibt ihr einen Tritt, sie taumelt, fällt hin und sitzt mit offenem Mund erstaunt da, glotzt.*

CLOWN Mein Herr! Das geht nicht! Das dürfen Sie erst machen, wenn Sie mit ihr verheiratet sind!

DER TEUFEL Du bist vorlaut.

CLOWN Oder ein Tritt kostet hundert Mark.

DER TEUFEL Da ich heute in einer glücklichen Laune bin, aus Freude über meinen gelungenen Sohn, habe ich Lust, großzügig zu sein. Siehst du diesen Ring? Komm nur näher! Ein blitzender Diamant! Nicht wahr?

CLOWN *sieht hin:* Ja ja.

DER TEUFEL Und scharf geschliffen!

CLOWN Ja ja. Den Ring nehmen wir!

DER TEUFEL Da hast du ihn! *Er zieht ihm mit einer raschen Bewegung den Ring übers Gesicht. Ein blutiger Riß.*

CLOWN *bleibt vor Schrecken stumm, kriecht zu Hanne hin und bleibt dort stumm sitzen.*

DER TEUFEL *zieht den Ring vom Finger, wirft ihn zu den beiden hinüber.*

CLOWN *traut sich nicht, ihn aufzuheben.*

DER TEUFEL *sieht Merlin über die Schulter:* Was liest du da?

MERLIN Die Zeitung von heute.

DER TEUFEL Was entnimmst du daraus?

MERLIN Die Hitze des Augenblicks. »Jetzt, jetzt, jetzt.«

DER TEUFEL Das amüsiert dich?

MERLIN Mir fehlt etwas . . . aber ich kann es nicht nennen.

DER TEUFEL Du meinst: die Zukunft.

MERLIN Zukunft? – Jetzt, das ist jetzt. Aber das andere . . .

DER TEUFEL Das, was noch kommt, was die Menschen in ihrer Gegenwart noch nicht wissen.

MERLIN *denkt nach, sagt vorsichtig:* Tod –

DER TEUFEL Ja! Alles endet im Tod!

MERLIN Meinen Tod kenne ich nicht!

DER TEUFEL *deutet auf Hanne und den Clown:* Und die beiden dort? Mitten im Leben!

MERLIN *sieht hin, erschrickt:* Wie schrecklich enden sie! Oh die armen Menschen, überall auf der Erde! *Er sieht über die Zuschauer hin:* So schrecklich enden sie! *Er krümmt sich zusammen, er bedeckt den Kopf mit Zeitungsblättern, Klageschrei.*

DER TEUFEL Du nicht! Du nicht! Freue dich, daß du mein Sohn bist, dein Leben endet nicht im Tod.

MERLIN *taucht wieder auf:* In einer Weißdornhecke werde ich sitzen.

DER TEUFEL Andere Bilder! Sieh hin, mein Sohn!

MERLIN Eiserne Männer . . .

DER TEUFEL Was?

MERLIN Eiserne Männer rundherum im Kreis . . . um einen Teich? Ist das ein Teich?

TEUFEL Nein, nein, andere Bilder!

MERLIN *versucht zu sehen:* Ein Pferd . . .

DER TEUFEL Was für ein Pferd?

MERLIN Innen drin hocken Soldaten.

DER TEUFEL Ach so, der Trojanische Krieg, das Trojanische Pferd! Das ist Vergangenheit, das ist nicht Zukunft. – Weiter!

MERLIN Die schwebende Puppe mit den Bleischuhen über Staub und Geröll.

DER TEUFEL Ja! Mister Neil Armstrong auf dem Mond.

MERLIN Auf dem Mond? *Er sieht hinauf:* Wann war das?

DER TEUFEL Das war noch nicht! Das ist Zukunft! Das kommt noch!

MERLIN Ich habe also Erinnerungen an die Zukunft?

DER TEUFEL Ja. Das hast du von mir.

MERLIN *zögernd:* Der König und die zerstückelten Kinder . . .

DER TEUFEL Das war schon! Herodes, – ein herrlicher König.

MERLIN Eine schwebende Riesenblase . . . in der Luft . . .

DER TEUFEL Zeppelin! Kommt noch.

MERLIN Schwarzes Menschengewimmel . . . Winterpalais?

DER TEUFEL Ja. Sie stürmen es! Kommt noch!

MERLIN Eingesetzte Herzen . . .

DER TEUFEL Organtransplantation! Kommt noch.

MERLIN Walzer-König? *Schüttelt den Kopf:* König? – Von welchem Land?

DER TEUFEL Sie tanzen alle.

MERLIN Ja, schön! Ich sehe es, ich erinnere mich, schön! Mein Ohr erinnert sich, meine Füße erinnern sich! *Er fängt an zu tanzen.*

DER TEUFEL Bravo!

MERLIN *hat jetzt verstanden:* Kommt noch!

DER TEUFEL *nickt.*

MERLIN *mit plötzlicher Erkenntnis:* Es ist kein Teich. Es ist ein runder Tisch! Hundert Ritter um den Riesentisch!

DER TEUFEL Was für ein Tisch?

MERLIN Das kommt noch! Das kommt noch!

DER TEUFEL *wehrt ab:* Nein, das ist nur eine Einbildung! Es gibt auch Einbildungen, mein Sohn! Das hat es nicht gegeben und das kommt auch nicht!

MERLIN Doch doch, das kommt noch! Ich kenne mich jetzt aus! Einen Ritter von dieser Runde habe ich heute morgen schon getroffen. Es war so ein großer Dicker, . . . ich weiß sogar, wie er heißt!

DER TEUFEL *wütend:* Das soll es nicht geben!

MERLIN Ach, das ärgert meinen Vater?

DER TEUFEL Andere Bilder!

MERLIN *will ihn ärgern:* Die Tafelrunde, die Tafelrunde!

DER TEUFEL Unsinn!

MERLIN Sir Orilus! Er heißt Sir Orilus. Ich sehe den Tisch! Eine schöne geordnete Welt!

DER TEUFEL Andere Bilder!

MERLIN Nein, nein, nein!

DER TEUFEL Du siehst ganz andere!

MERLIN Menschen in Feueröfen.

DER TEUFEL *zufrieden:* Eine große Zeit!

MERLIN *hält sich die Augen zu:* Sie brennen! Ich sehe es!

DER TEUFEL Sei nicht so empfindlich, mein Sohn.

MERLIN Ich will die Zukunft nicht wissen. Laß mich in Ruhe.

DER TEUFEL Höre, du bist nicht wie andere Menschen, du bist Merlin, mein Sohn, ich habe einen Plan mit dir. Deshalb habe ich dich gezeugt.

MERLIN *winkt ab, will hinter einem Baum verschwinden.*

DER TEUFEL Hör zu! Hör mir zu! Du hast eine Aufgabe vor dir! Du wirst Großes tun, du wirst deine magischen Kräfte, dein Wissen über die Zukunft, deine prophetische Gabe, deine Lebenskraft, die Jahrhunderte dauert, deine Phantasie und dein künstlerisches Talent dazu verwenden, die Menschen zu befreien.

MERLIN *hinter dem Baum:* Die Menschen befreien?

DER TEUFEL Ja. In meinem Auftrag.

MERLIN *hinter dem Baum:* Da höre ich gar nicht hin.

DER TEUFEL Ich bin dein Vater! Du wirst mir gehorchen.

MERLIN *winkt ab:* Ja ja.

DER TEUFEL Die Menschen zum Bösen befreien! Das Böse ist ihre eigentliche Natur. Darin liegt ihre Lust, dazu sind sie bestimmt.

MERLIN *abwehrend:* Gut? Böse? Ich weiß nicht, was das ist, damit kenne ich mich noch nicht aus.

DER TEUFEL Deine Aufgabe ist es, Merlin, ihnen den Schrekken vor dem Bösen zu nehmen.

MERLIN Mach es doch selber, wenn dir das wichtig ist!

DER TEUFEL Das kann ich nicht! Vor mir erschrecken sie. Dazu brauche ich einen Menschensohn. Vor dir, Merlin, werden sie nicht erschrecken.

MERLIN Ich weiß noch nicht, ob ich da mitmache . . . Vielleicht . . . Vielleicht nicht.

DER TEUFEL Was! Du gehorchst mir nicht? Du mußt deinem Vater gehorchen!

MERLIN Wieso? Wohl, weil es so in der Bibel steht?

DER TEUFEL Unverschämter! Anarchist!

MERLIN Mein Vater ist zwar der Teufel, aber meine Mutter ist eine fromme Frau. So sind also auch fromme Gefühle in meine Seele gelegt worden.

DER TEUFEL Fromme Gefühle! Diese Schlampe! Diese Nutte im Stundenhotel!

MERLIN Dominus regnat, maiestatem indutus est,
indutus est Dominus potentiam, praecinxit se,
et firmavit orbem terrarum . . .

DER TEUFEL Ich zwinge dich!

MERLIN Das kannst du nicht! Ich bin ein Mensch, ich kann mich wehren. *Steigt betend in den Baum hinauf:*
. . . qui non commovebitur.
Firma est sedes tua ab aevo,
ab aeterno tu es.
Extollunt flumina, Domine,
extollunt flumina vocem suam.
Potentior voce aquarum multarum,
potentior aestibus maris:
potens in excelsis est Dominus.
Er steigt hinauf bis in die gewaltige Baumkrone.

DER TEUFEL Verdorren soll der Baum!

MERLIN Ich steige, ich steige immer höher hinauf bis in den offenen Himmel!

DER TEUFEL *steht wütend unten, versucht nun zu schmeicheln:* Ich war zu ungeduldig mit dir, entschuldige! – Du

wirst Macht haben! Du wirst sehen, wie es ist, wenn man
Macht hat! Du dummer Trotzkopf! Komm doch herunter
zu deinem Väterchen! Ich habe Großes mit dir vor! Großes! – Geh nach Wales, du wirst sehen, dort beginnt dein
Ruhm! Geh zu König Vortiger! Geh nach Wales. König
Vortiger wird dich hören, du wirst ihm den Untergang pro-
phezeien! Geh nach Wales! – Laß uns nicht mehr streiten,
mein liebes Söhnchen! Hörst du mich? Denke nach! Über-
lege es dir in Ruhe! Wir sprechen uns wieder! Merlin!

MERLIN *ruft von ganz oben herunter:* Was sagst du? Ich höre
dich kaum!

DER TEUFEL Lebe wohl, mein Sohn!

MERLIN Verschwinde, Satan! Rede was du willst! Ich gründe
die Tafelrunde!

Der Teufel besteigt seine Kutsche und fährt ab. Stille.
Nach einiger Zeit kommt Merlin vom Baum herunter, sieht
sich um. Schmeißt seine Zeitung fort.

CLOWN Ist er weg?

MERLIN Ja, er ist weg!

CLOWN *steht auf, schnappt sich den Ring, der noch immer am*
Boden liegt, schreit dem Teufel nach: Du aufgeblasenes
Nichts! Du Stinktier! Du Arsch! Du – Wurm! Du Kinder-
schänder! Du Terrorist! Du Kapitalist! Du Scheißhausge-
stank! Du schwule Sau! Du Affenarsch! Du blöder Sack!
Du Nigger! Schleimscheißer! Bastard! Motherfucker! Fri-
seur! Scheißhaufen! Katholik! Syphilitiker! Judensau!
Drecksack! Literat! Stricher! Hurenbock! Arschficker!
Türke! – So! Das hat er jetzt gehört!

HANNE Schwule Sau!

CLOWN *zu Merlin, schreit:* Lies du nur weiter! Mit dir wollen
wir nichts mehr zu tun haben! Du bist an allem schuld!
Wenn ich dich bloß nie gesehen hätte!

4
Drachenkampf

Wales. Wüste Gegend. Zyklopische Mauer, zyklopischer
Turm.
Krachend stürzt die Mauer ein. Dahinter auf einem Gerüst

Der Teufel examiniert seinen Sohn Merlin

wird der barbarische König Vortiger mit seinem barbarischen Gefolge und mit dem Zauberer Proximus sichtbar, lehmgraue Riesen.

VORTIGER *schreit:* Der Turm ist wieder eingestürzt! Der Feind kommt! Wir brauchen den Turm! Wir brauchen die Mauer! Los! Fangt an! Baut wieder auf! Der Feind kommt! Der Feind kommt!

PROXIMUS Die Steine fallen jede Nacht auseinander, solange nicht das vaterlose Kind gefunden wird. Erst wenn es geschlachtet ist und sein Blut unter den Mörtel gemengt wird, können die Steine zusammenhalten.

VORTIGER Das Kind! Wo bleibt das Kind! – Nehmt das da! Schlachtet es! Laßt es ausbluten! Gießt das Blut über den Stein!

Ein Kind wird gepackt und weggeführt.

PROXIMUS Es ist das falsche Kind! Das richtige Kind darf keinen Menschenvater haben. Das richtige Kind ist in den Kaledonischen Wäldern gefunden worden, es wird hergebracht.

VORTIGER Zu Fuß, zu Pferd, durch die Luft? Sie sollen sich beeilen mit dem Kind!

Ein Krieger kommt mit einer Schüssel und schwappt Blut über den Trümmerhaufen.

PROXIMUS Sie beeilen sich, sie sind gleich da.

Merlin, Hanne und der Clown werden von Kriegsleuten hereingebracht.

VORTIGER *zum Clown:* Du bist das Kind?

CLOWN Herr König, ich habe nicht die Ehre, das Kind zu sein, obwohl ich kein Haar auf dem Kopf habe und zahnlos bin wie ein Frosch. *Er geht zum König, reißt den Mund auf:* Kein Zahn! Aber es waren mal welche da, ein paar Fundamente sind noch zu sehen, aber die schönen Häuser sind eingefallen.

HANNE *schreit:* Ich bin die Mutter!

CLOWN *schreit:* Ich bin aber nicht das Kind, ich bin der Onkel. Das ist meine Schwester.

HANNE *schreit:* Das ist mein Bruder!

CLOWN *schreit:* Und das dort ist mein Neffe.

MERLIN Ich bin das Kind.

PROXIMUS Wer ist der Vater?

CLOWN *schreit:* Vater! Vater! Das kann ich schon gar nicht mehr hören, davon werd' ich ganz krank.

MERLIN Sprich, Mutter.

HANNE

So muß ich meine Sünd und Schmach bekennen.
Ich sag es treulich, was ich von ihm weiß:
ich lebte, stolz auf meiner Schönheit Blüte,
mein Spiegel der Altar, mein Bild mein Götze,
so war ich töricht in mich selbst vergafft,
daß ich die Menschen haßte. Es blitzte Hohn
aus meinem Aug und keinen Sterblichen
hielt ich für würdig, je mich zu besitzen.
Dem Pfaue gleich freut ich mich meiner Federn,
bemerkte nie der Füße Häßlichkeit.
Ich schalt den Wind, wenn er mein Antlitz traf.
Fluchte der Sonn, in Furcht, daß sie mich schwärzte.
Da so die Seel erkrankt im eitlen Wahn,
erschien mir einst ein schöner junger Mann,
der ganz befriedigte mein stolzes Herz,
besiegend kam mit ihm verborgne Kraft,
der meine Schwachheit wich. Aus der Umarmung
entsprang dies Kind. Sonst weiß ich nichts von ihm.

PROXIMUS War es der Teufel?

HANNE *jammert:* Ach, Herr!

CLOWN Er stank danach. Und wenn er den Mund aufgemacht hat, kam ein Fliegenschwarm heraus.

HANNE *schreit:* Das ist nicht wahr!

PROXIMUS Es war der Teufel! Er ist der Richtige!

VORTIGER Dann schlachtet ihn!

Merlin wird gepackt.

MERLIN Was wollt ihr denn von mir?

VORTIGER Dein Blut!

MERLIN Wer hat dir denn das geraten?

PROXIMUS Ich! Das Orakel hat es mir gesagt. Dein Blut muß in den Mörtel gemischt werden, sonst halten die Steine nicht zusammen.

MERLIN Du hast ein Orakel gedeutet? *Zum König:* Das ist dein Astrologe, König?

VORTIGER Ja. Die Zukunft sieht er voraus.

MERLIN Er weiß nicht einmal, was über seinem Haupt schwebt! Er weiß nicht, was in den nächsten fünf Minuten passiert!

PROXIMUS Das weiß ich! Wir werden dein Blut über die Steine fließen sehen.

MERLIN Nichts wirst du sehen. Denn du wirst tot sein.

PROXIMUS Was tötet mich? Fällt eine Wolke vom Himmel? Schlägt mich ein Spatz?

MERLIN Sieh nur hinauf!

PROXIMUS Ich sehe den Himmel staublos und leer.

MERLIN Sprich deine letzten Worte, du hast keine Zeit mehr.

PROXIMUS König, er schwätzt, um sein eigenes Leben um ein paar Augenblicke zu verlängern. Reißt ihm die Zunge aus.

MERLIN
Nein! Freiwillig geb' ich mich. Hier vor dem König
mach deine Rede wahr, wie ich die meine.
Ereilt dich nicht der Tod, so sprachst du wahr,
dann fließe, auf des Königs Wort, mein Blut.
Willst du dir selbst dein Epitaphium schreiben,
so tu es schnell, kein Augenblick von Zeit
ist zwischen dir und deinem Tode mehr.
Ein Scheinwerfer fällt herunter und erschlägt Proximus.

VORTIGER Ist er tot?

CLOWN Ja, Sir. Der Pudding da ist sein Gehirn. Lieber Neffe, fallen noch mehr Nüsse von diesem Baum? Dann gib deinem Onkel doch einen kleinen Wink.

MERLIN
Tragt fort das Bild des Todes. Nun, Mylord,
löst Merlin eure Zweifel, zeigt euch klar
was euren Bau stürzt und die Arbeit stört.
Doch tretet nun beiseit, so sollt ihr sehn
der Arbeit Schluß, und wie's euch wird ergehn. –
Mutter und Onkel, ihr dürft hier nicht bleiben.

HANNE Kommt dein Vater wieder?

MERLIN Fort, ihr müßt gehn.

CLOWN *zieht Hanne fort:* Komm, Schwester, hier stinkt es!

Unterirdisches Donnern und Brodeln wie vor dem Ausbruch eines Vulkans.

In der Mauer entstehen Risse. An einer Stelle bricht sie schließlich auseinander. Durch die Trümmer schiebt sich langsam ein Drachenkopf. Ein Berg, der anfängt sich zu bewegen: der Rücken eines Drachen. Eine rotglühende Zunge schlägt in die Stadt, sie geht in Flammen auf. Der Boden öffnet sich, rote Fontänen schießen herauf, ergießen sich über die Menschen, die sich schreiend zu Boden werfen, verbrennen.

VORTIGER Die Erde verschlingt uns, der Himmel vernichtet uns!
Stille.
König Vortiger und sein Gefolge wühlen sich betäubt und ängstlich aus dem Staub.
VORTIGER Die Erde ist wüst, die Bäume sind zerbrochen! Meine Leute wälzen sich in der Asche! Ich fürchte mich! Merlin!
MERLIN Hier bin ich!
VORTIGER Was ist geschehen, was war das?
MERLIN Unter deiner Mauer kämpfen zwei Drachen, deshalb stürzt sie ein. Sie kämpfen und toben und wälzen sich und schlagen aufeinander ein, davon bricht die Erde auf und die Steine bersten.
VORTIGER Ich habe es gesehen! Ich habe es gesehen! Meine Augen sind noch blind von dem, was ich gesehen habe.
CLOWN *wühlt sich aus der Asche, kläglich:* Ich habe es auch gesehen!
VORTIGER Was bedeutet das?
MERLIN Das sage ich nicht, König.
VORTIGER Du sagst es mir!
MERLIN Du wirst mich dafür strafen.
VORTIGER Ich belohne dich dafür.
CLOWN Dann sage es m i r , Merlin, und ich sage es dem König weiter.
MERLIN Der rote Drache ist König Uther, dein Feind. Der weiße Drache bist du.
CLOWN Der weiße Drache bist du!
Wartet auf Belohnung.

VORTIGER Und welcher siegt?
MERLIN Der Kampf wogt unentschieden. Jedoch am Ende . . .
VORTIGER . . . siege ich?
MERLIN Ich sage es nicht!
CLOWN Siegst du! Siegst du!
Er hält die Hand auf.
VORTIGER Ich siege?
CLOWN *nickt heftig, reißt den Mund auf, um wieder zu sagen:* »Du siegst!«, *es kommt aber kein Wort heraus, er wirft den Kopf nach vorn, erbricht einen Schwall Blut.*
VORTIGER *schlägt ihn.*
CLOWN *schreit:* Au! Ich kann nichts dafür! Das war Merlin! Merlin hat mich verhext!
MERLIN
  Ein blutiges Licht
  strahlt fürchterlich
  auf die entsetzte Welt.

5

Rasendes Trommeln, schrilles Trompetengeschrei. Uther Pendragons Heer stürmt herein. Vortiger, der Koloß, wehrt sich, aber er wird niedergemacht, seine Krieger flüchten. Der Clown will Hanne mit sich zerren und fliehen, Hanne will zu Merlin, der unberührt und ruhig mitten in der tobenden Schlacht steht. Sie kommt aber nicht an ihn heran, und die beiden, der Clown und Hanne, werden schließlich mit den Fliehenden fortgerissen. Es wird Nacht und wieder Tag.

Der siegreiche Uther Pendragon mit seinem Heer.
MERLIN
  Du bist der Sieger, Uther Pendragon!
  Aufgehendes Licht! Wir grüßen deinen Glanz.
UTHER PENDRAGON
  Enthüll mir, Merlin, mit prophetischem Geist
  was uns zu wissen frommt. Uns ist bekannt,
  klar liegt vor deinem Blick die Zukunft da,
  was unsern Thron, was unser Reich bedroht

sprich, weiser Merlin, löse meine Furcht:
soll ich die Sachsen mit Gewalt vertreiben?
Soll ich beherrschen friedlich, was ich habe
in Wales und in Britannien?

MERLIN

Mit Glück mag Uther Pendragon die Krone tragen.
Erschüttern kann kein Mensch des Himmels Schluß.
Ich zeig' euch sichtbar, was der Geist mir sagt
und lass' euch in der Zukunft Spiegel schaun.
Es steigen Fürsten durch mein Wort herauf
die einst hier herrschen in der Zeiten Lauf.

Vision

Die wallenden Sternennebel verdichten sich zu einer glitzernden großen Gestalt: König Artus; und aus der Tiefe der Zeit tauchen Könige und Ritter herauf, die ihm huldigen.

UTHER PENDRAGON Wer ist der König? Was bedeutet das?
MERLIN

Mein Fürst! Der König ist euer edler Sohn,
der so beglückt im Lenz der Jahre wird,
daß dreizehn Könige ihm die Krone reichen
und alle Fürsten seine Taten preisen
daß sie, von Furcht und Liebe gleich getrieben
sich völlig beugen seinem mächtigen Arm.
Durch ferne Zeiten tönt die frohe Kunde
von König Artus und der Tafelrunde.

6
Der schöne Gesang der Engel im Weltall

DREI ENGEL

Domini est terra et quae replent eam,
orbis terrarum et qui habitant in eo.
Nam ipse super maria fundavit eum,
et super flumina firmavit eum.

42   König Artus und seine Ritter erscheinen am Himmel

Die Tafelrunde

»Des Nächsten Seele ist ein dunkler Wald.«

Parzival läuft durch den Wald. Das Sonnenlicht strömt durch
die Blätterkronen herab, tanzt flirrend auf dem dunklen
Waldboden. Parzival haut mit dem Stock gegen die Bäume,
lacht; ein Tier springt auf, Parzival rennt hinter ihm her,
selbst ein springendes Tier; er klettert behend auf einen
Baum, hängt in den Zweigen, honigtropfenschwer, läßt sich
herunterfallen; da liegt er und lacht; hockt versteckt unter
den Blättern, wo er einen Vogel belauscht und sein Gezwit-
scher nachahmt, ein langer Zwitscherdialog mit Frage und
Antwort, schluchzender Klage, freudiger Zustimmung und
wütendem Streit; andere Vögel stimmen ein. Er trällert,
gurrt, schnalzt, flötet, tschilpt und kreischt, und auf einmal
vibriert in millionenfacher Antwort der ganze Wald vom Vo-
gelgeschrei.

Im Dunkeln. Schritte, Klirren von Eisen, man hört immer
mehr Leute kommen. Da und dort glimmen einzelne Lichter
auf. Stimmen.
- Man sieht ja nichts.
- Dort sind Stühle!
- Wo?
- Es ist am besten, wenn Sie einen von diesen Stühlen neh-
  men, Sir.
- Ich bin Sir Ither!
- Das war m e i n Platz!
- Mit welchem Recht?
- Gibts denn kein Licht, man fällt ja über die Beine!
- Wir sind den weiten Weg hierher gekommen, aber jetzt
  weiß ich nicht mehr, warum? Ich habe es anscheinend ver-
  gessen. Ich vergesse so manches.
- Es soll doch ein großes Ereignis stattfinden!
- Ich kenne niemanden hier.
- Was ist denn eigentlich los? Worauf sollen wir denn war-
  ten?
- Ich glaube, ich glaube . . .

- Wo ist mein Bruder Gawain?
- Sir Gawain habe ich noch nicht zu Gesicht bekommen. Er ist doch sonst immer dabei, wenn was los ist!
- Ich bin auch gern da, wo was los ist!
- Was soll denn hier los sein, hier ist doch gar nichts los.
- Der Tisch ist zu klein!
- Müssen wir ausprobieren!
- Zu klein!
- Es ist ein Caféhaustisch.
- Zu klein!
- Ich bin Sir Ither!
- Ich bin Sir Orilus!
- What are you doing here?
- Sir Lancelot! Der größte Ritter der Welt!
- Sir Lancelot? Wo?
- Rempeln Sie doch nicht so!
- Ich höre, es sind berühmte Ritter hier, und auch Könige. Ich bin der König von Cornwall. Aber niemand scheint zu wissen, wer uns alle hier zusammengebracht hat? Ich weiß es auch nicht. Entweder habe ich es nie gewußt, oder ich habe es vergessen.
- Es wird sich schon herausstellen, Cornwall, es wird sich schon herausstellen!
- Ich habe jetzt wiederholt die Meinung gehört, es muß Merlin gewesen sein.
- Ach, Merlin? Ja, wenn Sie es so sagen, denke ich auch, es muß Merlin gewesen sein.
- Wer ist Merlin, bitte?

Nun ist es etwas heller geworden. Man sieht die Wartenden jetzt überall herumstehen, einzeln und in Gruppen. Manche haben sich gelagert, einige sitzen auf Klappstühlen. Über dem Ganzen schwebt ein Gesumm und Gemurmel wie in einer Bahnhofshalle.

SIR LAMORAK Er fragt, wer Merlin ist! Er fragt, wer Merlin ist!
MARK TWAIN Yes, Sir. Ich wollte mich erkundigen.
SIR AGRAWAIN Das weiß man doch! Das weiß doch jeder!
MARK TWAIN Ich bin ein reisender Schriftsteller, Amerika-

Der Knabe Parzival

ner, und ich interessiere mich für europäische Merkwür-
digkeiten. Wer ist Merlin?

SIR GAWAIN Jeder weiß, daß Merlin . . . Merlin ist doch . . .

SIR GIRFLET Merlin, Sir, ist ein Vogel! Und er ist auch wieder
kein Vogel.

ALTER RITTER Mein Großvater hat ihn in der Schlacht gegen
Vortiger gesehen. Da schwebte sein Drachen über König
Uther und sie haben gesiegt.

SIR BLEOBERIS Merlin . . . ist ein Gedanke, der durch den
Kopf fliegt.

SIR ALIDUKE Merlin, das ist . . . Merlin ist etwas, das seine
Gestalt verändert!

SIR ORILUS Ganz groß!

SIR GIRFLET Oder ganz klein!

SIR LAMORAK Es gibt viele Ansichten über Merlin, Sir!

SIR LADINAS Er ist sehr alt inzwischen.

MARK TWAIN Wie alt?

SIR BOHORT Er sieht aber überhaupt nicht so aus. Im Gegenteil.

MARK TWAIN That's very confusing.

SIR ASTAMOR Er ist kein Mensch, weil . . .

SIR GIRFLET Kein Mensch? Aber . . .

SEHR ALTER RITTER Sehr! Sehr!

SIR GAWAIN Wenn man ihn trifft . . .

SIR LUCAS Er ist doch unsichtbar!

SIR PALAMIDES Nein! Er spricht!

SIR LUCAS Aber er ist unsichtbar!

SIR IRONSIDE Grün! Grün ist er!

SIR GALIHUD Er sitzt dabei und lacht.

SIR SAFERE Ein schöner junger Mann!

SIR BORS Ein Nebel! Ein Nebelstreifen!

SIR ORILUS *zu Mark Twain:* Was geht Sie denn das an!

MARK TWAIN Wollen Sie mit all dem sagen, daß er ein Ver-
wandlungskünster ist? Ein Herr mit Zaubertricks?
Allgemeiner Ärger über Mark Twain.

SIR SEGRAMUR *geht drohend auf Mark Twain zu:* Ich weiß
nicht, was Sie mit »Tricks« meinen, Sir . . .

MARK TWAIN Mark Twain!

SIR SEGRAMUR Sir Mark Twain, aber wenn Sie damit sagen
wollen, daß Merlin . . .

MARK TWAIN Nein, ich will damit nur sagen, daß es nichts gibt, was man nicht naturwissenschaftlich erklären kann, und daß all das, was ich eben von Ihnen gehört habe, darauf hinzudeuten scheint, daß es sich um eine Person handelt, die die Geschicklichkeit und Kunstfertigkeit beherrscht, mit scheinbar Unerklärlichem zu verblüffen, und vielleicht arglose Leute damit hinters Licht führt. Das kann durchaus sehr unterhaltend sein, nur – ich meine, wenn in der Bevölkerung Aberglaube und Unwissenheit herrschen . . .

Sir Segramur und andere Ritter scheinen nun Mark Twain gewaltsam zum Schweigen bringen zu wollen, da hört man Rufe:

Merlin ist gekommen!

Sie wenden sich von Mark Twain ab.

MERLIN *steht auf der Galerie:* Hundertvierzig Ritter! Und der König ist unter ihnen! *Er kommt herunter.*

SIR GAWAIN Welcher König, Merlin?

MERLIN
Der neue große König!
Der König über alle andern Könige!
Der König, von dem die Welt sprechen wird!
Der König, der das Schwert aus dem Stein zieht!
Der Unvergleichliche! Der Erwählte! Der Einzige!
Der die Tafelrunde gründet!
Der euch alle um den Tisch versammeln wird!

SIR SEGRAMUR Was denn für ein Tisch?

MERLIN Auf dem Tisch entspringen die Flüsse.

KÖNIG VON CORNWALL Es sind mehrere Könige hier, Merlin. Welchen meinst du?

KÖNIG VON WALES Da König Uther keinen Nachkommen hinterlassen hat . . . Mein Haus ist doch durch die Schwester meiner Mutter . . .

SIR GAWAIN Er muß g e w ä h l t werden! So ist es festgelegt.

MERLIN Der das Schwert aus dem Stein zieht! Der wird der König über die Könige sein! Der Tag ist gekommen!

MARK TWAIN Ist das der Wahltag?

SIR LAMORAK Ich bin sehr erregt.

SIR ORILUS Her mit dem Stein! Her mit dem Schwert! Wir sind die Stärksten!

KÖNIG VON WALES Mein Haus ist durch die Schwester meiner Mutter dem Uther am nächsten verwandt und insofern . . .

SIR AGRAWAIN *von hinten:* Das erkennen wir nicht an!

KÖNIG VON WALES Wie bitte?

SIR DODINAS *schreit ihm ins Ohr:* Die Schotten da hinten erkennen das nicht an!

KÖNIG VON WALES *zu Sir Dodinas:* Sie erschrecken mich. Ich habe den Zwischenruf nicht verstanden, aber ich bin nicht schwerhörig.

SIR DODINAS Dann entschuldigen Sie bitte.

ZWEI RIESIGE KNAPPEN *heben einen Knaben hoch:* E r ist es! E r ist es!

SIR ITHER Auch ich erhebe Anspruch!
Er wird ausgelacht.
Sir Kay kommt mit seinem Knappen Artus und mit seinem Vater Sir Ector herein.

MERLIN
Das Eisen wird sich aus dem Stein lösen.
Kraft muß nicht Kraft sein.
Erbschaft muß nicht Erbschaft sein.
Excalibor, aus der Hitze bin ich gemacht,
die Hand des Erwählten wird mich herausziehn,
glühend werde ich unter die Feinde fahren,
wenn mich die Hand des Erwählten hält.

SIR KAY *ruft:* Hier! Ich habe das Schwert! Hier, Merlin!
Er hält das Schwert hoch.

MERLIN Du hast das Schwert?

SIR KAY Ja! Hier! Jeder kann es sehen, wenn er will.
Er zeigt das Schwert herum: Hier, jeder kann einen Blick drauf werfen. Sieh mal her, Gawain! Und du, König von Cornwall, setz mal ruhig deine Brille auf und sieh dir das Schwert an! Ich komme extra zu dir hin, damit du bequem sitzen bleiben kannst. Na, kann doch jeder lesen: Excalibor steht da drauf . . . nur wer nicht lesen kann, der kann es nicht lesen, leider.

SIR GAWAIN Der soll der neue große König sein, Merlin?

SIR KAY Habe ich das Schwert oder habe ich es nicht?

SIR ECTOR Er hat es! Er hat es!

MERLIN Du sagst, du hast das Schwert aus dem Stein

gezogen?

SIR KAY Hat es denn einer von euch herausgezogen? Hat es der alte Herr hier herausgezogen, oder die beiden Schönen dort? Na, ihr Schönen! *Kußhand:* Oder der Säugling, den ihr da in die Luft haltet? Holt ihn nur herunter, sonst pinkelt er euch vor Schreck die Köpfe naß. Und du auch nicht, Gawain!

SIR ECTOR *erklärt den Umstehenden:* Jaja, mein Sohn hat heute morgen plötzlich dieses Schwert in der Hand gehalten, er hat es aus einem Stein gezogen. Es ist so. Es ist so. Ich kann es erzählen, wie es gewesen ist . . . es war so, er hat das Schwert . . . Ja! Er hat schon einige mächtige Schläge damit ausgeteilt.

MERLIN *zu Sir Kay:* Gib mir das Schwert, Kay!
Geht zu ihm hin.

SIR KAY Jemandem anders würde ich es nicht geben, aber Merlin gebe ich es.
Merlin nimmt das Schwert in die Hand.
Es wird dunkel. Langsam wird jetzt eine riesige schimmernde Kathedrale sichtbar. Merlin stößt das Schwert in einen Steinquader am Portal.

MERLIN Hier ist das Schwert im Stein. Zieh es noch einmal heraus, Kay!

SIR KAY Laß es Gawain herausziehen, damit alle sehen, wie schwer das ist.

SIR GAWAIN *zieht, er kann es aber nicht herausziehen. Jetzt kommen der Reihe nach alle anderen Ritter, jeder versucht, das Schwert herauszuziehen, es gelingt keinem: eine lange stumme Szene.*

9

Im Wald.
Parzival, Herzeloide.

PARZIVAL *ruft:* Mutter! Mutter! Ich habe einen Engel gesehen!

HERZELOIDE Was denkst du dir nur immer aus!

PARZIVAL *wütend:* Ich habe einen Engel gesehen! Einen En-

Parzival befragt seine Mutter

gel! Engel! Engel! Engel!

HERZELOIDE Nun sei nur still, mein Kind. Komm herein, es wird dunkel und kalt.

PARZIVAL *wütend:* Du glaubst mir nicht! Es ist wahr!

HERZELOIDE Komm, gib mir die Hand.

PARZIVAL *wirft sich auf den Boden und schreit:* Ich habe einen Engel gesehen! Du sollst mir glauben, du sollst mir glauben!

HERZELOIDE *beugt sich zu dem Knaben hinunter, streichelt ihn beruhigend:* Du hast sicher auf dem Baum gesessen, bist eingeschlafen, da hast du wieder geträumt.

PARZIVAL Warum sind wir ganz allein, Mutter?

HERZELOIDE Wenn die Kälte kommt, machen wir ein Feuer. Wir brauchen niemand.

PARZIVAL Wie sieht es denn dort aus, wo der Wald zu Ende ist?

HERZELOIDE Das weiß ich nicht mehr. Das habe ich vergessen.

PARZIVAL Ich möchte es gern wissen.

HERZELOIDE So gut wie bei deiner Mutter kannst du es nirgendwo haben.

PARZIVAL Er stand auf der anderen Seite der Lichtung und war golden, er glänzte so hell, daß der ganze Wald davon leuchtete. Er war so groß – bis in die Baumspitzen. Das muß ein Engel gewesen sein!

HERZELOIDE Jaja, ein Engel.

PARZIVAL Ich wollte hingehen und mit ihm sprechen . . .

HERZELOIDE *entsetzt:* Du sollst mit keinem lebenden Menschenwesen sprechen, wenn dir je eines begegnen sollte!

PARZIVAL Er war plötzlich verschwunden. Ich habe gewartet und gerufen, bis es dunkel wurde.

HERZELOIDE *entsetzt:* Du hast gerufen? Du mußt wegrennen! Unter den Stein kriechen!

PARZIVAL Ich habe trotzdem gerufen. Er war so schön. Er kann kein Mensch gewesen sein.

HERZELOIDE Wir wollen nicht mehr davon sprechen.
Schweigen.

PARZIVAL Warum verstecken wir uns vor den Menschen?

HERZELOIDE Wenn du unter Menschen kommst, bringen sie dich um.

Parzival befragt seine Mutter   51

PARZIVAL Warum?

HERZELOIDE Sie sind so. Sie sind so.

PARZIVAL Wie der Dornbusch? Der hat mich heute gestochen und zerkratzt. Es blutet noch. Aber es macht mir
nichts aus.

HERZELOIDE Die Menschen sind schlimmer. Sie töten mit
Absicht. Sie streiten, kämpfen, schlagen, stechen auf einander ein. Wie dein Vater!

PARZIVAL Wie mein Vater?

HERZELOIDE So haben sie auch deinen Vater getötet.

PARZIVAL Oh Mutter, ich habe heute eine Amsel getötet! –
Ich wollte sie in der Hand halten und sie sollte singen. Als
ich sie mit der Schleuder vom Himmel heruntergeholt
hatte, war sie ganz stumm und tot. Und ich wollte doch,
daß sie singt. Da habe ich sie in den Bach geworfen.

HERZELOIDE *weint:* Ach mein Kind!

PARZIVAL Warum weinst du denn, Mutter?

HERZELOIDE Du wirst mich verlassen.

PARZIVAL Nein, nein, ich verlasse dich nicht!
Schweigen.
Vielleicht kommt der Engel wieder. Ich verstecke mich
morgen im Busch und warte dort.

10

Die Ritter vor der Kathedrale.

MERLIN Jetzt bist du dran, Kay!

SIR KAY Ja, ja.
Er geht nicht zum Schwert.

MERLIN Komm her, zieh das Schwert raus!

SIR KAY *drückt sich:* Ja, es hat ja keiner gekonnt. Auch die
großen Helden haben es nicht fertiggebracht! Das geht
nicht mit natürlichen Kräften. Da muß noch was anderes
dazukommen, anscheinend.

MERLIN Du hast es doch schon einmal herausgezogen,
Kay.

SIR KAY Ja, Sir. Habe ich – Das heißt, ich habe es nur in die
Hand genommen.

MERLIN Was heißt das: in die Hand genommen?

SIR KAY Ja ja! Und habe es geschwungen! Und habe es funkeln lassen!

SIR ECTOR Wunderbar hat es gesprüht und gefunkelt, Sir. Ich habe es gesehen.

SIR KAY Laßt doch erst nochmal den dort probieren.

MERLIN Dieser Junge da? Dein Knappe, Kay?

SIR KAY Er ist mein Freund, er ist praktisch mein Bruder, möchte ich mal sagen. Wir sind zusammen aufgewachsen. *Zu Artus:* Komm nur ran! Genier dich nicht! *Artus tritt heran.* Das ist er. Er hat es mir gebracht. Er hat mir gesagt, er hat es gefunden. Ich hatte mein Schwert liegenlassen und ich habe ihn geschickt, daß er es holt, und da hat er das da gebracht.

MERLIN Du hast es gefunden? Hat es herumgelegen?

ARTUS Nein.

MERLIN Steckte es im Stein, wie jetzt?

ARTUS Ja.

MERLIN Und du hast es herausgezogen?

ARTUS Ja.

SIR KAY Jetzt hat er es ja selber gesagt. So genau wußte ich das gar nicht.

SIR ECTOR Ich habe die beiden aufgezogen, den einen wie den anderen. Ich habe keinen Unterschied gemacht zwischen meinem eigenen Sohn und dem da.

MERLIN Komm, Artus!

Artus geht zu dem Stein.

Musik.

Engel und Geister helfen Artus beim Herausziehen des Schwertes, ermahnen ihn, geben ihm Ratschläge, erinnern ihn an alles, was er in seinem jungen Leben gelernt hat, singen, feuern ihn an, halten ihm Lebensmaximen vor, beten – eine lange Weltsekunde: er zieht ohne die geringste Anstrengung das Schwert aus dem Stein.

In dem Trubel und Geschrei nach dieser Tat, als ihn einige Ritter auf ihre Schultern heben und den Versammelten als den neuen König, den Erwählten, den Außerordentlichen präsentieren wollen, macht er sich los und läuft weg.

Merlin, Artus.

MERLIN Als du mein Schüler warst, habe ich dich da gelehrt,
wegzulaufen?

ARTUS *verwirrt:* Nein, Merlin.

MERLIN Fürchtest du dich?

ARTUS Ja, ich fürchte mich.

MERLIN Weil du König bist?

ARTUS Es sind so viele große Ritter hier, auch Könige! Wie
kann i c h König über alle Ritter und Könige sein!

MERLIN Warum kannst du nicht König sein? Sie jubeln dir zu!

ARTUS Sie müssen einen anderen meinen, sie täuschen sich.
Sie setzen ihre Hoffnungen in mich, und ich fürchte mich
davor, daß ich sie nicht erfüllen kann.

MERLIN Was habe ich dich gelehrt?

ARTUS Du hast mich gelehrt, weder Haß noch Liebe zu fürchten.

MERLIN Und warum fürchtest du dich dann?

ARTUS Ich fühle mich zu gering für die Königswürde.

MERLIN Was habe ich dich über die Demut gelehrt?

ARTUS Über die Demut?

MERLIN Heißt demütig sein, daß du eine Aufgabe zurück-
weist, wenn du nicht sicher bist, ob du sie erfüllen
kannst?

ARTUS Nein, das ist nicht Demut.

MERLIN Was ist es dann?

ARTUS Das ist heimlicher Hochmut.

MERLIN Wie also handelt der Demütige?

ARTUS *jetzt ganz sicher und freudig:* Der Demütige nimmt die
Aufgabe an, die ihm bestimmt ist, auch auf die Gefahr hin,
daß er daran scheitert.

MERLIN *ruft:* Bringt ihm den Königsmantel! Die Krone!

ARTUS *plötzlich wieder in Angst:* Aber ich . . . Merlin!

MERLIN Was hast du, lieber Artus?

ARTUS Ich fürchte mich noch immer, Merlin . . . Wie kann
ich König sein: ich habe keine großen Gedanken . . .
meine Vorstellungskraft ist gering. Ich kann nicht vorausschauen . . . Ein König muß vorausschauen können!

MERLIN Ich halte dich, ich wiege dich, ich nähre dich mit der
Milch meiner Brust, ich bin deine Amme.

König Artus fürchtet sich. Merlin hilft

Der König von Cornwall und der König von Wales stehen verärgert abseits.

KÖNIG VON WALES Wir sind nicht zufrieden, Merlin! Der junge Mensch hat das Schwert aus dem Stein gezogen, wir bewundern es sehr und es zeichnet ihn aus, aber warum soll er König über uns alle werden nach dem großen Uther Pendragon? Zwar hat Uther Pendragon keinen Sohn hinterlassen, aber es gibt doch Verwandte, die nach dem gültigen Erbfolgerecht Ansprüche erheben können!

MERLIN Wer denn, König von Wales?

KÖNIG VON WALES Mein Haus ist durch Heirat der Schwester meiner Mutter mit Uther Pendragon am nächsten verwandt! Und ich möchte deshalb . . .

KÖNIG VON CORNWALL Und dieser junge Mann – schön und gut! Erstaunlich! Aber niemand kennt seine Abstammung! Niemand kann darüber Auskunft geben!

MERLIN Ich! Ich kann es dir sagen, König von Cornwall, und dir, König von Wales! Allen kann ich es sagen! Ich allein weiß, wer sein Vater war: Uther Pendragon.

KÖNIG VON CORNWALL Das ist unmöglich! Das würde jeder wissen, wenn Uther Pendragon einen Sohn gehabt hätte!

MERLIN Nach den geheimnisvollen Umständen seiner Geburt habe ich ihn genommen und zu Sir Ector gebracht.

SIR ECTOR Ja! Ich habe nie ein Wort darüber gesagt, von mir hat keiner was erfahren.

MERLIN König Uther liebte Igraine, die Frau des Herzogs von Gorlois. Er belagerte seine Burg Tintajol . . . Erzähl du es!

Er zeigt auf einen Herrn, der in der ersten Reihe sitzt und vorgebeugt zuhört.

DER HERR AUS DEM PUBLIKUM Ich? Warum soll i c h es denn erzählen?

MERLIN Erzähle!

DER HERR AUS DEM PUBLIKUM Ich kenne doch die Geschichte gar nicht! Keine Ahnung!

MERLIN Erzähl! Erzähl! Wenn du erzählst, wirst du sie auch wissen.

Sie belagerten den Herzog von Gorlois in Tintajol.
– Weiter! Weiter!
Merlin sagte zu König Uther: Heute nacht will ich dir Igraine verschaffen.
– Weiter! Weiter!
Die Belagerer schliefen in ihren Zelten, da schlich Merlin mit König Uther in die Burg. König Uther hatte durch Merlins Zauber die Gestalt des Herzogs von Gorlois, so daß niemand ihn erkannte, auch Igraine nicht. Sie schlief mit ihm, sie tastete über das Gesicht ihres Gatten, sie spürte den Körper ihres Gatten, als er auf ihr lag. Er sprach kein Wort mit ihr, er fürchtete, sie würde ihn an der Stimme erkennen, denn er hatte eine hohe, quäkende Stimme, der Herzog von Gorlois hatte aber die Stimme eines Filmhelden. Merlin versteckte sich hinter dem Paravent, nahm aber Igraines Spiegel in die Hand, weil er alles sehen wollte, was in dem Bett geschah. Ja, so ist Merlin. Mitten in der Nacht wachte König Uther auf und sagte: Ich habe geträumt, ich wurde erschlagen, das Schwert blieb mir im Kopf stecken, ich konnte es nicht mehr herausziehen. Ja, sagte Igraine, du hast geschrien! – Ich habe geschrien? Mit welcher Stimme? – Mit deiner Stimme, Herzog Gorlois. – Ich habe mit seiner Stimme geschrien? – Mit deiner! – Er hat eine andere Stimme! – Wer hat eine andere Stimme? – Ich! Ich! Ich! Ich! rief König Uther verwirrt. – Es war deine Stimme, ja. – Hast du mich erkannt? Ich habe geträumt, ich wäre e r ! – Vielleicht bist du im Traum ein anderer gewesen, aber du hast mit deiner Stimme gerufen. Ich kenne doch deine Stimme!
– Weiter! Weiter!
Da wagte er nichts mehr zu sagen, denn er hörte immer nur seine eigene Stimme und dachte, die Stimme müßte ihn verraten.
– Weiter!
Es ist höchste Zeit, hörte König Uther Merlin rufen. – Merkwürdig, sagte Igraine, jetzt ist mein Spiegel auf den Boden gefallen und zerbrochen. Uther blieb aber noch bei ihr liegen bis zum Morgengrauen. Da hörten sie Stimmen vom Hof herauf. Uther fragte: Was rufen sie? Igraine stand

am Fenster und horchte. Die Leute schrien herauf: Herzog Gorlois ist gefunden worden mit einem Schwert im Kopf. – Laß uns schnell verschwinden, sagte Merlin und zog Uther mit sich fort. Als Igraine schwanger wurde, klagte sie: Ich habe ein Kind im Bauch von einem, der tot war, und doch mit mir schlief. Sie wollte es töten, aber Merlin riet ihr: Gib es dem ersten Menschen, dem die Amme begegnet, wenn sie das Kind aus dem Zimmer trägt. Die Amme gab es dem schmutzigen Bettler, der auf der Treppe neben der Säule saß. Der Bettler war Merlin.
– So war es! So war es!

Gleichzeitig oben:
Artus wird als König eingekleidet.

11
Die Engel

Am Waldrand stehen zwei Ritter. Sie sind übergroß und glitzern im Licht.
Parzival rennt aus dem Wald, fällt verzückt vor ihnen nieder und faltet die Hände in Anbetung.

PARZIVAL Ich danke euch! Ihr seid wiedergekommen! Ihr wunderbaren Engel! Ich danke euch, ihr wunderbaren Engel, daß ihr wiedergekommen seid. Ich danke Gott, daß er euch zu mir geschickt hat. Meine Mutter hat mir nicht geglaubt, meine Mutter hat gesagt, ich hätte geträumt. Ich habe meine Augen zugemacht und habe euch gesehen, aber jetzt mache ich meine Augen auf und ihr seid wirklich da! Aus dem Himmel seid ihr zu mir heruntergekommen wie der Wind von den Bergen fällt. Ich fürchte mich nicht vor euch, obwohl mir die Augen wehtun, wenn ich euch ansehe, ich mache die Augen nicht zu, solange ihr da seid, lieber will ich danach blind sein. Ich sehe euch. Ich sehe euch, ich liebe euch. Bleibt noch einen Augenblick da, und noch einen Augenblick und noch einen und noch einen, löst euch nicht auf in Luft und Himmel.
SIR BEDIVERE *blasiert, mit gezierter Stimme:* Wo kommst du

denn her?

PARZIVAL Von meiner Mutter, lieber Engel.

SIR PINEL LE SAVAGE *blasiert, mit gezierter Stimme:* Ja ja, natürlich! Aber wo wohnst du denn mit deiner Mutter?

PARZIVAL In den Bäumen, lieber Engel.

SIR BEDIVERE Wohnt ihr nicht bei Menschen?

PARZIVAL Wir brauchen niemand. Es ist noch nie ein Mensch gekommen. Aber wenn einer kommt, springe ich unter den Stein.

SIR BEDIVERE Wer ist dein Vater?

PARZIVAL Er ist tot, lieber Engel.

SIR PINEL LE SAVAGE Hat dir deine Mutter nichts über deinen Vater erzählt?

PARZIVAL Meine Mutter hat mir gesagt, er wäre ein Ritter.

Die glitzernden Schuppenkleider der Ritter klirren von ihrem Gekicher.

SIR BEDIVERE Sein Vater war ein Ritter! Wie interessant!

SIR PINEL LE SAVAGE Ja, aber dann bist du auch ein Ritter!

PARZIVAL Ich weiß nicht, lieber Engel.

SIR PINEL LE SAVAGE Natürlich! Der Ritter Pißpott!

PARZIVAL Ich weiß nicht, was ein Ritter ist.

SIR BEDIVERE Wir sind Ritter, du Pißpott!

PARZIVAL Ach, lieber Engel, ihr seid Engel, ich weiß doch, daß ihr Engel seid!

SIR PINEL LE SAVAGE Wir sind Ritter. Wir sind nicht vom Himmel heruntergeweht. Wir kommen von König Artus.

PARZIVAL Keine Engel! Aber ich will, daß ihr Engel seid!

SIR BEDIVERE *spöttisch:* Vielleicht willst du auch ein Ritter werden, du Pißpott! Dann wasch dein Gesicht und geh zu König Artus!

PARZIVAL Ihr seid keine Engel? *Er wirft rasend vor Wut und Enttäuschung Steine und Erdbrocken nach ihnen. Sie lachen, gehen weg.*

Parzival sieht zwei Ritter und hält sie für Engel

12
Der Tisch

Schreinerwerkstatt.
Der alte Schreiner, König Artus incognito.

SCHREINER *mürrisch:* Was wollen Sie?

KÖNIG ARTUS Einen Tisch!

SCHREINER *brummt, arbeitet weiter:* Ich mache keine
Tische.

KÖNIG ARTUS Aber Merlin hat mich hergeschickt.

SCHREINER Wer?

KÖNIG ARTUS Mein Freund.

SCHREINER Mit Tischen gebe ich mich nicht ab. Ich mache
Mühlenräder.

KÖNIG ARTUS Ach so. – Er hat gesagt, weil der Tisch so groß
sein muß . . . und Sie seien der berühmteste Schreiner im
ganzen Königreich!

SCHREINER Was für ein Königreich?

KÖNIG ARTUS Von König Artus!

SCHREINER *spuckt aus.*

KÖNIG ARTUS *will sein Schwert ziehen:* Alter keltischer Gau-
ner! *Er besinnt sich, läßt das Schwert stecken:* Einen Tisch
sollen Sie mir schreinern.

SCHREINER *nach einer Pause, er arbeitet weiter:* Tische macht
jeder.

KÖNIG ARTUS Aber nicht jeder kann einen so großen Tisch
machen!

SCHREINER *gibt keine Antwort, arbeitet weiter.*

KÖNIG ARTUS Der Tisch soll ein Abbild der Welt sein.

SCHREINER *schweigt, sieht dann auf:* Viereckig?

KÖNIG ARTUS Viereckig – ich weiß nicht. Lang – es müssen
viele Ritter daran sitzen können.

SCHREINER *mißtrauisch:* Was für Ritter?

KÖNIG ARTUS Berühmte Ritter.

SCHREINER Nee, den Tisch mache ich nicht.

KÖNIG ARTUS Man kann Sie zwingen, den Tisch zu machen!

SCHREINER Wer kann mich zwingen? Wer denn?

KÖNIG ARTUS König Artus!

SCHREINER *spuckt aus.*

König Artus beim Schreiner. Wie soll der Tisch sein?

KÖNIG ARTUS *will wieder das Schwert ziehen, besinnt sich aber.*

SCHREINER Zwingen . . . Dann wird er eben schief. Dann wackeln eben die Beine. Dann ist er eben zu niedrig.

KÖNIG ARTUS Ach lieber Meister . . .

SCHREINER Ich mache den Tisch nicht. Den kriege ich nie bezahlt. So wie du aussiehst, kommen keine hundert Ritter zu dir ins Haus und setzen sich an einen Tisch mit dir. Kein einziger . . .

KÖNIG ARTUS *steckt ihm Geld zu.*

SCHREINER *sieht die Geldstücke an, steckt sie ein, arbeitet stumm weiter. Nach einer Pause:* Maße?

KÖNIG ARTUS Ich weiß nicht, wie groß ein Tisch für hundert Ritter sein muß. Das müssen S i e doch wissen!

SCHREINER Hundert Ritter . . . *Er rechnet nach.*

KÖNIG ARTUS Vielleicht sind es auch viel mehr . . . 250 . . . oder auch weniger.

SCHREINER *hört auf zu rechnen:* Dann leck mich am Arsch.

KÖNIG ARTUS Verstehen Sie doch . . .

SCHREINER Wenn du nicht mal weißt, wie viele nun daran sitzen sollen . . .

KÖNIG ARTUS Verstehen Sie doch, ich bin . . .

SCHREINER *schweigt, dann:* Dann nimm einen Ausziehtisch. Oder zwei Tische, oder drei, die kannst du aneinanderstellen.

KÖNIG ARTUS Er muß aber ein Abbild der Welt sein!

SCHREINER Ja. Ein Quadrat.

KÖNIG ARTUS Nein! Rund! Rund! Jetzt weiß ich auch, warum Merlin mich zu Ihnen geschickt hat! Wegen der Mühlenräder!

SCHREINER Ich denke, du willst einen Tisch.

KÖNIG ARTUS Ja! Aber rund!

SCHREINER *arbeitet weiter, dann:* Wofür ist denn der Tisch?

KÖNIG ARTUS Ich denke, es könnte so eine Art Konferenztisch sein.

SCHREINER Du denkst, du denkst . . .! Lang also?

KÖNIG ARTUS Nein! Rund!

SCHREINER Warum denn?

KÖNIG ARTUS Damit keiner oben sitzt und keiner unten sitzt. Alle Sitze sind gleich.

SCHREINER Einer muß wohl immer unten sitzen.

KÖNIG ARTUS Nein. Das ist ja das Neue. Alle sollen an diesem Tisch gleich sein.

SCHREINER *zeigt ihm den Vogel:* Alle gleich . . .

KÖNIG ARTUS Es hat zwei berühmte Tische gegeben: der erste Tisch war der, an dem unser Herr Jesus Christus mit seinen Jüngern das Abendmahl genommen hat. Der zweite berühmte Tisch war der Tisch von Joseph von Arimathia, kennst du den?

SCHREINER Nee. Ist mir noch nicht vorgekommen.

KÖNIG ARTUS Du bist doch Christ!

SCHREINER Ich laß mich von dir nicht verhören!

KÖNIG ARTUS Das war so: Joseph von Arimathia ging nach Golgatha, als Jesus Christus, unser Herr, dort gekreuzigt hing. Und er stand unterm Kreuz und fing in einem Kelch das Blut auf, als der Kriegsknecht unserem Herrn die Lanze in das Herz stieß . . .

SCHREINER Weiß ich.

KÖNIG ARTUS So ist das Blut unseres Herrn nicht auf die Erde vergossen worden. Und diese Schale mit dem Blut, das ist der heilige Gral: das ist das allerhöchste Heiligtum. Verstehen Sie?

SCHREINER Und der Tisch?

KÖNIG ARTUS Und der Gral . . . weißt du, wo die Schale herkommt? Sie ist ein Smaragd aus der Krone von Luzifer, dem gefallenen Engel.

SCHREINER Und der Tisch?

KÖNIG ARTUS Um einen Tisch haben sich die Getreuen mit Joseph von Arimathia versammelt, um den heiligen Gral zu feiern. Mitten in der Wüste saßen sie.

SCHREINER *rechnet die ganze Zeit:* Zwölf.

KÖNIG ARTUS Wie?

SCHREINER Zwölf Meter im Durchmesser, mindestens.

KÖNIG ARTUS Ja. – Und der dritte Tisch, das ist der Tisch, den Sie mir machen sollen. Der wird genauso berühmt werden wie die beiden anderen Tische.

SCHREINER Und die Platte 20 Zentimeter dick. Sonst hängt sie durch. Oder wir schneiden die Mitte heraus. Dann hängt sie n i c h t durch.

KÖNIG ARTUS Ja, das wäre auch praktisch. Wenn er in der

Mitte ausgeschnitten ist, kann auch der Mundschenk rein-
gehen und die Ritter bedienen.
SCHREINER Dann muß er aber einen Durchgang zur Mitte
haben. Oder soll der Mundschenk den Herrschaften durch
die Beine kriechen?
KÖNIG ARTUS *lacht:* Nein. – Ein riesiger runder Tisch! Ich
stelle ihn mir schon vor! Aber er muß auch durch die Tür
gehen.
SCHREINER Durch die Tür? Dieser Tisch?
KÖNIG ARTUS Ja, ich muß ihn an verschiedenen Orten aufstel-
len können.
SCHREINER Durch die Tür? Dieser Tisch? Was willst du denn
noch! So groß, und durch die Tür! Stellt sich da hin und
hält mir Vorträge übern Tisch und weiß selber nicht, was
er damit will! Durch die Tür! Klein! Groß! Rund! Abbild
der Welt! Ich mache Mühlenräder und nicht ein Abbild!
Und die besten Mühlenräder! Weiß nicht, ob es ein Konferenztisch oder ein Eßtisch ist! Und heilig soll er er auch
noch sein! Heiliger Tisch! Was geht mich dein Joseph von
Soundso an! Was geht mich dein Tisch an! Verschwinde!
KÖNIG ARTUS Der Tisch ist für König Artus!
SCHREINER Soll der mal kommen, dein König! Soll er sich
mal zeigen! Soll er mal erscheinen! *Er wirft König Artus
vor die Tür:* Wir sind Kelten!

Draußen.
Merlin, König Artus.
MERLIN Na? Weißt du jetzt, wie der Tisch aussehen muß?
KÖNIG ARTUS *mürrisch:* Ja. Aber ich habe keinen. Was soll
ich machen?

13

König Artus sitzt auf einem Stuhl, Merlin.
*Merlin läßt Bilder vorbeitragen: Schlachtenbilder, Porträts,
Stilleben.*

KÖNIG ARTUS Das nicht . . . Das da kommt in den Speise-
saal! . . . Das ist zu düster, macht melancholisch . . . Land-

König Artus entdeckt Ginevra und den Tisch

schaften . . . ich will keine Landschaften. Es ist mir unbegreiflich, daß jemand Landschaften malt. Landschaften haben wir doch in der Natur.

MERLIN Diese Landschaften bedeuten etwas: der Apfelbaum zum Beispiel, der Sündenfall . . . das Paradies.

KÖNIG ARTUS Menschen . . . Menschen muß man malen . . . weil sie sich verändern. Menschen, mit Möbelstücken oder mit Säulen. – Was ist das für ein Bild?

MERLIN Das ist die Tochter von König Lodegrance von Cameliard.

KÖNIG ARTUS Zeigt es noch einmal her! Näher heran!
Die Träger bringen das Bild vor Artus.

KÖNIG ARTUS Das ist sehr interessant! Das ist unglaublich!

MERLIN Auf dem Bild ist sie erst zwölf. Jetzt wird sie etwa achtzehn sein.

KÖNIG ARTUS Wie?

MERLIN Ginevra.

KÖNIG ARTUS Sieh doch, Merlin! Sieh doch mal hin!

MERLIN Sie hat grüne Augen.

KÖNIG ARTUS Der Tisch! Ich meine den Tisch! Da steht doch ein Tisch im Hintergrund!

MERLIN Ach ja. Ich sehe. Das ist der Tisch von König Lodegrance von Cameliard. Den bekommt sie als Mitgift.

KÖNIG ARTUS Dann will ich sie heiraten! Wie heißt sie?

MERLIN Ginevra. Sie soll sehr schön und charmant und klug sein.

KÖNIG ARTUS Den Tisch muß ich haben! – Ginevra!
Er geht ab.
Merlin sieht hinauf, oben sitzt der Teufel, ein eleganter Zuschauer im Varieté.

DER TEUFEL *hebt ein Champagnerglas:* Bravo, Merlin! Bravo! Bravo!

MERLIN *indigniert:* Wir haben den Tisch gefunden!

DER TEUFEL Bravo! Bravo!

MERLIN I c h habe Grund zur Freude! Nicht du!

DER TEUFEL *schüttelt sich vor Lachen.*

MERLIN Du siehst doch, ich habs geschafft, wir gründen die Tafelrunde!

DER TEUFEL Bravo, bravo! Eine schöne Frau! Ich bin entzückt!

MERLIN *beunruhigt durch die Fröhlichkeit des Teufels:* Warum jubelst du denn so! *Wütend:* Hör doch auf, hör doch auf!

DER TEUFEL *ist verschwunden.*

MERLIN *packt den Stuhl, schmeißt ihn dem Teufel nach, reißt das Bild von Ginevra und dem Tisch von der Staffelei, trampelt darauf herum.*

14

Merlin ging grübelnd umher und seufzte, bis König Artus ihn fragte:
– Was hast du, Merlin?
– Ich muß dir noch etwas sagen, antwortete Merlin, was dich betrüben wird.
– Ist es wegen dem Tisch?
– Nein, es ist wegen Ginevra.
– Was soll mich da betrüben? fragte König Artus.
– Ich sehe sie in ihrem blauen Kleid auf der Wiese am Fluß liegen und ein Ritter liegt bei ihr.
– Schön, sagte König Artus fröhlich, der Ritter bin i c h ! Ich liebe sie.
– Nein, sagte Merlin, es ist ein anderer Ritter.
– Wie kannst du das sagen, sagte König Artus, ich glaube dir nicht.
Merlin seufzte:
– Du weißt, König Artus, daß ich die Ereignisse voraussehe.
– Du siehst Könige kommen und dahingehen, aber d a s kannst du unmöglich sehen!
– Du glaubst mir nicht?
– Nein, ich glaube dir nicht.
Da verbarg Merlin seine Sorge und sagte lachend:
– Ich erkenne daraus, König Artus, daß du Ginevra liebst. Ich habe dich nur prüfen wollen.
– Ja, sagte König Artus, ich liebe sie und ich würde sie auch dann heiraten, wenn sie nicht diesen runden Tisch hätte.

15

Im Wald.
Herzeloide, Parzival.
Parzival will in die Welt ziehen, von der er nichts weiß. Aus Angst um ihn hat seine Mutter einen häßlichen Narrenrock mit drei Ärmeln für ihn zusammengeflickt: die Welt soll über ihn lachen. Wen man verlacht, den fürchtet man nicht und er muß nicht kämpfen.

PARZIVAL *hat ein hölzernes Schwert in der Hand:* Du hast immer gesagt, wenn ich zu Menschen komme, bringen sie mich um. Jetzt habe ich ein Schwert, damit sie mich nicht umbringen.
HERZELOIDE Ja ja.
PARZIVAL Die schönen Ritter haben gesagt, sie dienen dem König Artus. Werde ich auch dem König Artus dienen?
HERZELOIDE Du mußt sagen: ich habe keinen König, ich habe kein Land, ich komme von nirgendwo.
PARZIVAL Nehmen sie mich auf, was meinst du? Darf ich dann mit den schönen Rittern zusammenleben?
HERZELOIDE Ritter, Ritter, Ritter!
PARZIVAL Leben dort auch Frauen?
HERZELOIDE Die Frauen heißen Damen.
PARZIVAL Sind sie auch so schön wie die Ritter?
HERZELOIDE Man darf sie nicht ansehen! Du mußt ihnen den Rücken zukehren.
PARZIVAL Warum?
HERZELOIDE Sie lächeln und sprechen, aber sie sind eine Drohung des Todes.
PARZIVAL Ich habe gehört, wie die schönen Ritter von »Ehre« gesprochen haben. Habe ich auch »Ehre«?
HERZELOIDE Ach, Kind!
PARZIVAL Ich muß es doch wissen, wenn mich jemand danach fragt.
HERZELOIDE Wenn jemand von deiner Ehre spricht, dann sagst du: ich habe keine Ehre.
PARZIVAL Was ist die »Ehre«?
HERZELOIDE Eine Drohung des Todes.
PARZIVAL Und wenn ein Ritter mich gern hat und will mein

Parzival verläßt seine Mutter, um ein Ritter zu werden   65

Freund sein?

HERZELOIDE Dann antwortest du: Ich brauche keinen Freund.

PARZIVAL Muß ich denn immer allein sein?

HERZELOIDE Allein ist man am sichersten. Allein mußt du nicht teilen. Allein mußt du nicht streiten. Allein mußt du niemandem danken. Allein bist du nicht enttäuscht.

PARZIVAL Darf ich denn keinen Freund haben?

HERZELOIDE Ein Freund ist eine Drohung des Todes.

PARZIVAL Wenn mich aber jemand um meine Hilfe bittet, weil er in Not ist?

HERZELOIDE *schreit:* Dann spring in den Busch! Halt dir die Augen zu!

PARZIVAL Machen das die Ritter?

HERZELOIDE Das freut sie, da lachen sie.

PARZIVAL Wenn der König Artus mich fragt, was ich weiß und was ich kann, Mutter?

HERZELOIDE *schreit:* Nichts! Du hast nichts gelernt! Du kannst nichts! Du hast keinen Wert! Du bist für nichts zu gebrauchen!

PARZIVAL Sagt das ein Ritter?

HERZELOIDE Das gefällt ihnen. Darüber lachen sie.

PARZIVAL Ach, das ist gut. Ich möchte ihnen gefallen.

HERZELOIDE Du darfst dich nie in die Mitte stellen. Immer in die Ecke!

PARZIVAL Warum denn?

HERZELOIDE Damit alle wissen, daß du dich fürchtest.

PARZIVAL Aber ich fürchte mich ja gar nicht, Mutter.

HERZELOIDE Du mußt dich fürchten!

PARZIVAL Ich bin doch stark und tapfer.

HERZELOIDE Tapferkeit ist eine Drohung des Todes.

PARZIVAL Jetzt verlasse ich dich, Mutter, ich freue mich so.

HERZELOIDE Warte noch! Ich muß dir noch ein Brot bakken.

PARZIVAL Ich kann nicht mehr so lange warten, bis du mir ein Brot gebacken hast!

HERZELOIDE Ich muß dir auch noch vieles erklären, und ich mache inzwischen schnell ein Feuer im Ofen für das Brot.

PARZIVAL Ich weiß doch alles.

HERZELOIDE Nein! Das Wichtigste habe ich dir noch nicht gesagt.

PARZIVAL *ungeduldig:* Dann sag es mir jetzt schnell!

HERZELOIDE Warte! Ich sage es dir gleich.

PARZIVAL Ich komme doch zu spät, Mutter! Ich muß mich beeilen.

HERZELOIDE Warte!

PARZIVAL Ach, liebe Mutter, ich brauche nichts mehr zu wissen. Ich mache auch alles so, wie du es mir gesagt hast, wenn ich daran denke. Nur fürchten kann ich mich nicht. Ich weiß nicht, wie ich das machen soll. Als ich ein Kind war, da habe ich mich immer gefürchtet, glaube ich. Ja, Mutter? Habe ich mich da gefürchtet?

HERZELOIDE Ja.

PARZIVAL Aber heute weiß ich nicht mehr, wie das ist, wenn man sich fürchtet. – Wenn mein Vater ein Ritter war, werde ich auch ein Ritter werden können. – Ach, komm doch mit mir, Mutter! Nimm doch auch ein Schwert! Willst du nicht mitkommen?

HERZELOIDE *sitzt da, ist tot.*

PARZIVAL Du machst jetzt so ein strenges Gesicht. Dein Mund ist ganz schief, und du sprichst nicht mehr mit mir. Bist du mir böse? Gut, dann bist du mir eben böse! – Du rührst dich nicht von der Bank, du sprichst nicht mit mir. Und du bist ganz weiß im Gesicht, als ob du aus Vogelmist wärst. Das gefällt mir nicht! So gefällst du mir nicht. Dann bleib nur da, wenn du nicht mit mir sprechen willst. Ich gehe! Ich brauche auch dein Brot nicht mehr! Brauchst das Feuer nicht anzuzünden! *Er geht. Er dreht sich noch einmal um, um zu winken. Herzeloide sitzt tot. Er rennt weg. Herzeloide kippt von der Bank.*

16

König Artus und Ginevra
sie waren ein schönes Paar
sie ritten auf weißen Pferden
als der Frühling im Lande war.

Ein Lied über den Transport des Tisches

Ginevra im blauen Kleide
unter dem Seidenzelt
die Knechte rollten die Tafel
die war das Abbild der Welt.

Zwanzig westfälische Pferde
die zogen den Tisch über Land
da standen die einfachen Leute
staunend am Straßenrand.

Und Gott und auch der Teufel
die sahen die stolze Schar
Gott freute sich über die Tafel,
der Teufel über das Paar.

17

Der große runde Tisch.
Die Ritter suchen ihre Plätze an der runden Tafel. Sie lesen
die Namen an den Stühlen, vergleichen die Namen. – Ken-
nen wir uns? – Nein, ich habe Sie nie gesehen. Es werden
Stühle gerückt. – Das ist ein Anfang! – Schön! Schön! – An-
fang, bitte, von was? – In der blauen Bretagne beten die
Menschen Steine an, sagt jemand zu einem Ritter aus der
Bretagne. – Der König von Wales wird auch kommen. –
Glauben Sie an Fortschritt? – Und wer sind S i e ? – Ich! Ich!
Ich! – Es gibt Tischregeln, wissen Sie das? – Das Abenteuer!
Das Abenteuer! – Was verstehen Sie darunter? – Das Unvor-
hersehbare, das ist für mich das Abenteuer. – Ich sehe schon
alles voraus! Und ich wette . . . – Nicht wetten! – Warum
nicht? – Ich wette mit Ihnen, daß es genau so eintritt, wie ich
es voraussage. – Nichts wissen Sie! – Keine Wetten! Niemand
soll wetten! – Aber Wetten ist doch ein Spiel! – Nur Merlin
weiß das Zukünftige! – Vieles kann man aber berechnen.
Man muß die Voraussetzungen und die Motive kennen, und
man muß kombinieren können. – Soll das eine Raubtiernum-
mer werden? – Es scheint fast so! – Muß denn dieses riesige
Tier unbedingt mit an unserem Tisch sitzen? – Ich trenne
mich nie von ihm, sagt Iwain. – Kann denn der Löwe nicht

gefährlich werden, er ist doch eine wilde Bestie! – Wie der Mensch, sagt Iwain darauf.

Wenn Sie alles im voraus wissen, was wird aus mir? – Aus Ihnen? – Sehen Sie, König Artus kommt die Treppe herunter! – Mit Sir Lancelot. – Wo ist denn sein Platz? – Sie halten sich an den Händen. – Wer? – Sir Lancelot, der größte Ritter der Welt. – Sir Gawain ist doch der größte Ritter der Welt! – Jetzt ist es Sir Lancelot! – Seit wann denn? – Seit Douloureuse Garde. – Sie sitzen nebeneinander, und König Artus lächelt ihm zu. – Aha, ich sehe. – Er hat die bronzenen Riesen in der Burg Douloureuse Garde erschlagen. – Er hat Douloureuse Garde in Joyeuse Garde verwandelt! – Und viele andere Heldentaten! – If you're really dreaming of a new world . . . – Douloureuse Garde, Joyeuse Garde . . .

Das Geflüster: Joyeuse Garde, Douloureuse Garde kreist um den Tisch, bringt sie alle in vibrierende Bewegung wie Halme, durch die ein Wind fährt. Ich bin Segramur, der Neffe des Kaisers von Byzanz, ich habe Tag um Tag den Kaiser gebeten, daß er mich übers Meer fahren läßt, um ein Ritter der Tafelrunde zu werden. – Immer mehr, immer mehr! Jetzt sind wir schon über hundert! – Es stinkt hier wie im Zirkus! sagt Sir Lamorak, neben dem Iwains Löwe sitzt; er sucht sich einen anderen Platz. Mein Vater, sagt Sir Girflet, ist Dos von Carduel, der schon Uther Pendragons Forste verwaltet hat, ich bin der Sohn. – In Byzanz gibt es die krummen Säbel, ruft Sir Orilus über den Tisch, er pfeift wie ein Säbel, der durch die Luft saust. – Das zischt! – Ja, das zischt, sagt Sir Segramur mit höflicher Verbeugung. – Liebte sie ihn? – Nein, sie liebte ihn nicht. Und weil sie ihn immer wieder abwies, ließ er sich mehrmals von ihren Rittern im Kampf besiegen und schrecklich zerschlagen. – Sir Gawain und der Orkney-Klan erscheinen! – Aus Verzweiflung? – Nein, aus Absicht. Er ließ sich zum Gefangenen machen, denn als verwundeten Gefangenen, mußte sie ihn aufnehmen, ob sie ihn liebte oder nicht. – Aha! – Und das mehrmals! – Ich bin der Sohn des König Pelles, mein alter Vater wollte mich nicht fortziehen lassen . . . – Willkommen! Willkommen, junger Freund! – . . . denn die Sachsen verheeren unser Land. – Wir vertreiben sie! – Sehen Sie nur! König Artus füttert Sir Lancelot von seinem eigenen Teller! – Ich sagte: jedes Leben ist eine abenteuerliche Reise, mein Vater, und keiner stirbt einen anderen Tod als den, der ihm bestimmt ist. – Ich schlage vor . . . – Unter dem Schatten einer Föhre, ein Saumtier mit Waffen und Kleidung und mit Münzen beladen.

Einkleidung eines Ritters.
Ein blauer Teppich wird ausgerollt.
Der Ritter läßt sich auf dem blauen Teppich nieder.
Er betet.

Der Tod ist ein chinesischer Akrobat.
Er ist lautlos hereingekommen. Jemand hat ihn nach seinem Namen gefragt, er hat keine Antwort gegeben. Er ist am Eingang stehengeblieben und hat still gewartet. Als der alte König von Cornwall hereinkommt, umarmt er ihn, in seinen Armen liegt der König von Cornwall tot.

Dem Ritter werden die Beinschienen gereicht.
Es werden ihm die Beinschienen angelegt.
Es wird ihm der Panzer gebracht.
Es wird ihm der Panzer angelegt.
Es wird ihm der Rock aus rotem Samt gebracht.
Er wird in den Rock gehüllt.

Der Tod auf dem Tisch.
Er geht am Rand des Tisches entlang, er bewegt sich, als ob er gelähmt wäre, langsam, mit merkwürdig verzerrten Bewegungen, er stolpert plötzlich, fängt sich wieder, sitzt Sir Orilus gegenüber am Tischrand und grinst ihn an. Sir Orilus lacht. Der Tod hüpft auf, hat es jetzt eilig, zu Sir Lancelot zu kommen, betrachtet ihn, geht weiter, sieht Sir Kay an, sieht Sir Gawain an, sieht andere Ritter an. Manche sind verlegen, manche wollen aufspringen, manche rücken vom Tisch ab mit ihrem Stuhl, drehen den Stuhl um, einer will auf den Tod losgehen, taumelt, setzt sich wieder hin. So kreist der Tod ein paarmal auf dem Tischrand herum, niemand hält ihn auf, und wo er nicht ist, geht die Unterhaltung weiter.

Dem Ritter wird der Helm gebracht.
Mit beiden Händen setzt man ihm den Helm auf den

Die Tafelrunde

Kopf.
Er läßt das Visier herunter.
Es wird ihm das Schwert gereicht.

Der Tod kämpft mit dem Ritter

Nun verläßt der schöne glänzende Ritter den Teppich, auf
dem er eingekleidet worden ist. Fanfare. Er steigt auf den
Tisch und beginnt mit dem Tod zu kämpfen. Der Tod, der
chinesische Akrobat, springt über den schönen Ritter weg,
weicht mit schnellen Sprüngen seinen Schwertschlägen aus,
springt ganz nah an den schönen Ritter heran, so daß er sich
mit der Waffe nicht wehren kann, lockt ihn, damit er zu-
schlägt, weicht langsam zurück, der schöne Ritter folgt ihm,
sie steigen vom Tisch herunter. Wieder springt der Tod, der
chinesische Akrobat, über den Kopf des Ritters weg, hockt
nun hinter seinem Rücken. Der Ritter dreht sich, taumelt,
aber der Tod greift ihn nicht an. Er will den Ritter nur locken
und ermüden. So folgt der schöne Ritter dem springenden
Akrobaten aus dem Saal und die Tür schlägt hinter den beiden zu.

SIR GAWAIN *singt:*

Meine Tapferkeit ist groß
meine Überlegenheit – ungeheuer!
Das weiß jeder,
jeder weiß es,
frage nur mal herum.

Hundert Frauen
liegen hinter der offenen Tür:
Komm herein, Gawain!
Komm! Ich kann aber nicht
überall reingehn.

Davon rede ich nicht.
Nein ich rede
nicht von mir selber.

Die Frauen nehm' ich mir
und die Ritter
fallen in den Sand.

Manches Turnier ging zu Ende
durch meinen Schlag. Tödlich ist er
und wo ich erscheine, ruft man:
Da ist Sir Gawain,
Gawain, Gawain, der
die höfischen Sitten hochhält,
der tapfer ist für die edelen Fraun!
Dem ist eine Schlacht lieber
als dem Mönch sein Frieden
hinter der Mauer,
und der will nicht bleiben
da wo er gerade ist
– ja!

Die grünen Augen

Oben auf der Galerie erscheint Ginevra. Sie steht dort, sieht
hinunter. Sie hat große, leuchtend grüne Augen, wie eine
bemalte antike Statue. Sir Lancelot bemerkt sie, er vergißt
alles um sich herum, er starrt hinauf.

SIR LANCELOT *wendet sich zu seinem Nachbarn, Sir Gir-
flet:* Schön! – Würde es Ihnen genügen, zu sagen: schön? –
Eine Sache ist: schön? Ein Mensch ist: schön?
SIR GIRFLET *weiß nicht, was er meint:* Wenn etwas schön ist,
nenne ich es auch schön.
SIR LANCELOT Schön – und das ist alles?
SIR GIRFLET Man kann ja noch sagen: sehr schön.
SIR LANCELOT *winkt ab.*
SIR GIRFLET *gutmütig:* Oder: wunderschön . . . oder . . .
SIR LANCELOT *hört nicht zu, sieht zu Ginevra hinauf:* Bitte?
SIR GIRFLET Ja, oder . . . bezaubernd . . . hinreißend . . . ent-
zückend . . . herrlich . . .
SIR LANCELOT Wen meinen Sie denn damit?
SIR GIRFLET Sie wollten doch wissen, was man für »schön«

sagen kann!

SIR LANCELOT Ja.

SIR GIRFLET Und da habe ich nachgedacht und bin jetzt auf diese Worte gekommen.

SIR LANCELOT Ach so.

SIR GIRFLET Und ich könnte noch mehr Worte finden, wenn ich noch mehr darüber nachdenke. Und außerdem kommt es selbstverständlich auf den Gegenstand an. Nehmen wir zum Beispiel eine Rose . . . aber nicht eine Rose, die wir uns nur vorstellen. Wir müßten uns ein spezifisches Exemplar hier auf den Tisch legen und wir müßten es betrachten. Wir müßten es gemeinsam betrachten, dann kämen wir auf Wörter, die es genau bezeichnen . . . Voll erblüht . . .

SIR LANCELOT Bitte?

SIR GIRFLET Mir fiel noch die Bezeichnung ein: voll erblüht.

SIR LANCELOT Ja.

SIR GIRFLET Das ist sehr spezifisch, das könnte man etwa bei einer Rose anwenden . . .

SIR LANCELOT *der immer noch hinaufsieht:* Anwenden?

SIR GIRFLET Im übertragenen Sinn könnte man das auch bei einer Frau anwenden, bei einer Tapisserie allerdings . . . oder . . .

SIR LANCELOT »Schön«.

SIR GIRFLET Oder wenn Sie an eine Landschaft denken, müssen Sie zunächst Unterschiede machen zwischen den verschiedenen Arten von Landschaften, und dann erst können Sie sie bezeichnen. Und das Besondere . . . jeder Landschaft wäre dann auch das Schöne.

SIR LANCELOT Wie?

SIR GIRFLET Nun habe ich mich schon so weit in das Problem hineinbegeben, daß ich auch Ihre Frage vom Anfang zu verstehen beginne. »Schön« – wie unzureichend! Ein ganz und gar leeres und unzureichendes Wort, da muß ich Ihnen recht geben. Es ist ganz und gar ungeeignet, einen Gegenstand, dem unser bewunderndes Staunen gilt, hinreichend zu bezeichnen. Hinzu kommt noch, Sir Lancelot, daß die Kriterien . . .

SIR LANCELOT *ist aufgestanden, hält sich die Hände vor die*

Augen, läuft wie ein Erblindeter mit nach oben gerichtetem
Gesicht in die Richtung, in der Ginevra oben auf der Gale-
rie verschwunden ist.

SIR GAWAIN *ruft ihm nach:* Sir Lancelot! Freund Lancelot!

SIR GIRFLET Was hat er denn?

MARK TWAIN Auf diesem Sitz steht kein Name, wer soll dort
sitzen?

MERLIN *ist oben erschienen, ruft herunter:* Niemand! Auf diesem Sitz soll niemand sitzen!

SIR LAMORAK Dann stellen wir ihn doch beiseite, damit wir
einen geschlossenen Kreis haben.

MERLIN Laß ihn stehen! Eines Tages wird einer kommen, der
wird sich auf diesen Stuhl setzen. Das wird der Erwählte
sein.

MARK TWAIN Der Erwählte! Wie wollen Sie denn das wissen!

MERLIN Wenn einer sich auf den Stuhl setzt, der nicht der
Erwählte ist, dann wird er verbrennen.

SIR ORILUS Er sieht aber nicht anders aus als die andern
Stühle. Ein ganz normaler Stuhl mit geschnitzter Lehne.

SIR GIRFLET *betrachtet den Stuhl interessiert:* Man weiß nicht,
man weiß nicht.

MARK TWAIN Was heißt denn das: der Erwählte? Wer hat ihn
gewählt?

MERLIN Für eine große Sache ist er ausersehen.

MARK TWAIN Humbug!

MERLIN Der Mensch folgt seiner Bestimmung.

MARK TWAIN Der Mensch muß etwas lernen, dann kann er
was.

MERLIN Plattheit! Platte Vernunft! – Das offene Auge sieht
das Ungeheuer Nacht.

MARK TWAIN Early to bed . . . dann bringt er es zu was!

MERLIN Zu was bringt es der Mensch?

MARK TWAIN Zu Reichtum und Glück.

MERLIN *lacht:* Zu Reichtum und Glück!
Großes Gelächter.

Der Herr aus dem Publikum, der jetzt aufsteht und auf die
Bühne kommt, ist ein Skeptiker. Er weiß natürlich, daß er als

Zuschauer in einem Theater sitzt und daß alles, was auf der Bühne, in der Halle geschieht, nur zum Schein geschieht. Er geht also nach vorn auf die Bühne. Auf der Bühne aber ist er für die anderen Zuschauer zu einer Bühnenfigur geworden. Er wendet sich zu den Zuschauern um und sagt: Ich glaube nichts! Die Zuschauer lachen. Was ist denn wirklich? Entweder, sagt er, sind unsere Straßen und Autos und Büros und Fernseher wirklich, oder dieser angeblich gefährliche Sitz. Wenn der Sitz wirklich ist – nein, das kann nicht sein, denn dann wären unsere Autos und Fernseher und Büros nur Einbildungen. Ich setze mich also im Namen der Dinge, von denen wir täglich umgeben sind, auf diesen Sitz.
Und er setzt sich – Merlin kann es nicht verhindern – auf den gefährlichen Sitz, eine Flamme schlägt hoch, er ist verschwunden.

Einmal, als ein Streit unter den Rittern ausgebrochen war und einer den anderen überschreien wollte mit Argumenten und Beschimpfungen, verzauberte Merlin ihre Stimmen: sie grunzten plötzlich alle wie Schweine.

SIR GIRFLET In der New York Times lese ich eine Anzeige folgenden Inhalts: »Ein Liebesbrief von John und Yoko an alle, die uns nach dem Was, Wenn und Warum fragen. Unser Schweigen ist ein Schweigen der Liebe und nicht der Indifferenz. Wir schreiben an den Himmel anstatt auf dem Papier – das ist unser Gesang. Wir sahen drei Engel, die uns über die Schulter guckten, als wir dies hier schrieben.«
– Interessant!
Dagobert, der Zwerg, kommt herein.
DAGOBERT Entschuldigen Sie schon, daß ich eintrete! Ich nehme mal meine Schuhe in die Hand und trete ein. Es werden mich nicht viele hier erkennen, aber Sir Kay kennt mich – guten Tag, Sir Kay! –, weil er ja ab und zu in die Küche kommt. Sir Kay guckt immer in die Töpfe, und ich komme immer rein und schaffe die Abfälle auf den Komposthaufen, da treffen wir uns ab und zu. Reden tun wir nicht miteinander. Das muß ja auch nicht sein. Ich bin ja nur der Dagobert, der die Abfälle wegschafft, der Müll-

mann. Aber Sie kenne ich, und *Sie* auch, ich sehe, ich
kenne ja fast alle! Meine Güte, ich kenne ja fast alle, wenn
ich Sie mir so ansehe! Hier drin bin ich ja nie, hier komme
ich ja sonst nicht rein. Aber draußen auf dem Turnier-
platz, wenn Sie da aufeinander einstechen, wenn es so
richtig kracht und splittert! Sie haben da natürlich keine
Zeit, nach mir zu gucken, aber ich gucke nach Sie! Das
heißt, hauptsächlich gucke ich mehr nach die Pferde, weil
ich doch den Pferdemist einsammle. Da komme ich mit
meinem Wägelchen und mit meiner Schaufel schnell ran
und schnell wieder weg! Da kommt 'ne ganze Menge zusammen für den Kompost. Ist ganz wichtig fürs Gemüse
und Kürbisse. Seitdem hier immer so viele an dem berühmten Tisch zusammensitzen, was meinen Sie, wie man
das beim Abfall merkt! Was Sie für Abfälle hinterlassen, –
machen Sie sich gar keinen Begriff von! Berge!

SIR KAY Was willst du denn nun eigentlich?

DAGOBERT Ich will nur was abgeben, was ich gefunden habe.
Ich habe nämlich einen Ihrer Herren gefunden, beim Was-
sergraben, wo sonst nie einer hinkommt, da bei meinem
Komposthaufen.

SIR KAY Wen hast du gefunden?

DAGOBERT Vermissen Sie denn niemand hier? Muß Ihnen
doch auffallen, wenn einer ein paar Tage nicht zu finden
ist, wenn man auch nach ihm ruft und in alle Ecken guckt
und er nicht zu finden ist und ich finde ihn hinter meinem
Komposthaufen, dicht am Wassergraben, ungefähr da, wo
gegenüber die Mauer ist mit dem Fenster der Königin. Da
habe ich sie auch schon so manches Mal gesehen und auch
gegrüßt. Nun sehe ich Sie ja aus der Nähe! Guten Tag,
Königin Ginevra. *Er verbeugt sich vor Königin Ginevra.*

SIR KAY Wen hast du denn da, Dagobert? Nun bring ihn mal
herein!

DAGOBERT Mach' ich! Muß ich aber ganz vorsichtig sein, er
macht ganz eigenartige Schritte, so wie wenn er gleich fallen wollte. Er ist aber ganz folgsam mitgegangen, wie ein
Hündchen. Ich habe ihn nur manchmal ein bißchen ange-
stoßen, damit er weiterging. Wollte stehnbleiben. Er geht
wie wenn er schläft, ich glaube, er hört auch gar nicht. Er
lächelt die ganze Zeit. *Dagobert geht zur Tür und kommt*

Die Tafelrunde

mit Sir Lancelot zurück, der ihm wie ein Schlafwandler folgt. Er führt ihn auf die Königin zu.

DAGOBERT Da können Sie selber mit ansehen, was mit einem Menschen alles passieren kann. *Schreit ihm ins Ohr:* He, Sir, hallo, Sir! – Keine Reaktion.

SIR GAWAIN *lacht:* Lancelot, was machst du denn für Späße?

SIR KAY Was ist los mit dir, Sir Lancelot?

SIR AGRAWAIN Vielleicht hat er zu lange zum Fenster hinaufgesehen?

SIR LAMORAK Zu welchem Fenster?

SIR AGRAWAIN *lacht spöttisch.*

DAGOBERT Betrunken ist er nicht. So ist er schon drei Tage. Er ist ein Wunder der Natur! Er ist ein größeres Wunder als ein Kürbis! *Alle lachen.*

SIR SEGRAMUR Lancelot! Lancelot!

Sir Lancelot reagiert nicht, er geht, von Dagobert geführt, weiter auf die Königin zu.

DAGOBERT *tippt ihn an:* Man kann ihn antippen – nichts! Sogar zwicken!

SIR KAY *zu Dagobert:* Mach daß du rauskommst, Dagobert. Wenn Sir Lancelot aufwacht, haut er dir die Hand ab!

DAGOBERT *erschrickt.*

KÖNIGIN GINEVRA Sir Lancelot! Sir Lancelot, wachen Sie auf!

SIR LANCELOT *schreckt zusammen, zieht sofort das Schwert, als ob er angegriffen würde. Dabei zerreißt er mit dem Schwert den Kleidsaum der Königin.*

KÖNIGIN GINEVRA Sie haben mir den Kleidsaum zerrissen, Sir Lancelot!

SIR LANCELOT Ich habe Ihren Kleidsaum zerrissen . . . ich habe mein Schwert in der Hand . . . ich habe Ihren Kleidsaum zerrissen . . . das golddurchwirkte Kleid meiner Königin! Habe ich Sie verletzt, Königin Ginevra?

KÖNIGIN GINEVRA Nein, Sir Lancelot.

SIR LANCELOT Ich habe mein Schwert in der Hand . . . habe ich gekämpft? Habe ich jemand getötet . . . *Wendet sich um:* Liebe Freunde, ich bitte euch um Verzeihung . . . Ihr seht mich an, ich weiß nicht, warum ihr mich so anseht . . . Es ist kein Blut an meinem Schwert, ich habe keinen von euch getötet. Ich habe keine Feinde, wenn ihr nicht meine Feinde seid.

SIR AGRAWAIN Wo ist denn König Artus?

SIR GAWAIN Sir Lancelot, deine Freunde sind wir! Komm her und setze dich wieder zu uns. Wenn du Feinde hast, dann habe ich dieselben Feinde und wir schlagen sie zusammen tot.

SIR LANCELOT *dreht sich noch einmal zu Königin Ginevra um und sieht sie an:* Königin . . . Ihre Augen . . .

KÖNIGIN GINEVRA *mit beschwörendem Unterton:* Es ist nichts, es ist nichts, lieber Ritter!

SIR GAWAIN Du hast zu lang in die Sonne geblickt, davon bist du im Kopf verrückt geworden.

KÖNIGIN GINEVRA *lacht:* Ja ja, die Sonne! Die Sonne war es, armer Lancelot . . .

SIR AGRAWAIN *schlägt Dagobert, der läuft davon:* Du Hund! Einen Ritter verleumden! Den großen Lancelot! Zur Königin hat er hinaufgesehen, hast du gesagt? Was willst du damit sagen! Verschwinde! Verschwinde!

SIR BEDIVERE *singt:*

Als sie versammelt waren
am Tisch der war nicht klein
da öffnet sich plötzlich das Fenster
eine Hirschkuh hüpfte herein.

Da sprangen sie auf von der Tafel
die Tafel war rund und groß
und jeder wollte sie jagen
die Hunde ließen sie los.

Sie rissen das Schwert aus der Scheide
da ward die Tafel leer
denn alle rannten verwegen
der Hirschkuh hinterher.

Die Hirschkuh hörten sie klagen
der Tisch ward morsch und alt
die Ritter gingen verloren
im dunklen Tannenwald.

Königin Ginevra ging über die Wiesen am Fluß und dachte
an Sir Lancelot.
An diesem Abend, als König Artus lange zu ihr über Merlin
sprach, wurde sie plötzlich ärgerlich und rief:
– Merlin, Merlin, Merlin! Immer fragst du deinen Merlin um
  Rat! Als ob er a l l e s wüßte!
König Artus sah sie belustigt an und fragte:
– Bist du eifersüchtig?
– Ach nein.
– Er hat uns doch schließlich zusammengebracht!
– Aber nur wegen dem Tisch! Mich hätte er lieber bei mei-
  nem Vater sitzenlassen.
– Über dich hat Merlin mir gesagt . . .
– Ich will es nicht wissen!
– . . . daß du die schönste Frau der Welt bist und nur einen
  Fehler hast.
– So, was denn?
– Deine Füße sind ein bißchen groß.
– Das ist nicht wahr! rief Ginevra, sie streckte ihren Fuß
  vor.
– Mir gefallen große Füße.
– Immer tut Merlin so, als ob er alles wüßte, fing Königin
  Ginevra wieder an.
– Er weiß auch vieles, was anderen verborgen ist.
– Aber nicht a l l e s ! schrie Königin Ginevra plötzlich aufge-
  regt.
– Was hast du denn? fragte König Artus.
Als sie ihm keine Antwort gab, sagte er:
– Nein, a l l e s weiß er nicht. Zum Beispiel hat er damals
  wirklich gedacht, ich würde dich nur wegen dem Tisch hei-
  raten. Da hat er nicht vorausgesehen, daß ich dich liebe.
– Ach, Artus, ich liebe dich auch, sagte Königin Ginevra.
  Sie sagte die Wahrheit.

Ginevra und König Artus streiten über Merlin   79

Das Zelt

Waldlichtung.
Das bunte Zelt mit der Standarte von Sir Orilus.
Die seidenen Zeltwände lassen so viel Sonnenlicht durchscheinen, daß es innen von milchig schimmernder Helle erfüllt ist. Als Parzival eintritt und am Eingang stehenbleibt, glaubt er zuerst, das Zelt sei leer. Dann hört er ein Kichern – Jeschutes Kichern. Sie liegt auf den Kissen des großen Ruhebetts, sieht ihn an, bewegt sich nicht. Oder kicherten die Flacons auf dem Toilettentisch, die Kissen, die Falten der Vorhänge, die Spiegel und Kristalle in diesem Boudoir? Oder war es ein Vogel? Er dachte, es müßte ein fremdartiger Vogel oder ein anderes Tier sein, das diese girrenden, glucksenden, kieksenden kleinen Töne hervorsprudelte, solche Töne hatte er noch nie gehört. Er tritt zu Jeschute an das Bett, sie bewegt sich immer noch nicht. Er fängt an, sie zu betasten, vorsichtig, sehr behutsam – sie kichert. Er zupft an ihrem Kleid, an ihrem Haar, er zieht an ihren Fingern – sie kichert. Schließlich fängt auch Parzival an zu lachen, und er setzt sich neben sie auf das Bett. Da ist, neben Jeschute, der Abdruck eines großen Mannes in den Kissen, wo ist er? Jeschute kichert. Paßt Parzival in die Kuhle hinein? Er versucht, sich hineinzulegen, Jeschute kichert. Da ist ein großer Schuh, an der Wand hängt ein Mantel, kann Parzival sich damit bedecken? Jeschute kichert. Auch ein Helm liegt da, oder ist es ein Topf? Jeschute kichert, und dieses leise Kichern vibriert in der Luft, die Flacons zittern auf dem Tablett, die Spiegel klirren leise. Jeschute hat sich aufgerichtet, sie kichert, Parzival fängt an, die Knöpfe an ihrem Seidennegligé aufzunesteln, ihr nackter Körper ist weiß wie eine Feder. Sie kichert. Er tastet mit seinen dicken Händen über diesen Körper hin, bohrt Löcher hinein mit dem Finger, sie kichert, er schüttelt sie an der Schulter, sie kichert, sie läßt sich nach hinten in die Kissen fallen und Parzival steht erschrocken vor dem Bett und betrachtet sie.
Dann ist plötzlich grelles Tageslicht in dem Raum, die Zeltwand ist aufgerissen: der riesige Sir Orilus steht da und glotzt. Mit einem Schrei springt die nackte Jeschute von ih-

Parzival in Jeschutes Zelt

rem Bett auf, stößt Parzival beiseite und rennt aus dem Zelt. Auch Sir Orilus ist verschwunden, er rennt hinter Jeschute her, Parzival ist plötzlich in dem Damenboudoir allein.

20

Königin Ginevras Zimmer.
Königin Ginevra und Sir Lancelot spielen Schach.

SIR LANCELOT Sie gewinnen immer, Königin.

KÖNIGIN GINEVRA Sonst verliere ich immer, wie merkwürdig, Sir Lancelot!

SIR LANCELOT Gardez!

KÖNIGIN GINEVRA Ah, jetzt bin ich in Gefahr.

SIR LANCELOT Sie haben doch hier den Turm.

KÖNIGIN GINEVRA Damit schlage ich Ihren Läufer.

SIR LANCELOT Wie schade.

KÖNIGIN GINEVRA *lacht, dann:* Das haben Sie absichtlich gemacht!

SIR LANCELOT Nein, nein.

KÖNIGIN GINEVRA Doch! – Sie sind der beste Schachspieler am Hof, besser als König Artus, noch nicht einmal Sir Girflet hat Sie besiegt, von dem alle sagen, er kann zehn Züge im voraus berechnen!

SIR LANCELOT Ich kann nie etwas vorausberechnen, Königin.

KÖNIGIN GINEVRA Ich auch nicht, Sir Lancelot. Und ich will es auch nicht.

SIR LANCELOT Der König ist heute lange auf der Jagd.

KÖNIGIN GINEVRA Und Sie sind nicht mitgeritten.

SIR LANCELOT Nein.

KÖNIGIN GINEVRA *kehrt zum Schachspiel zurück:* Schach! Sie haben wieder nicht aufgepaßt!
Jeschute schreit und jammert draußen.

JESCHUTE Königin Ginevra!
Jeschute läuft aufgeregt herein.

JESCHUTE Bitte, Königin Ginevra, bitte, lassen Sie mich herein!

KÖNIGIN GINEVRA *etwas verärgert, steht auf:* Sie sind ja schon da.

JESCHUTE Da unten steht er! Bitte, gehn Sie doch mal zum Fenster! Sehn Sie hinunter, da unten steht er! Sehen Sie ihn?

KÖNIGIN GINEVRA Wen?

JESCHUTE Sir Orilus! Er will mir den Hals durchschneiden! Er tobt, er will mir den Hals durchschneiden!

KÖNIGIN GINEVRA *sieht hinunter:* Ja, ich sehe ihn.

JESCHUTE Sie sehen ihn! Und er will mir den Hals durchschneiden!

KÖNIGIN GINEVRA Er rennt hin und her und stößt die Leute um und schreit.

JESCHUTE Ach Gott, bitte, verstecken Sie mich vor ihm. Ich kann nichts dafür, er ist verrückt! Ich habe ihn nicht betrogen. Er hat mich blutig geschlagen, er will mich umbringen! Bitte, helfen Sie mir. *Sie kriecht unter den Tisch.*

KÖNIGIN GINEVRA Beruhigen Sie sich, er wird nicht hereingelassen, er kann Ihnen hier nichts tun, ängstigen Sie sich nicht.

JESCHUTE *bemerkt erst jetzt Sir Lancelot:* Ah – Sir Lancelot, – es tut mir leid –

KÖNIGIN GINEVRA *unterbricht sie:* Was ist denn passiert?

JESCHUTE Dieser böse Kerl, dieser eifersüchtige Knochen, dieser Frauenschinder, dieses grobe Stück Vieh! . . . Entschuldigen Sie, Sir Lancelot!

KÖNIGIN GINEVRA Sir Orilus . . .

JESCHUTE Ja, so geht es uns! Diese aufgeblasenen, eitlen Männer, diese Gockel! Immer in ihrer Eitelkeit gekränkt! Eifersucht! Es geht ihnen gar nicht um die Frau, es geht ihnen nur um diese lächerliche Ehre.

KÖNIGIN GINEVRA Kommen Sie nur wieder unter dem Tisch heraus, Madame.

JESCHUTE *kriecht unter dem Tisch vor:* Ich bedanke mich. Ich setze mich hin. *Schreit plötzlich:* Der Himmel wird ihn noch strafen!

SIR LANCELOT Ja, wen denn?

JESCHUTE Sir Orilus! Und dabei liebe ich ihn doch! *Schreit:* Aber ich kann nicht mit ihm reden!

KÖNIGIN GINEVRA Wir sehen so oft, daß die Männer starrköpfig und borniert sind und wegen einer Lappalie Streit anfangen, sogar Kriege, und sich totschlagen. Und die

Lancelot und Ginevra spielen Schach; Jeschute ist neugierig

Frauen müssen darunter leiden. Wir sollten uns wenigstens gegenseitig helfen.

JESCHUTE Ich lag in meinem schönen Zelt im Wald und war eingeschlafen, da kam plötzlich Sir Orilus hereingestürzt und schrie mich an: ein Mann ist aus dem Zelt gesprungen, du hast mit einem Mann geschlafen. Was für ein Mann denn? Ja, ein Mann! Ein Mann! Ein Mann! Ein Mann, schreit er. Ein Mann!

KÖNIGIN GINEVRA Ich bringe Sir Orilus schon zur Vernunft. Ich werde auch König Artus darum bitten.

SIR LANCELOT *beim Schachbrett:* Ich bitte Sie, diese Partie morgen mit mir zu Ende zu spielen, Königin.

KÖNIGIN GINEVRA Ja, Sir Lancelot.

SIR LANCELOT *nimmt das Brett mit den Schachfiguren und stellt es behutsam auf eine Kommode.*

Längeres Schweigen . . .

JESCHUTE *beobachtet aufmerksam Sir Lancelot:* Wie gut ist König Artus! Er ist mutiger als alle anderen, er ist ein großer Politiker und Held und trotzdem ist er tolerant und gütig.

KÖNIGIN GINEVRA Ja, das ist wahr.

SIR LANCELOT *will eigentlich gehen, bleibt nun aber, weil vom König die Rede ist, aus Höflichkeit da.*

JESCHUTE *hat ihren Schrecken vergessen, sie betrachtet mit großer Neugier das Paar und ihre Frage ist ein wenig tükkisch:* Ist er denn nie wütend? Kommt er denn nie in Rage, wenn Sie hier sitzen und mit dem französischen Ritter Schach spielen?

KÖNIGIN GINEVRA *die die Absicht der Frage merkt, antwortet herablassend:* Nein, ich glaube nicht.

SIR LANCELOT Er ist für alle ein großes Vorbild.

JESCHUTE Sir Lancelot, Sie sind ja auch sein bester Freund!

SIR LANCELOT Ja, das bin ich.

JESCHUTE Ein wunderbarer Mensch. – Und Sie auch. *Wieder ein bißchen tückisch zu Königin Ginevra:* Artus zupft Ihnen ein feuchtes Blatt vom Rücken und denkt sich nichts dabei.

KÖNIGIN GINEVRA Was für ein Blatt?

JESCHUTE Na, gestern. Da hat er Ihnen doch das welke

Ahornblatt vom Rücken gezupft. Wenn Orilus ein Blatt auf meinem Rücken entdecken würde, – er würde sofort losschreien! Er würde behaupten, ich hätte mit einem Mann im Wald gelegen, ich mit dem Rücken im Gras, er obendrauf.

KÖNIGIN GINEVRA Ach! Glauben Sie, das würde er denken?

Sie ist zum Fenster gegangen, sieht hinunter: Jetzt ist Sir Orilus weg.

21
Der Löwenritter

Als sie durch die Wüste kamen, wo es keine Nahrung gab, weder für Sir Iwain noch für den Löwen, fing Sir Iwain an, sich in der Nacht zu fürchten. Wenn ich einschlafe, dachte er auf dem heißen Stein liegend, wird er herankommen und mich zerfleischen. Er stand auf und bog die Zweige auseinander, um den Löwen zu sehen. Schlief er? Die Augen des Löwen waren offen. Da dachte Sir Iwain: Er lauert. Und so lagen sie beide schlaflos in der Wüstennacht.

22
Democracy

Die Tafelrunde

KÖNIG ARTUS
Ein Sieg und noch ein Sieg, und dieser
noch nicht der letzte! Merlins Banner schlug
flammenrot über die Köpfe hin, versengte
den Feind. Wir stecken die Schwerter
nicht ein, denn unsere Sache ist gut!
Und unsere Grenze ist nicht der Stein
im Feld, der Reiche trennt, und nicht
die Meeresbrandung, die Meer und Land trennt,
sondern das Schwert ist unsere Grenze: so weit
es reicht, reicht unser Glaube an eine

schönere Menschheit. Ein heiliger Krieg ist es,
den wir führen, nicht wie in barbarischer
Zeit, Mord und Totschlag.

SIR KAY So viele Kriege! Und alle haben wir sie gewonnen!
Als Sieger sind wir daraus hervorgegangen.

SIR GIRFLET *begeistert:* Allen haben wir auf die Köpfe gehauen.

SIR ORILUS *kommt herein, ärgerlich zu Sir Girflet:* Wem hast
du auf den Kopf gehauen?

SIR GIRFLET Allen! Allen! Wir haben unsere Feinde geschlagen, Furcht und Schrecken haben wir gesät unter unsere
Feinde!

Sir Orilus setzt sich mürrisch zu den anderen.

KÖNIG ARTUS Es könnte aber sein . . . daß eine Zeit
kommt . . . *Er stockt.*

SIR GIRFLET Was sagt der König?

KÖNIG ARTUS Der Löwe frißt Gras!

SIR LAMORAK Was heißt denn das, König Artus? Was meinst
du damit?

KÖNIG ARTUS Merlin!

MERLIN *erscheint oben:* Du hast gesagt, der Löwe wird Gras
fressen.

KÖNIG ARTUS Es war so ein Einfall, Merlin. Aber ich weiß
nicht weiter. Sag du mir, Merlin! Sage mir, was ich
denke!

*Durch einen Zauber verwandelt Merlin den Runden Tisch
in einen utopischen Paradiesgarten: die Utopie einer friedlich gewordenen Welt. Der Löwe, das Schaf, Sir Orilus und
einige Ritter steigen auf den Tisch und gehen verwandelt,
wie im sanften Traum schwebend, umher. Sir Orilus legt
seine Rüstung ab und setzt sich zwischen Blumen nieder:
ein dicker, nackter, rosiger Mensch. Er singt mit schöner,
heller Stimme ein Lied über das Leben im irdischen Paradies.*

SIR ORILUS *singt:*
Most sweet and pleasing are thy ways, oh God,
like meadows decked with crystal streams and flowers,
thy path no foot profane hath ever trod
nor hath the proud man reached in thy bowers
there lives no vulture, no devouring bear

but only doves and lambs are harboured there
the wolf his young ones to their prey doth guide
the fox his cubs with false deceit endues
the lion's whelp sucks from his dam his pride
in hers the serpent malice doth infuse
the darksome desert all such beasts contains
not one of them in Paradise remains.

Während des Liedes von Sir Orilus wird es dunkel und wieder hell. Orilus sitzt verdutzt allein auf dem leeren Tisch zwischen den Schalen seiner Rüstung.

Großes Gelächter.

SIR ORILUS *springt wütend auf, rafft seine Rüstung und geht ab.*

KÖNIG ARTUS Der Löwe frißt Gras! Eine friedliche Welt! Ja, das habe ich gedacht! Keine Kriege mehr!

SIR AGRAWAIN *höhnisch:* Ja, und der Fisch geht über Land.

SIR GIRFLET *zu König Artus:* Wie meinst du denn das?

KÖNIG ARTUS In einer späteren Zeit.

SIR SEGRAMUR Und wenn es Streit gibt?

KÖNIG ARTUS Vielleicht gibt es keinen Grund zum Streiten mehr. Vielleicht ist das Land verteilt.

SIR GIRFLET Du meinst, daß niemand es dem anderen wegnehmen will und daß es niemand verteidigen muß?

KÖNIG ARTUS Ja, vielleicht gehört es allen gemeinsam.

SIR GIRFLET Aber das ist doch unmöglich!

SIR LANCELOT Ja, und die Ehre? Die Tugend? Die Gerechtigkeit, für die wir einstehen müssen? Die Treue? Die Tapferkeit?

SIR GAWAIN Meinst du, dafür wird ein Ritter nicht mehr kämpfen, König Artus?

SIR LAMORAK Wenn wir dafür nicht mehr kämpfen, dann können wir zum Varieté gehen! Dann können wir da auftreten wie eine Trachtengruppe aus dem 9. Jahrhundert! Dann wäre gar kein Sinn in unserem Tun.

SIR AGRAWAIN Wenn Sir Segramur schreit, er ist stärker als ich?

SIR SEGRAMUR *springt auf:* Bin ich auch!

SIR AGRAWAIN Bist du nicht! Du bist ein Großmaul!

SIR GIRFLET *steht auf:* Wofür lebt der Mensch? Wofür müht er sich sein Leben lang? *Setzt sich wieder hin.*

MARK TWAIN König Artus, Sie werden bedrängt von Ihren Leuten, lassen Sie sich nicht irre machen. Es sind beschränkte Köpfe, sehr in ihrer Zeit befangen. Sie aber scheinen ein hellerer Kopf zu sein, mit einem vorausschauenden Blick. Sie haben eine gute Idee gehabt, Sie sind auf einen guten Gedanken gekommen. Gratuliere. Lassen Sie doch mal den ganzen Hokuspokus beiseite und gebrauchen Sie ihren guten einfachen Menschenverstand. Damit kommt man am weitesten. Und Sie kommen automatisch – auf was? Auf unsere Demokratie. American democracy! Frieden, Freiheit und Gerechtigkeit für alle! Das sagt Ihnen hier nichts! Das merke ich an Ihrer Reaktion: Verständnislosigkeit in allen Gesichtern! Dabei ist es so einfach! *Er hat eine kleine Dampfmaschine in der Hand.*
Sehen Sie: der Dampf! Die Dampfmaschine! Der technische Fortschritt hat auch den gesellschaftlichen Fortschritt zur Folge! Die Maschine arbeitet, der Mensch wird frei! Und das heißt: es gibt keine Privilegien mehr! Die Menschen sind gleich! Alle Rassen, alle Schichten! *König Artus ist aufgestanden, er verläßt mit Merlin die Runde.* Es gibt keine Barone mehr, keine Herzöge, keine Sirs, auch keine Könige – entschuldigen Sie! Jeder ist ein König! Auch ich! Aber ich habe keine Untertanen. Und weil es keine Privilegien gibt, weil vor dem Gesetz jeder gleich ist, gibt es keine Kriege. Und in Streitfällen läßt man die Vernunft walten. Praktisch und vernünftig handeln im Interesse der Mehrheit: das ist das oberste Prinzip. Und deshalb, König Artus . . .
Geschrei, Gejohle, Gelächter von draußen.
Mark Twain kann nicht weitersprechen, weil Ritter aufspringen, ein Durcheinander entsteht.
STIMMEN *von draußen:* Hier hinein! Da ist König Artus . . . der große Ritter . . . hier!
MARK TWAIN *versucht noch immer, sich Gehör zu verschaffen:* . . . hören Sie mir zu, ich habe noch nicht zu Ende gesprochen! Es wäre wichtig für Sie . . ., denn die Erfindung der Dampfmaschine ist eine größere Revolution als die . . . Aber Sie wissen nicht einmal, was Revolution ist! Revolution ist . . .

Democracy. Parzival wird ausgelacht   87

Ein Knäuel von Leuten drängt durch die Tür, sie schleppen Parzival herein. Einige Damen folgen kichernd und prustend.

JEMAND SAGT Hebt ihn hoch! Zeigt ihn doch! Laßt ihn sehen! *Der Knabe Parzival wird hochgehoben, erscheint über den Köpfen, seine Jacke ist zerrissen, man hat rohe Späße mit ihm gemacht.*

PARZIVAL *lacht und strampelt wie ein Kind, er merkt nicht, daß man ihn verspottet:* Ich bin hier! Ich bin angekommen! Wo ist König Artus? Ich will ein Ritter werden!

SIR BEAUFACE Oh, er will ein Ritter werden! *Die Leute lassen ihn fallen.*

PARZIVAL *am Boden:* Ich bin euch zu schwer. Ja, ich bin sehr schwer. Ich stelle mich auf die Füße. – *Steht auf.* Sagt König Artus, daß ich angekommen bin. Er soll mich zum Ritter machen. Wo ist er?

SIR AGRAWAIN Wo ist er?

SIR GIRFLET Er soll ihn zum Ritter machen!

PARZIVAL Aber es eilt mir. Er soll schnell machen!

SIR PERSANT Es eilt ihm! Er soll schnell machen!

PARZIVAL *zu Sir Gawain:* Bist du König Artus?

SIR GAWAIN Nein.

SIR KAY Doch, doch, er ist es! Er ist es!

PARZIVAL Warum sagst du dann nein?

SIR BEAUFACE Er will dich prüfen. Er will wissen, ob du ihn erkennst.

PARZIVAL *zu Sir Gawain:* Wie soll ich denn wissen, wer von euch König Artus ist, ich habe ihn doch noch nie gesehen. – Guten Tag, König Artus.

SIR GIRFLET Dich haben wir auch nie gesehen.

PARZIVAL Ich bin Parzival.

SIR GIRFLET Oh, Perceval, »der durch das Tal geht«.

PARZIVAL Aber jetzt bin ich da, jetzt seht ihr mich! – Ich will die rote Rüstung haben, du mußt mir die rote Rüstung geben.

SIR GAWAIN Welche Rüstung denn? Ich habe keine rote Rüstung.

PARZIVAL Der Ritter hat sie an, der Ritter hat sie an, der draußen vor der Stadt steht.

SIR GAWAIN Ach, du hast Sir Ither getroffen! Was hat er denn gesagt? Hast du ihn gefragt, ob er dir die Rüstung geben will?

PARZIVAL Er hat gesagt, er ist von König Artus.

SIR GIRFLET Soso, du willst ein Ritter werden, was kannst du denn?

PARZIVAL Ich kann alles! – Ich kann Feuer machen, ich kann Vogelnester finden, ich kann im Dunkeln sehen.

SIR GAWAIN Siehst du denn auch im Hellen?

PARZIVAL Ja, König Artus. Sonst könnte ich dich ja nicht sehen.

SIR GIRFLET Er hat die Logik studiert.

PARZIVAL *zu Sir Gawain:* Bist du der größte König der Welt?

SIR BEAUFACE *spöttisch:* Er ist der allergrößte! Er hat nur noch Gott über sich.

PARZIVAL Den kenne ich nicht.

SIR GAWAIN Du weißt nicht, wer Gott ist? Du kannst nur Feuer machen und sonst nichts?

PARZIVAL Ich kann alles, ich kann die Vögel nachmachen. Jetzt bin ich eine Amsel! *Singt wie eine Amsel.* Jetzt bin ich eine Taube! *Gurrt und nickt wie eine Taube.*
So! Und jetzt gib mir endlich die Rüstung!

SIR GAWAIN Wenn du die haben willst, mußt du sie dir holen.

PARZIVAL Danke, König Artus. Jetzt hole ich sie mir. Wenn ich sie habe, komme ich wieder. *Er rennt hinaus.*

Vorbereitungen für ein Fest. Dreißig Bläser mit ihren Instrumenten.

Der rote Ritter

Auf dem Acker vor der Stadt.
Sir Ither steht da wie eine Statue in seiner rotgoldenen Rüstung. Der Knappe.

Der Knabe Parzival rennt auf Sir Ither zu, stolpert, fällt hin. Der Knappe lacht.

PARZIVAL *außer Atem, aufgeregt, noch am Boden liegend,*

schreit freudig zu Sir Ither hin: Du! Roter Ritter! Gib
deine Rüstung her! König Artus hat gesagt, ich soll sie mir
holen! Los! Gib sie her! Sie ist so schön! *Er ist aufgesprungen:* Wie freue ich mich, wenn ich da drinstecken werde!
*Er streicht mit der Hand über den Brustpanzer, tastet nach
den Lichtreflexen auf dem glänzenden Metall:* Wie schön!
Die Sonne hüpft darauf herum!

SIR ITHER *gibt Parzival einen Stoß, der fällt hin.*

DER KNAPPE *höhnisch:* Ach, du bist ja hingefallen!

PARZIVAL *sitzt am Boden:* Ja, ich bin hingefallen. – Aber das
macht nichts, lieber Ritter. *Er rappelt sich auf:* Ich bin
Parzival, und ich habe mit meiner Mutter im Wald gelebt,
aber mein Vater war ein Ritter, das weiß ich. Meine Mutter hat gesagt, er ist immer bei uns, sie trägt ihn auf ihren
Schultern herum und er sitzt über uns im Baum, wenn wir
nachts schlafen. Aber ich habe ihn nie gesehen, er war die
ganze Zeit tot. Er war sicher so schön wie du, oder noch
schöner! *Er fährt wieder mit der Hand andächtig über Sir
Ithers glänzende Rüstung:* Wenn i c h erst drin bin, dann
heiße ich: Parzival, der Rote Ritter.

SIR ITHER *schlägt ihm mit dem eisernen Arm ins Gesicht. Parzival fällt wieder hin, fährt sich mit der Hand übers Gesicht,
er blutet aus Nase und Mund.*

DER KNAPPE *höhnt:* Da hast du die rote Rüstung!

PARZIVAL Das hat mir jetzt weh getan. Aber nicht sehr! *Er
steht auf:* Die ist aber stark, die Eisenhand!

KNAPPE Sehr stark, paß nur auf!

SIR ITHER *schlägt ihm wieder mit dem eisernen Arm ins Gesicht. Parzival fällt wieder hin.*

PARZIVAL Das weiß ich nun, daß es sehr weh tut. *Er bleibt
sitzen und weint.*

DER KNAPPE *höhnt:* Du weinst? Ich dachte, du wolltest mit
ihm kämpfen!

PARZIVAL Ich will nicht mit ihm kämpfen! *Zu Sir Ither:* Gib
mir die Rüstung! Du sollst mir deine Rüstung geben! König Artus hat gesagt, ich soll sie mir von dir holen. Gib sie
her!

DER KNAPPE *höhnt:* Aha! Das hat er gesagt!

PARZIVAL Ja. Alle haben es gehört.

DER KNAPPE Da werden sie aber alle gelacht haben.

PARZIVAL Ja, alle haben gelacht. Alle haben sich über mich gefreut, weil ich die schöne Rüstung kriege.

Parzival lacht, der Knappe lacht; Parzival merkt nicht, daß der Knappe ihn auslacht, er sieht ihn nur lachen und lacht selber deshalb immer mehr, er gerät in einen glückseligen Taumel von Gelächter. Während Parzival noch lacht, wendet sich Sir Ither ab und geht davon. Der Knappe springt auf und folgt ihm.

PARZIVAL Bleib da! Bleib da! Ritter, bleib doch da!

SIR ITHER *kümmert sich nicht um sein Geschrei.*

DER KNAPPE *dreht sich um:* Verschwinde, du Ratte!

PARZIVAL Komm zurück, Ritter!

Parzival hebt ein Aststück auf, rennt hinter Sir Ither her, holt ihn ein, springt ihm auf den Rücken und bohrt ihm das Holz unter das Visier, in das Auge, dann noch einmal in das andere Auge. Zwei Ströme von Blut quellen unter dem Visier heraus. Der Knappe rennt davon. Sir Ither hat sich halb herumgedreht, steht bewegungslos, mit halb erhobenen Armen, wie überrascht da. Jetzt, im Augenblick des Todes, scheint sich der Eisenmann in einen Menschen zu verwandeln, er zittert, er stößt einen klagenden Laut aus, die eiserne Hand will zu der Stelle tasten, wo das Blut endlos herausströmt, um es zurückzuhalten. Kraftlos fällt Sir Ither zusammen, der eiserne Panzer kann ihn nicht mehr halten. Sir Ither liegt tot auf dem Acker. Parzival hockt sich neben ihn, stochert an ihm herum. Er will die Rüstung haben, er weiß aber nicht, wie man sie öffnet und wie man sie abnimmt. Er zerrt daran herum, er biegt den Kopf gewaltsam zur Seite; so findet er eine ungeschützte Stelle am Hals. Er versucht mit aller Kraft, den Panzer mit den Händen aufzubiegen, ein paar eiserne Schuppen abzureißen. Schließlich fängt er an, mit dem Messer das Fleisch des toten Ritters in Stücken aus dem Panzer herauszustechen und zu schneiden, wie das Fleisch eines Hummers aus der halbgeöffneten Schale.

Im Planetarium.
König Artus, Merlin.

KÖNIG ARTUS
    Bin i c h das, Merlin? Was hier steht und denkt,
    und was die schweifenden Gedanken zur Tat
    gerinnen läßt? Sind das m e i n e Taten?
    Und die Geschichte, die nach dampfender Vorzeit
    mit m i r beginnt und weit in alle Zukunft
    hinzielt: ist sie, Merlin, m e i n e Geschichte?
MERLIN Welche sonst?
KÖNIG ARTUS Deine.
MERLIN Meine?
KÖNIG ARTUS
    Und wenn du es bist, der macht, daß ich
    Geschichte mache: wer ist es, der d e i n e gemacht hat?
    Ist es der Teufel? Ist es Gott?
MERLIN Sieh in die Sterne.
KÖNIG ARTUS
    Ich sehe: hingeklebt die Punkte, jeder
    eine Welt, den ganzen Flitter, Faschingszauber
    der Metaphysik, – dein Planetarium.
    Sag mir –

Musik. Das Fest hat begonnen.
Die Damen, die Ritter. Feierlich gezirkelte Hüpfschritte der
gepanzerten Ritter zu einer dünnen, schrillen Musik. – Sir
Ithers Knappe kommt schreiend in den Saal gerannt. Er hat
Sir Ither umgebracht! Er hat Sir Ither umgebracht! Die Ratte
hat Sir Ither totgebissen! – Einzelne Paare bleiben stehen.
Immer mehr Paare bleiben stehen. Die zierlich geordnete
Tanzfigur löst sich auf, zerfällt. Die ersten laufen hinaus,
andere folgen. Sir Lancelot mit Königin Ginevra tanzen noch
immer, obwohl rechts und links von ihnen keine Tänzer mehr
sind, die die Tanzschritte, die Verbeugungen, die Drehungen
wiederholen und beantworten. Sir Lancelot und Königin Ginevra drehen sich, verbeugen sich nur für sich, lächelnd,
ohne wahrzunehmen, daß selbst die Musiker mit ihren Instrumenten davongerannt sind, sie bewegen sich nach einer
Musik, die niemand hören kann außer ihnen. Sie sehen sich
an, Schlangen springen durch ihre Adern.
Ein langer Zug von Rittern und Damen bewegt sich über die
Galerien hinauf und wieder hinunter: über das neblige Feld

Parzival bringt den roten Ritter um

und über die Wiese hinüber zum Waldrand, wo Parzival auf dem Acker neben dem toten Sir Ither kniet und das blutige Fleisch aus der Rüstung herausreißt. Er zerrt und reißt mit Händen und Zähnen wie ein Tier.

Früher Morgen, vor Sonnenaufgang. Hier ist es nun ganz still, man hört nur, wie Parzival vor Anstrengung keucht, man hört die Eisenstücke der Rüstung aneinanderklirren, das gierige und wütende Zerren, Brechen und Beißen. Die Damen und Herren stehen bewegungslos, ungläubig, stumm vor Entsetzen im weiten Abstand außen herum. Eine Dame fällt hin, niemand scheint es zu bemerken. Jemand bricht in schrilles, hysterisches Jammern aus. Dann wieder Schweigen. Ein Ritter kniet nieder und fängt an zu beten. Ein zweiter Ritter kniet nieder, dann mehrere.
Nach langer Zeit erst bemerkt Parzival, daß die Hofgesellschaft gekommen ist und ihm zusieht.

PARZIVAL *lacht:* Jetzt bin ich ein Ritter! Darüber freue ich mich sehr. Bist du ein Ritter? Ich bin ein Ritter! Guten Tag, Ritter! Und du? Rittergesicht! Rittergesicht! *Zu Sir Gawain:* Guten Tag, König Artus! Wie gut, daß du mir die rote Rüstung geschenkt hast. Ein eisernes Schwert habe ich jetzt auch. Meine Mutter hat mir nur ein dummes Stück Holz mitgegeben, und ich habe geglaubt, das Stück Holz sei ein Schwert. D i r will ich lieber doch nicht dienen, König Artus! Du hast noch einen Herrn über dir, hast du gesagt. Ich will lieber gleich zu dem größten Herrn gehen. Wo soll ich denn hingehen, um deinen Herrn Gott zu finden? Wo sitzt er denn? Sitzt er auf seinem Haus?
Die Hofgesellschaft steht schweigend da.
PARZIVAL Du gibst mir keine Antwort! Du sagst gar nichts. Und die andern da auch nicht! Ihr wißt es wohl nicht? Ich werde ihn schon finden. Ich suche ihn mir allein.
SIR GAWAIN Ich bitte dich um Verzeihung, Parzival.
PARZIVAL Warum denn?
SIR GAWAIN Wir haben nicht recht an dir gehandelt. Verzeih uns.
PARZIVAL *ist wieder mit der Rüstung beschäftigt, gibt keine Antwort.*

SIR GAWAIN Ich bin Sir Gawain.

PARZIVAL *unbeteiligt:* Ach! Ich dachte, du bist König Artus.

SIR GAWAIN Ich bin nicht König Artus! Ich –

PARZIVAL Aber die Rüstung gehört mir!

SIR GAWAIN Wenn du ein Ritter werden willst, dann will ich dir helfen.

PARZIVAL Ich brauche dich nicht. Ich habe die rote Rüstung, ich bin doch ein Ritter! Ich brauche niemand! Ich bin ein Ritter! *Er steht auf, hebt die Stücke der roten Rüstung auf – es hängen noch Fleischfetzen daran –, den Helm, die Beinschienen, den verbogenen Brustpanzer, und schleift sie über den Acker davon.*

23
Briefe

Ginevra schreibt an Isolde.

Obwohl wir uns lange nicht gesehen haben, liebste Isolde, – nicht mehr seit letztem Jahr beim Pfingstturnier in London, als Du so erkältet und unglücklich auf der Tribüne saßest und König Marke neben Dir argwöhnisch und finster jeden Deiner Blicke verfolgte, – denke ich oft an Dich, besonders in der letzten Zeit. Aus einem besonderen Grund: Ich habe Lancelot, dem mein ganzes Herz gehört, fortgeschickt! Nun könnte ich zwar sagen, ich habe es getan, um König Artus, den ich ja auch von Herzen liebe, nicht zu verraten und in Schande zu bringen, und jeder müßte mich dafür loben. Aber in meinem Innersten weiß ich genau, daß es anders ist, und Dir, Dir, liebste Isolde, will ich es gestehen, denn wenn ich an Deine Liebesgeschichte mit Tristan denke, glaube ich, daß Du die einzige bist, die das vielleicht versteht und die mir auch raten kann. Ja, ich brauche Rat! Ich habe Lancelot in Wahrheit weggeschickt, weil ich fürchtete, von der Leidenschaft ganz verschlungen zu werden – wie wenn wir beide von einer Krankheit befallen wären, die durch kein Mittel zu heilen ist als nur dadurch, daß wir uns aus unseren Augen für eine lange Zeit entfernen. Aber was ist das Ergebnis? Jetzt

Isolde und Ginevra schreiben sich Briefe über die Liebe

fehlt er mir nicht nur unendlich schmerzlich (das wußte ich im voraus), sondern ich quäle mich auch mit Vorwürfen, weil ich seinem Klagen nicht nachgegeben habe. Denn ich fürchte nun, ich habe ihn ins Unglück, ja, in den Wahnsinn getrieben. Wir hören hier am Hofe Berichte über unglaubliche Waffentaten, die er irgendwo in der Welt vollbringt, aber es werden dazu auch Worte von ihm berichtet, die allen rätselhaft erscheinen, die mir aber anzeigen, daß er sich in die schwersten Abenteuer begibt, um den Tod zu finden, weil er das Leben ohne mich nicht ertragen kann. Und je stärker mein Schuldgefühl wird, um so mehr liebe ich ihn und wünsche ihn mir zurück. Was soll ich tun?

Ich fürchte nicht einmal so sehr die Entdeckung unserer Liebe, was natürlich eine Katastrophe für mich, ja, nicht nur für mich, sondern für das ganze Land wäre. Viel mehr fürchte ich, daß ich ein willenloses Opfer meiner unkontrollierten Gefühle werde und mich (als ob ich –, als ob Lancelot und ich einen Trank oder eine Droge genommen hätten, die uns verzaubert) an diese Leidenschaft vollkommen verliere. Man spricht mich als Königin an und ich bewahre die königliche Haltung, wie sie mir anerzogen ist, aber im Innern weiß ich, wie schwach und hilflos, ja, wie krank bis zum Tode ich bin vor Sehnsucht nach Vereinigung mit dem Geliebten. Ach, liebe Freundin Isolde, Du verstehst es! Sage mir, was soll ich tun?

Isolde schreibt an Ginevra.

Ich kann Dir nicht raten. Anscheinend glaubst Du, daß deine Affäre mit Lancelot meiner Liebe zu Tristan gleicht. Mich betrübt es, daß Du einfach glaubst, was die Leute erfunden haben, um eine rationale Erklärung für meine wahnsinnige Liebe zu Tristan und Tristans wahnsinnige Liebe zu mir zu finden! Eine Droge! Mein Gott, das war doch keine Droge! Dann hätte es ja jeder beliebige andere Ritter sein können! Nicht Tristan! Mein einziger Tristan, mein schöner Tristan, mein Alles, mein Auge, mein Ohr, mein Atem, mein Fleisch! Mein Erwachen, mein Augenschließen, mein Bett in der Nacht! Mein Tageshimmel, Tristan! Tristan! Der Dornbusch, der mich sticht, Tristan! Mein Quell, aus dem ich trinke, mein See, in dem ich schwimme, meine Sonne, die mich verbrennt, Tristan! Mein Abgrund, in den ich falle mit ihm! Mein Gebirge, mein Fels, mein Schnee, das Messer in meinem Herzen, meine schwarze Nacht, mein Licht, von dem ich blind werde, mein Pferd, auf dem ich über die Schlucht springe! Mein süßer Apfel Tristan! Meine Decke, die mich zudeckt, mein Teppich, in den ich mich einrolle, mein Hündchen, meine Taube, mein Spiegelglas, mein Kamm, den ich mir durchs Haar ziehe, mein junger schöner Tod Tristan! Tristan! Wie sollen das andere Menschen verstehen! Und eigentlich: was heißt denn verstehen? Ich verstehe es ja selber nicht und Tristan versteht es auch nicht – wir lieben uns!

Ginevra schreibt an Isolde.

Ich hätte Dir sicher nicht so einen langen rat- und verständnissuchenden Brief geschrieben und meinen Kurier damit bis nach Cornwall geschickt, wenn es sich um eine »Affäre« handeln würde, wie du es ausdrückst. Wenn ich mir einen hübschen jungen Mann ins Bett holen wollte, könnte ich das schon selber entscheiden, es fiele mir gar nicht ein, darüber lange Reflexionen anzustellen und sie anderen mitzuteilen. Ich habe bis auf diesen Tag nicht mit Lancelot geschlafen und ich kann mir denken, daß Du dafür kein Verständnis hast, mich einfach für altmodisch oder (wenn du die psychologische Erklärung der moralischen vorziehst) für frigide hältst. Ich bin weder das eine noch das andere. Vielleicht macht Dich Deine Liebe zu Tristan und Dein Haß auf Marke, dem Du unliebend verbunden bist, unfähig, kompliziertere Beziehungen richtig zu begreifen. Marke und Artus! Artus! Was für ein König! Was für ein großer Mensch ist er! Was für ein Held in tausend Schlachten! Wenn er den Saal betritt: wie er da unter den glänzenden Rittern seines Reiches immer der glänzendste ist! Er bräuchte die Krone nicht zu tragen, er bräuchte in der Schlacht den goldenen Helm nicht zu tragen, – man wüßte doch immer, er ist der König, er ist der Einmalige, der Auserwählte! Siehst Du, jetzt lobe ich die ganze Zeit König Artus, und ich wollte Dir doch von Lancelot schreiben, ich wollte Lancelot loben. Du solltest sehen, mit

welcher Zärtlichkeit Artus mit Lancelot umgeht, seinen Arm
um ihn legt, wie er oft irgendeinen Vorwand sucht, seinen
Freund mit der Hand zu berühren oder ihn zu küssen. Ich
schreibe »seinen Freund«, aber er ist ja auch m e i n Freund!
Ich sehe mit Freuden, daß sie sich lieben, aber es bedrückt
mich zugleich, und es bedrückt auch Lancelot, und sein
strahlendes Wesen, sein Siegerlächeln, seine Freude am Leben ist immer mehr von den Schatten der Melancholie
verdunkelt worden. Ich fühle mich schuldlos schuldig an seiner Traurigkeit und leide unendlich, weil ich ihn liebe.

Isolde schreibt an Ginevra.

Liebste Ginevra, ich denke heute an Dich, ich sitze traurig im
Garten unter der Laube (nein, eigentlich bin ich nicht traurig, ich bin wütend!), ich kann mit Tristan nicht mehr zusam-
menkommen, mindestens für eine Woche nicht! Ich weiß
nicht, wie ich das aushalten soll, wie ich die Zeit herumkrie-
gen soll! Wenn ich bedenke, daß Du Lancelot sogar freiwillig
weggeschickt hast! Bei mir ist gestern fast eine Katastrophe
passiert. Ich saß unter dem großen Apfelbaum, wo wir uns
treffen wollten. Ich sah Tristan schon über die Hecke springen und über die Wiese rennen. Ich legte mich zurück ins
Gras und wartete, daß er sich zu mir legte. Und da, wie ich
zufällig noch einmal die Augen aufmachte, sah ich über mir
im Baum Marke mit seinem Giftzwerg hocken und zu mir
herunterstarren. Marke, stell Dir vor, hatte sich zur Tarnung
eine Art Blätterkleid gemacht, an das er sogar ein paar Äpfel
gehängt hatte, damit er auf seinem Ast nicht auffiel, wenn er
uns belauerte! Oh Gott, bin ich erschrocken! Ich konnte Tristan gerade noch ein Zeichen machen. Daß mir in dem
Moment überhaupt noch ein Trick einfiel, um uns aus der
Affäre zu ziehen, ist ein wahres Wunder. Du wirst bestimmt
davon hören, darüber wird sicher noch viel geredet werden.
Mißtrauisch ist Marke aber immer noch, deshalb mußte Tristan unbedingt eine Zeitlang verreisen. Wenn er hier wäre,
m ü ß t e ich einfach mit ihm schlafen und Marke würde uns
jetzt, wo er so mißtrauisch ist, sicher erwischen und Tristan
umbringen. Daß Du so zurückhaltend und abwägend sein
kannst! Und Lancelot auch! Du solltest Dir nicht zuviel Sor-

gen um ihn machen. Eine leichte Melancholie gehörte ja
schon immer zu ihm, das macht ihn ja gerade so anziehend
für manche Frauen. Ich kann Dich beruhigen: Tristan hat ihn
beim Pfingstturnier getroffen, er hat mir erzählt, er sei ganz
unverändert und wäre wie immer der Liebling der Damen
gewesen. – Ich muß jetzt schließen, es fängt an zu regnen, ich
muß ins Haus! Wenn der Tag nur erst um wäre!
PS. Kennst Du die kleine Elaine, Tochter von König Pelles?
L. soll ein Tuch von ihr gehabt haben und sie soll in Ohn-
macht gefallen sein, als er hereinritt. Das habe ich von
anderer Seite gehört, ist vielleicht nur erfunden.

Ginevra schreibt an Isolde.

Liebe Isolde, Du mußt nie über Deine Liebe zu Tristan nach-
denken, sondern immer nur darüber, wie ihr die Hindernisse
überwinden könnt, um zusammenzukommen. Wie glücklich
Du bist! Deine Liebe macht mich mutlos. Ich werde nie so
sein können wie Du, aber ich werde es mir immer wünschen.

24
Prüfungen

Am frühen Morgen kam der junge Mordred in den Saal und
ging um den leeren Tisch herum. König Artus, der ihn schon
seit Tagen beobachtet hatte und ihm nachgegangen war,
fragte ihn:
– Was machst du da, Mordred?
Mordred antwortete:
– Ich will mich in den gefährlichen Sitz setzen.
– Unwissender! schrie Merlin dazwischen.
– Mein Vater soll mich sehen, sagte Mordred und sah König
  Artus dabei ruhig ins Gesicht.
– Wer ist denn dein Vater?
– Ich kenne ihn nicht. Meine Mutter Morgause hat mir ge-
  sagt, daß er mich haßt und daß er mich ersäufen lassen
  wollte, als ich geboren wurde.
– Er konnte nicht anders! Er hatte Angst! schrie König Ar-

tus plötzlich auf.
- Bist du mein Vater, König Artus? fragte nun Mordred.
- Mir war Unheil prophezeit worden! Unheil durch dich!
  Verzeih mir!
- Ich dachte mir schon lange, daß du mein Vater bist, sagte
  Mordred kühl, deshalb bin ich an den Hof gekommen.
- Ach, Mordred, geh nicht zu dem gefährlichen Sitz! Du
  würdest verbrennen!

25
Wie es kam, daß Sir Lancelot mit Elaine schlief

Kommen Sie mit mir, Sir Lancelot, sagte Frau Bisen, nicht
weit von hier liegt Königin Ginevra in ihrem Zimmer und
hofft sehr darauf, Sie zu sehen. Da ging Sir Lancelot mit Frau
Bisen zu der Burg, er war vor Freude außer sich, denn Ginevra hatte ihn bisher immer abgewiesen. In der Burg hatte
sich Elaine in das Bett gelegt, als ob sie Ginevra wäre, und
Sir Lancelot schlief mit ihr. Als er am Morgen das Fenster
aufstieß und Licht hereinfiel, sah er, daß er betrogen worden
war, er zog sein Schwert, um die nackte Elaine zu töten.
Elaine aber sprang aus dem Bett, fiel vor ihm auf den Stein
und schrie: Töte mich nicht, Lancelot, denn ich werde dir
einen Sohn gebären und er wird den Gral finden. Da verzieh
er ihr und küßte sie, denn sie war ein sehr schönes Mädchen.
Er blieb aber nicht bei ihr. Als er davonritt, dachte er an
Ginevra.

26

Merlin saß als Pfau auf einem Baum und sah mit Menschen-
augen hinunter.
- Bist du Gott? fragte ihn Parzival.
- Mit dir möchte ich lieber nichts zu tun haben, kreischte
  Merlin und flog weg.

27

Der Chronist Blasius schrieb die Namen aller Ritter auf, die in die Schlacht von Arestuel zogen. Es waren über hundert Namen von edlen und ruhmreichen Rittern. Aber der Name Sir Lancelots, des besten Ritters der Welt, war nicht unter ihnen. Seit drei Jahren war Sir Lancelot nicht mehr an König Artus' Hof zurückgekehrt, und niemand wußte, wo er sich aufhielt und ob er noch lebte.

28
Der goldene Helm

Die Nacht während der Schlacht von Arestuel.
In der Nähe des Schlachtfeldes.
Haus an der Landstraße.
Königin Ginevra. Sir Lancelot ist hereingekommen.

KÖNIGIN GINEVRA Sir Lancelot, wo warst du?

SIR LANCELOT Bei dir. In deinem Bett.

KÖNIGIN GINEVRA In meinem Bett hat nie ein Mann gelegen außer König Artus.

SIR LANCELOT In deinem Bett!

KÖNIGIN GINEVRA Nein, Lancelot!

SIR LANCELOT Ich gaubte, du seist die Königin.

KÖNIGIN GINEVRA Ich bin doch die Königin!

SIR LANCELOT Jaja, du bist die Königin, du bist es! In deinem Bett habe ich gelegen, aber ich kann darin nicht liegen, denn ich liebe die Königin.

KÖNIGIN GINEVRA *erschrocken und angstvoll wegen Lancelots Verwirrung:* Die bin ich doch!

SIR LANCELOT Ja. Ich muß in die Schlacht ziehen. Dein Mann hat über das wüste Feld hin meinen Namen geschrien.

KÖNIGIN GINEVRA Ja, der König hat nach dir gerufen.

SIR LANCELOT Lancelot! Lancelot!

KÖNIGIN GINEVRA Alle sind fort, ich bin ihnen nachgezogen bis in dieses Haus an der Straße. Hier warte ich auf den Ausgang der Schlacht. Drüben bei den Sümpfen von Arestuel kämpfen sie seit gestern.

SIR LANCELOT *kreischt:* Das Haus wird den Abhang hinunterrutschen. Ich kann es nicht aufhalten.

KÖNIGIN GINEVRA Was meinst du, Lancelot?

SIR LANCELOT Ich kann es nicht aufhalten!

KÖNIGIN GINEVRA Es ist ein festes Haus, Lancelot, lieber Lancelot.

SIR LANCELOT Es wird den Abhang hinunterrutschen!

KÖNIGIN GINEVRA Aber warum denn, lieber Lancelot?

SIR LANCELOT Ich stemme mich dagegen, aber ich kann es
nicht aufhalten.

KÖNIGIN GINEVRA Das Haus steht auf Felsgestein.

SIR LANCELOT Es neigt sich schon! Ich falle!

KÖNIGIN GINEVRA Ich hebe dich auf! *Sie umarmt den fallenden
Lancelot.*

SIR LANCELOT Oh welcher Mensch kann für die Wahrheit
bürgen! Nur wer die Wahrheit wüßte, könnte den Berg
zum Stehen bringen. – Ich muß zu König Artus in die
Schlacht.

KÖNIGIN GINEVRA Ich fürchte mich. Noch nie war die Über-
macht der Feinde so groß wie in diesem Krieg. Ich habe
Angst, daß König Artus fällt. Ich habe den ganzen Tag und
die ganze Nacht auf alle Geräusche gehorcht, die von dort
herüberkommen. Ich habe Merlins Stimme gehört. Er
schrie über das Schlachtfeld hin. Ich weiß nicht, was es
bedeutet, Gutes oder Schlechtes.

SIR LANCELOT Durch die Ritzen der Mauer sickert Blut herein. Siehst du es?

KÖNIGIN GINEVRA Ich fürchte mich.

SIR LANCELOT Ich trage dich auf das Bett.

KÖNIGIN GINEVRA Ja, Lancelot. *Er trägt Königin Ginevra zu
dem Bett und legt sie nieder.*

SIR LANCELOT *während er seine Rüstung ablegt:* Betrügerin!
Spiegelverdreherin! Blicktäuscherin! Du gleichst Ginevra.
Ich lege mich zu dir, als ob du Ginevra wärst. *Er legt sich
zu ihr aufs Bett.*

KÖNIGIN GINEVRA Ich bin Ginevra.

SIR LANCELOT Betrügerin!

KÖNIGIN GINEVRA Ich liebe dich.

SIR LANCELOT *wie an eine abwesende Person gerichtet:* Königin Ginevra! Hörst du mich? Ich liebe dich so sehr, daß ich

diesem Betrug nicht widerstehen kann. *Zu Königin Ginevra:* Ich will denken, daß du Ginevra bist.

KÖNIGIN GINEVRA Und du bist Lancelot vom See.

SIR LANCELOT Ich werde Ginevra nie in meinen Armen halten.

KÖNIGIN GINEVRA Du hältst mich in deinen Armen.

SIR LANCELOT Ja, ich halte dich in meinen Armen und denke an Ginevra.
Sie liegen beieinander.

SIR LANCELOT Wo ist mein Schwert?

KÖNIGIN GINEVRA Du hast dein Schwert abgelegt, als du hereinkamst. Dort liegt es. Es glänzt im Mondlicht, neben deiner Rüstung.

SIR LANCELOT Ich habe aus dem Fenster gesehen und habe gesehen, wie es im Mondlicht über den Hügel gesprungen ist.

KÖNIGIN GINEVRA Du hast nicht aus dem Fenster gesehen.

SIR LANCELOT Nein, ich habe nicht aus dem Fenster gesehen.

KÖNIGIN GINEVRA Du bist nackt und du bist bei mir.

SIR LANCELOT Ich bin hinter dem Schwert hergerannt, aber es hat sich nicht greifen lassen.

KÖNIGIN GINEVRA Lancelot!

SIR LANCELOT Dann hat es sich gegen mich gewandt und mich verletzt.

KÖNIGIN GINEVRA Wo hat es dich verletzt?

LANCELOT *krümmt sich, als ob er kastriert würde, schreit:* Es hat mich bestraft.

KÖNIGIN GINEVRA *beschwörend:* Lancelot! Lancelot tief unter dem See.

SÄNGER
Lancelot Lancelot im Wasser tief
horch auf die Stimme die dich rief
dein Herz ruht still im dunklen Grund
dein Aug geschlossen und dein Mund
tauch aus dem grünen See ans Licht
wo sich am Stein die Welle bricht.

SIR LANCELOT Ginevra mit den grünen Augen.

Ginevra setzt Lancelot den goldenen Helm auf

KÖNIGIN GINEVRA Lancelot! Zwei Tage liegst du schon bei mir in meinem Bett. Zwei Tage und zwei Nächte . . .

SIR LANCELOT Tief unter dem See. Nie wieder werde ich so glücklich sein.

KÖNIGIN GINEVRA Nie wieder werde ich so glücklich sein.

SIR LANCELOT Hörst du es, Ginevra?

KÖNIGIN GINEVRA Was hörst du?

SIR LANCELOT Da draußen galoppieren Pferde vorbei. Ich will aufstehen und hinaussehen.

KÖNIGIN GINEVRA Ich habe sie auch gehört, in der Nacht, ehe du kamst. Jetzt höre ich nichts.

SIR LANCELOT Sei still! – Sie tragen keine Reiter mehr.

KÖNIGIN GINEVRA Ich will nichts hören als deine Stimme und ich will nichts sehen als deinen schönen Leib neben mir. *Umarmung.*

SIR LANCELOT Draußen fahren schwarze Karren vorbei. Sie sind mit Leichen beladen.

KÖNIGIN GINEVRA Lancelot! Lancelot! Sieh mich an! *Umarmung.*

SIR LANCELOT Ist es Tag oder ist es Nacht?

KÖNIGIN GINEVRA Vier Tage und vier Nächte sind wir beieinander.

SIR LANCELOT Jetzt ist es still draußen. Ich höre die Karren nicht mehr auf der Straße.

KÖNIGIN GINEVRA Ja, es ist still.

SIR LANCELOT Der schwarze Karren wartet vor unserem Haus!

KÖNIGIN GINEVRA Er hat angehalten?

SIR LANCELOT Sie tragen jemand aus dem Haus.

KÖNIGIN GINEVRA Wer ist es? Kannst du ihn erkennen?

SIR LANCELOT Es ist König Artus! Sie werfen ihn auf den Karren!

KÖNIGIN GINEVRA *schreit auf:* Nein! Er ist in der Schlacht. *Zögernd:* Er ist gefangengenommen worden. *Schweigen.*

SIR LANCELOT Gefangengenommen?

KÖNIGIN GINEVRA Artus! Artus!

SIR LANCELOT Ich muß ihm zu Hilfe kommen.

KÖNIGIN GINEVRA Ja, du mußt fort. *Umarmung. Schweigen.*

Ginevra setzt Lancelot den goldenen Helm auf

SIR LANCELOT Es ist keine Täuschung. Du bist Ginevra. Ich
weiß es jetzt.
KÖNIGIN GINEVRA Ich gebe dir Artus' goldenen Helm. Du
wirst Artus' goldenen Helm tragen. Sie werden ihn leuchten sehen und dich erkennen, Lancelot. Die gefallen sind,
werden wieder aufstehen und kämpfen. Du wirst siegen,
du wirst den König retten.
SIR LANCELOT Ich werde dich immer lieben, Ginevra.
*Schweigen. Dunkel. Im gleißend hellen Licht: Sir Lancelot,
in der Rüstung, kniet vor Königin Ginevra. Ginevra trägt
die Königinnenkrone. Sie hält den goldenen Helm in der
Hand, das goldene Gesicht des Königs. Sie setzt Sir Lancelot den Helm auf.*
KÖNIGIN GINEVRA Ich gebe dir Artus' goldenen Helm. Du
trägst Artus' goldenen Helm. Sie werden ihn leuchten sehen und dich erkennen, Lancelot. Die gefallen sind, werden wieder aufstehen und kämpfen. Du wirst siegen. Du
wirst den König retten.
SIR LANCELOT Ich werde dich immer lieben, Königin Ginevra.

29

Königin Ginevra wird von ihren Frauen eingekleidet.

SÄNGER
Ihre Augen zwei Seen
drin mancher versank
ihre Augen das grüne Wasser
davon Lancelot trank.

Ihr Mantel der Himmel
über die Erde gespannt
oh frommer Pilger
kehr heim in dein Land.

Ihre Stimme der Vogel
er schwingt sich empor
horch auf die Stimme
du lauschendes Ohr.

Ein Lied über Ginevra. Die Ritter kehren aus der Schlacht zurück

Ihre Füße sie schreitet
weithin übers Feld
Ginevra Ginevra
wie schön ist die Welt.

30

*Die Ritter kommen aus der Schlacht zurück, viele sind ver-
wundet, manche ohne Helm, manche mit zerfetzter, blutiger
Rüstung. König Artus kommt mit Sir Lancelot, der noch den
goldenen Helm trägt.*

KÖNIG ARTUS Lancelot! Du hast mit der Kraft von hundert
Rittern gekämpft. Du bist auf dem Schlachtfeld erschienen, als wir schon alles verloren gaben. Da kehrte der Mut
in alle Herzen zurück und machte sie stark, so daß wir die
Feinde schlagen konnten. In den Sümpfen von Arestuel
liegen so viele Heiden erschlagen, daß man noch in hundert Jahren das Wehklagen darüber hören wird. Die Luft
über dem Feld und über den Sümpfen ist schwarz von den
Klagen über die Toten. Meine Ohren haben es gehört, als
ich in dem Käfig saß, in dem ich mich nicht bewegen
konnte. Du bist über die Brücke gerannt mit deinem
Schwert und hast die Heiden von der Mauer herunter in
das schwarze Wasser der Gräben geworfen, wo sie ertrunken sind. So hast du uns befreit. *Zu allen:* Lancelot allein
verdanken wir es, daß wir als Sieger zurückgekehrt sind.
Du sollst neben mir am Tisch sitzen. – Ginevra!
KÖNIGIN GINEVRA *abwesend:* Ja, er soll an deiner Seite sitzen,
König Artus. Ich freue mich.
KÖNIG ARTUS Du sagst gar nichts zu seinem Lob, Gi-
nevra.
Schweigen.
KÖNIGIN GINEVRA Sir Lancelot soll mir von nun an der liebste
von allen Rittern sein.
KÖNIG ARTUS Ja! Wir wollen ihn heute lieben und ehren wie
keinen anderen.
SIR LANCELOT König Artus, du lobst mich zu sehr, ich habe es
nicht verdient.

KÖNIG ARTUS *zu Königin Ginevra:* Du weinst ja!
KÖNIGIN GINEVRA *zu König Artus:* Ich weine aus Freude darüber, daß du zurückgekommen bist.

31
Der schöne Ton

Der Gral, ein unendlich schöner Ton.
Eines Tages steht Sir Segramur von der Tafelrunde auf, er
singt einen unendlich schönen Ton und so geht er aus dem
Saal, aus der Burg, aus der Stadt und über die Hügel davon.

32
Parzivals Weg

SÄNGER
  Zwei Jahre und ein halbes
  ritt Parzival durchs Land
  er ritt auf schwarzer Erde
  die Erde war verbrannt.

  So zog er seine Straße
  oh Sonne Mond und Stern
  lief immer schnurgerade
  den Weg zu seinem Herrn.

  Stand ihm ein Feind im Wege
  er ging nicht drum herum
  er schlug ihn mit dem Schwerte
  sah sich nach ihm nicht um.

  Und die ihn sahen reiten
  oh Tod du kaltes Licht
  sahn töten ihn und lachen
  sein Lachen vergessen sie nicht.

Er fragte jeden, der ihm begegnete, wie er zu Gott käme,
und jeder gab ihm eine andere Antwort. Manche verstanden

Der unendlich schöne Ton

seine Frage gar nicht, manche lachten ihn aus, weil er es nicht wußte, manche wollten ihn schlagen, als ob er sie mit seiner Frage tödlich bedroht hätte. So irrte er im Land herum und die Leute redeten über ihn.

Er stellte sich vor, daß Gott über das Meer kommen würde, im Mittagslicht über das Meer ginge. Er stand vier Tage und vier Nächte auf dem Felsen am Meer und wartete. Er hörte das Brausen in der Luft und der Mittagsglanz blendete ihn. Am fünften Tag drehte er sich um und schlug vor Wut und Enttäuschung auf die Steine ein.

Er kam auf ein Feld und sah dort ein großes Feuer. Darin verbrannte ein Mann.
– Was hat er getan?
– Er hat gesagt, Gott ist im Feuer. Deshalb verbrennen wir ihn.

Einmal verließ ihn der Mut, er wollte nicht weiter. Warum renne ich in dieser Wüste herum und bin unglücklich? Als ich im Wald lebte, niemand kannte und Gott nicht dienen wollte, muß ich wohl glücklich gewesen sein. Er drehte sich um und wollte zurückgehen. Da fiel ihm zum erstenmal wieder seine Mutter Herzeloide ein und er erinnerte sich an den Moment, als er über die Brücke davonging und sie verließ. Er wußte plötzlich, daß er nicht mehr in sein unschuldiges Leben zurückkehren konnte.

Gebirge.

SIR GAWAIN *ruft:*
Wenn du reden willst, Parzival, dann höre ich und gebe dir Antwort.
PARZIVAL *auf der anderen Seite der Schlucht:*
Ich rede mit mir selber! Ich gebe mir selber Antwort!

SIR GAWAIN *ruft:*
Wenn du müde bist, Parzival, kannst du ohne Furcht schlafen, ich wache für dich und du kannst für mich wachen, wenn ich müde werde!

PARZIVAL *auf der anderen Seite der Schlucht:*
Ich schlafe und fürchte mich nicht.

SIR GAWAIN *ruft:*
Ich will mit dir gehen!

PARZIVAL *auf der anderen Seite der Schlucht:*
Mein Kopf kann nicht dein Kopf sein! Ich muß meinem
Kopf folgen!

Am Karfreitag, als er durch ein felsiges Tal ritt, das immer
enger wurde, kam ihm ein Zug von schwarzen Gestalten ent-
gegen; sie trugen schwarze Kleider, und ihre Gesichter waren mit Tüchern verhüllt.
– Heute ist der Tag, an dem Christus ans Kreuz genagelt
  wurde, riefen sie, zieh deine Rüstung aus, büße, wie
  wir!
– Was soll ich denn büßen? fragte Parzival, ich habe ja noch
  nicht getan, was ich tun will!
Sie fielen über ihn her, sie schlugen mit Fäusten und Stöcken
auf seine Rüstung ein. Er aber ging lachend davon.
– Ich finde Gott nicht!
– Gott ist in allem, was lebt, antwortete der Eremit auf dem
  Baum, in jedem Vogel, in jedem Frosch, in jedem Gras.
– Das ist schrecklich! rief Parzival aus.
– Warum ist das schrecklich, du dummer Frager?
Er rannte fort und schrie:
– Ich schlage alles kaputt, ich verwüste das ganze Land, ich
  töte alles, was lebt, bis Er allein noch übrigbleibt!

Er kam in eine Stadt, da wunderte er sich, daß die Straßen
leer waren. Die Menschen standen alle auf dem Platz vor der
Kirche und starrten in den Himmel. Dort oben tanzte eine in
bunte Federn gehüllte Gestalt auf einem Seil, das vom Kirch-
turm hinüber zum Schulhaus gespannt war.
Parzivals Herz schrie auf vor Entzücken, er stieß die Leute
weg und schrie hinauf:
– Bist du Gott? Und schrie immer wieder: Bist du Gott? Sieh
  mal herunter zu mir! Ich bin Parzival!
Die Leute lachten, und als der Tumult immer größer wurde,
fing die bunte Gestalt oben auf dem Seil an zu zittern und

Parzivals Weg

stürzte plötzlich herab auf den Platz.

Die Leute wichen zurück, sie rannten in die Gassen davon und verschwanden in ihren Häusern. Parzival sah, daß sich der Gestürzte unter dem Federkleid noch bewegte, und beugte sich über ihn. Da entdeckte er, daß es nur ein armseliger zahnloser Schausteller war, dem das Blut in die Augen lief. Weinend vor Wut und Enttäuschung trat er ihm ins Gesicht, bis er tot war.

In der Ebene stand Merlin und drehte sich so lange um sich selbst, bis er taumelte und in den Staub fiel.

Parzival lachte.

– Wohin gehst du? fragte Merlin wütend.

– Geradeaus.

– Dorthin . . . oder dorthin?

– Idiot! lachte Parzival. Was vor meinem Gesicht liegt, ist geradeaus. Ich gehe doch nicht mit dem Gesicht nach rückwärts gewendet.

– Ach so! ach so! rief Merlin und fing wieder an, sich auf der Stelle im Kreis zu drehen.

– Hör auf!

– Erst wenn ich hinstürze, höre ich auf. Erst wenn ich mich nicht mehr drehen kann, hält Gott mein Gesicht in die Richtung, in die ich gehen soll. Deshalb drehe ich mich . . . bis ich schwindlig bin.

– Schwachkopf! lachte Parzival, ging weiter. Nach hundert Schritten in die Ebene hinaus blieb er aber stehen und dachte: seltsam! Ich habe mir nie überlegt, ob ich geradeaus gehe oder auf Umwegen. Merlin war verschwunden. Parzival ging weiter, fing an, kreuz und quer zu gehen.

SÄNGER

Es tauchte aus dem Dunkel
eine schimmernde Stadt hervor
er hielt dort vor der Mauer
am schwarzen Flügeltor.

Da sah der Knabe sitzen
zwei Damen über der Schwell'
dunkel und traurig die eine
die andere lachte hell.

Ach Parzival du Ritter
mit deinem kalten Schwert
ist denn die eine die andre
nicht deinem Herzen wert?

Es sprach die helle Stimme:
komm rein doch durch das Tor
denn eine Königin
ihre Liebe an dich verlor.

Es sprach die dunkle Stimme:
erkenn doch meine Not
ein Feind steht an der Mauer
mein Pferd schlug er schon tot.

Er tötet jeden Freier
und will zum Tor herein
und reißt im Morgengrauen
die ganze Stadt mir ein.

Die Schwestern

Parzival, Blanchefleur.

PARZIVAL Wer sind Sie denn, ich kenne Sie nicht.
BLANCHEFLEUR Du kennst mich nicht?
PARZIVAL Doch ich kenne Sie, aber wo ist denn Ihre Schwester?
BLANCHEFLEUR Welche Schwester?
PARZIVAL Ich will ihr sagen, daß ich ihren Feind vor der Stadt erschlagen habe.
BLANCHEFLEUR Ach lieber Parzival!
PARZIVAL Sie saß auf der Mauer über dem Tor und weinte aus Angst vor ihren Feinden.
BLANCHEFLEUR Das war doch i c h !
PARZIVAL Nein, Sie nicht! Den Mund kenne ich nicht! Die Augen kenne ich nicht!
BLANCHEFLEUR Sieh mich doch an, Parzival! Ich bin fröhlich, weil du zu mir zurückkommst.

PARZIVAL Sie haben die andere versteckt!

BLANCHEFLEUR Ich bin Blanchefleur! Gefalle ich dir heute nicht mehr? *Sie weint.*

PARZIVAL *verwirrt:* Blanchefleur, Blanchefleur. *Er nähert sich vorsichtig, erkennt nun die Traurige wieder. Sie umarmt ihn.*

SÄNGER
Da ward der wilde Knabe
zum Liebenden über Nacht
das hat Blanchefleur die eine
mit Lachen und Weinen gemacht.

– Wenn du Gott suchst, sagte Blanchefleur zu Parzival, als er am Morgen auf der Bettkante saß, dann komm mit mir. Sie führte ihn in ihre Kapelle neben dem Schlafzimmer. Hier wohnt er, hier kannst du zu ihm beten. Ich bete hier auch jeden Morgen und jeden Abend zu ihm. Seinetwegen brauchst du mich nicht zu verlassen.

– Hier ist es leer und dunkel, antwortete Parzival.

Er verließ Blanchefleur.

– Ich komme zurück, wenn ich ihn gefunden habe.

DER CLOWN *kommt herein und plärrt:*
Das ist der Liebe höchstes Ziel,
vier Arschbacken an einem Stiel.

Blanchefleur läuft Parzival hinterher.

33
Der Engel

Mordred kniet. Ein riesiger Engel steht hinter ihm. Er bemerkt ihn nicht.

MORDRED
Engel! Hast du meinen Namen gerufen? Ich habe deine Stimme nicht gehört. Ich habe deine Flügel nicht rauschen hören. Bist du da? Ruht dein Auge auf mir – ich spüre es nicht in meinem Rücken brennen. Ich müßte es doch spüren wie eine brennende Wunde! Oder bist du die

Kälte . . ., die über mich kommt und die mich, je länger ich hier knie und nach einem Gott Ausschau halte, zu dem ich beten könnte, immer mehr ausfüllt bis in eine Tiefe meines Herzens, die ich vorher nicht kannte, in die nie ein Gedanke und ein Gefühl vorher hinabgedrungen ist. Ist das d e i n e Kälte, Engel? Füllst du mich an mit deiner Kälte? Soll ich in deiner Kälte spüren, daß es Gott gibt? Daß ich nicht allein bin mit meinen Taten?

Warum zeigst du dich nicht, Engel? Ich liebe dich, ich will dich lieben, ich will, daß du da bist, daß du hinter mir stehst, wenn ich mich plötzlich umdrehe. Ich habe alles nur deinetwegen getan: meinen ersten frommen Gedanken, Engel, habe ich deinetwegen gedacht, in meinem Kinderbett. Du lobtest mich nicht. Ich hörte deinen Flügel nicht rauschen, als ich nachts aufstand und in den Himmel hinaufsah –, ein leerer schwarzer Himmel! Ich lag weinend in meinem Bett, weil du nicht kamst. – Ich wollte leiden für dich, damit du endlich erscheinen solltest. Ich habe mir Qualen ausgedacht und habe mir selber Wunden zugefügt, denn ich hatte sehnsuchtsvoll die Bilder der Heiligen angesehen, wie sie gemartert wurden, – den heiligen Sebastian, zitternde Pfeile in seinem Fleisch; den heiligen Laurentius, den sie in das kochende Öl gesenkt haben, langsam, nicht schnell, Zentimeter für Zentimeter, und alle die Gemarterten mit den verzückten Augen und den geöffneten Mündern: – die sahen dich doch, Engel, während man sie quälte, und sie riefen dich verzückt wie Liebende beim Namen. Ich stieß mir Nadeln unter die Fingernägel, es tat entsetzlich weh, alle meine Finger waren verkrustet von Blut, aber ich sah dich nicht! Ich dachte, es ist nicht genug, nicht genug, die Schmerzen müssen rasender sein, ich muß die rasendsten Schmerzen leiden für dich, damit ich dich sehe. Hinten in unserem Garten habe ich meinen nackten Fuß in die Spalte zwischen dem Stein und dem eisernen Brunnenrohr gesteckt, und habe mich langsam immer weiter zurückgebeugt, wollte mich so weit zurückbeugen, bis das Fußgelenk brach. Wie entsetzlich weh das getan hat! Ich zog den Fuß aus der Spalte und weinte. Aber ich weinte nicht, weil es weh getan hat, Engel, sondern ich weinte aus Verzweiflung darüber, daß ich

Mordred und sein Engel

nicht fähig war, meine Schmerzen so zu steigern, daß sie
dich beeindruckten und du erscheinen mußtest. Alles war
wirkungslos. Aber, Engel, wenn mir nun der Gedanke
käme, daß es das Böse ist, das dich herbeizwingt? Er-
scheinst du vielleicht eher den Sündern als denen, die sich
dir demütig unterwerfen wollen? Viele Jahre habe ich
nicht gewagt, einen bösen Gedanken zu denken. Aber
jetzt denke ich ihn. Einen großen, verbrecherischen Gedanken . . . Wenn es dich gibt, mußt du ihn schon kennen,
und du müßtest kommen und ich müßte deinen Flügel rauschen hören, denn ich habe dir ja bewiesen, daß aus
meinen Gedanken Taten werden. Ich werde es tun, Engel!
Ich werde es tun!
Langes Schweigen.
Du kommst nicht, ich sehe dich nicht, ich höre dich nicht.
sosehr ich mein Ohr anstrenge und horche. Kein Flügel-
schlag kommt vom Himmel herab. Du hast mich nicht
belohnt, du strafst mich nicht. Ich spüre nichts in meinem
Herzen –, gibt es dich nicht? Eine kleine Hoffnung habe
ich noch auf dich. Ich wende mich nicht um, damit sie nicht
enttäuscht wird.
Langes Schweigen.
Jetzt wende ich mich um.
Er wagt es nicht, sich umzuwenden.
Dunkel.

34

Oben auf der Galerie.
König Artus, Ginevra, Sir Kay. Sie sehen hinunter.
Unten kommt Elaine mit Frau Bisen, die in einem Steckkissen
das Kind Sir Galahad trägt. Sie wird von Rittern und von
Damen gegrüßt, man betrachtet mit Interesse und mit freund-
lichem Erstaunen das stolz präsentierte Kind.

KÖNIG ARTUS *zu Ginevra:* Wer ist dieses schöne Mädchen?
KÖNIGIN GINEVRA *schweigt.*
KÖNIG ARTUS *zu Sir Kay:* Weißt du, wer das ist, Sir Kay?
SIR KAY Wenn mich mein Auge nicht täuscht, ist das doch

Fräulein Elaine! Fräulein Elaine ist die Tochter von König Pelles, und jetzt weißt du auch schon, warum da so stolz ein Wickelkind hinterhergetragen wird und wer der Vater von dem Wickelkind ist.

KÖNIG ARTUS *versteht nicht gleich.*

SIR KAY Na, Sir Lancelot!

KÖNIG ARTUS *völlig überrascht und immer noch im unklaren:* Ach so?

SIR KAY Das weißt du doch noch, im Herbst vor einem Jahr, da war doch Sir Lancelot eine Zeitlang bei König Pelles, und da . . .

KÖNIG ARTUS Ach, richtig! Weißt du noch, Ginevra?

KÖNIGIN GINEVRA *abweisend:* Ja, ich erinnere mich jetzt.

KÖNIG ARTUS Lancelot kam zurück und schien so merkwürdig verwirrt zu sein.

SIR KAY Bis Sir Bors kam und hatte die ganze amouröse Angelegenheit herausgebracht. Da wußten wir denn alle Bescheid.

KÖNIG ARTUS *sieht interessiert hinunter:* Eine Schönheit! Sieh doch mal hin, Ginevra!

KÖNIGIN GINEVRA Ach, ja!

KÖNIG ARTUS *zu Sir Kay:* Und Lancelot wollte nicht bei ihr bleiben?

SIR KAY Sie soll ihn mit irgendeinem Trick verführt haben, das hat ihn angeblich verärgert.

KÖNIG ARTUS Mit was für einem Trick denn?

KÖNIGIN GINEVRA *eilig:* Ach, das waren sicher nur dumme Gerüchte. Man schwätzt ja so viel, nur um eine schöne junge Frau schlechtzumachen.

KÖNIG ARTUS Wie schade, daß Sir Lancelot keine Frau findet, die ihm gefällt, obwohl sich alle Damen in ihn verlieben.

SIR KAY *sieht hinunter:* Sie wird sich wohl bei ihm in Erinnerung bringen wollen.

KÖNIG ARTUS Wir müssen sie empfangen, und wir wollen uns das Kind von Sir Lancelot ansehen, Ginevra.

KÖNIGIN GINEVRA *geistesabwesend:* Ja.

Elaine und Ginevra streiten sich. Lancelot springt aus dem Fenster

35

Königin Ginevras Salon.
Königin Ginevra, Elaine. Sir Lancelot abseits am Fenster.

ELAINE Ich danke Ihnen, daß Sie mich empfangen. Ich dachte schon, Sie wollten mich nicht sehen, denn ich bin ja schon eine Woche hier.

KÖNIGIN GINEVRA Sir Lancelot hat mich darum gebeten, liebes Fräulein.

ELAINE Er wollte bestimmt, daß Sie sein Kind sehen!

KÖNIGIN GINEVRA *deutlich abgeneigt:* Ja, ich würde es gerne sehen.

ELAINE Sie können es sofort sehen, die Amme, Frau Bisen, wartet mit ihm draußen im Vorzimmer.

KÖNIGIN GINEVRA *spöttisch:* Ja? Wie schön! Sie haben es gleich mitgebracht!

ELAINE Alle sagen, es sei ein sehr schönes Kind und es sehe seinem Vater sehr ähnlich. Es heißt Galahad.

KÖNIGIN GINEVRA Finden Sie das auch, Sir Lancelot? *Elaine ist schon zur Tür gegangen, um die Amme zu rufen, bleibt aber bei dieser Frage stehen, um Sir Lancelots Antwort zu hören.*

SIR LANCELOT Alle sagen es.

ELAINE *zu Königin Ginevra:* Lancelots Vettern, Sir Lionel und Sir Bors, wollen es immer herumtragen und wiegen es.

KÖNIGIN GINEVRA Man hat es mir erzählt.

ELAINE Sie haben ja leider keine Kinder! Ich wäre so glücklich, wenn Sie es auch einmal in die Arme nehmen würden, Königin Ginevra. *Will wieder hinausgehen und die Amme rufen.*

KÖNIGIN GINEVRA *will es verhindern:* Das werde ich sicher nachher tun, Fräulein Elaine.

ELAINE Sie verstehen sicher am allerbesten, wie glücklich ich über dieses Kind bin. Denn wir lieben ja beide, Sie auf Ihre Weise und ich auf meine Weise, diesen großen Mann. Ich glaube, jeder Mensch auf der Welt kennt ihn –, wenn man auf die Straße ginge und nach ihm fragen würde – jeder! Und immer wenn ich sage: Sir Lancelot ist der Vater

Elaine und Ginevra streiten sich. Lancelot springt aus dem Fenster 115 meines Kindes, werden die Leute ganz ehrfürchtig. Neulich auf der Wiese bei Westminster hat er allein dreißig Ritter besiegt, ohne einmal die Lanze zu wechseln, dreißig Ritter! Er ganz allein! Fast alle waren große Helden von der Tafelrunde.

SIR LANCELOT *hustet, die Lobrede ist ihm offensichtlich peinlich.*

ELAINE Und so ist es ja immer, in jeder Schlacht und in jedem Turnier.

KÖNIGIN GINEVRA *mit leichtem Spott:* Ja, ja, meine Liebe.

ELAINE *lacht:* Entschuldigen Sie, daß ich so drauflosrede! Wenn ich begeistert bin, dann muß ich reden, ich kann nicht anders, ich weiß schon, daß sich das nicht gehört. Ich bin früher, als Kind, von meinem Lehrer schon oft deswegen getadelt worden, wenn ich so schwärmte. Ein erwachsener Mensch tut das nicht! Außerdem brauche ich Ihnen von seinen Taten ja gar nichts zu erzählen! Sie wissen es ja noch besser als ich, er ist ja meistens hier am Hof und Sie zittern sicher ebenso wie ich, wenn er fortzieht, um Abenteuer zu bestehen, oder wenn er mit König Artus in die Schlacht reitet. Ach, ich rede viel zu viel! Wenn die großen Turniere abgehalten werden, dann denke ich immer, Sie sind dabei, Sie sitzen neben König Artus oben auf der Tribüne und sehen zu, wie Lancelot hereinreitet und kämpft, und wie sie auf ihn einschlagen und wie er sich wehrt. Ach Gott, ich sitze in der Provinz und stelle mir das alles so ungeheuer lebhaft vor!

KÖNIGIN GINEVRA Wenn Sie da in Ihrer abgelegenen Burg sitzen, da hinten in den Wäldern, werden Sie sicher froh sein, daß Sie den kleinen Sir Galahad haben, der ihm so ähnlich sieht, wie Sie sagen.

ELAINE Ja! Leider liebt Sir Lancelot mich nicht so sehr, wie ich ihn liebe. Sonst würde er ja zu mir kommen.

SIR LANCELOT *möchte das peinliche Gespräch beenden:* Elaine, verstehe doch . . .! Bitte . . .!

KÖNIGIN GINEVRA *spöttisch:* Ja, das ist schade. Das tut mir auch leid. Manche Männer sind eben sehr kompliziert in ihren Empfindungen, und Sir Lancelot ganz besonders.

ELAINE Ja, ja, ich weiß schon.

KÖNIGIN GINEVRA Ich glaube nicht, daß Sie das wissen, Fräulein Elaine. Sie ahnen es noch nicht einmal.

ELAINE Ich bin doch nicht häßlich! Alle sagen, ich sei so hübsch! Und weil ich doch mit ihm geschlafen habe – ich meine, ich dachte, wenn er erst einmal mit mir geschlafen hat . . . das wird er bestimmt nicht mehr vergessen, dann wird er auch bleiben.

KÖNIGIN GINEVRA Ich dachte mir, daß Sie so denken.

ELAINE Und das war so falsch! Ach Lancelot, lieber Lancelot!

KÖNIGIN GINEVRA Er sieht aus dem Fenster.

ELAINE Ach ja! Bei uns hat er auch immer am Fenster gestanden und hat hinausgesehen. Ich bin so unglücklich!

KÖNIGIN GINEVRA Ja –, ich weiß nicht, meine Liebe, ob es uns beiden gelingen wird, Sir Lancelot dazu zu bewegen, seine komplizierten poetischen Empfindungen auf eine schlichte sexuelle Beziehung zu reduzieren.

ELAINE Ich habe mir so große Mühe gegeben!

KÖNIGIN GINEVRA Ich weiß. Sir Lancelot hat es mir erzählt.

ELAINE Meine alte Kammerfrau kam auf die Idee. Sie hat ihn getäuscht, sie kennt alle möglichen Zaubereien, sie hat mich verkleidet und ihm nachts, wie es ganz dunkel war, gesagt, daß Königin Ginevra im Nebenzimmer ist und auf ihn wartet.

KÖNIGIN GINEVRA Sie sind sehr naiv.

ELAINE Weil doch jeder weiß, daß er Sie so verehrt und so schöne Lieder über Sie singt –, so traurige Lieder, weil er Sie ja im Leben nie bekommen kann.
Schweigen.

KÖNIGIN GINEVRA *sieht Elaine gespielt nachdenklich an:* Wir sind in allem so verschieden, so gänzlich verschieden!

ELAINE Oh Gott! Ich habe bestimmt jetzt ein ganz rotes Gesicht! Wenn ich mich aufrege, kriege ich immer ein so schrecklich rotes Gesicht, wie eine Waschfrau! Das ist eine Katastrophe!

SIR LANCELOT *sieht Königin Ginevra beschwörend an, Elaine tut ihm leid:* Du hast ein sehr hübsches Gesicht, Elaine, und du hast keinen Grund dich zu ängstigen, die Königin ist dir nicht böse wegen dieser Geschichte.

KÖNIGIN GINEVRA So anders, so anders . . . Ich habe Sie eben genau beobachtet, wie Sie hereingekommen sind, wie Sie

gehen, das ist so kindlich und etwas rührend, aber so vollkommen anders als ich! Und Ihr Gesichtchen, ein munte-
res rundes Gesichtchen, und die Nase . . . Meine Nase ist
doch ganz anders! Sir Lancelot, sehen Sie doch mein Gesicht an und dann das Gesicht von dem kleinen Fräulein!
Können Sie da eine Ähnlichkeit feststellen? *Zu Elaine:*
Wie haben Sie das nur gemacht?

ELAINE Es war doch nachts!

KÖNIGIN GINEVRA Und die Stimme! Und sagen Sie mir doch:
worüber haben Sie denn bloß mit Sir Lancelot gesprochen?

ELAINE *grinst:* Ach, ich habe gar nichts gesprochen, erst am
andern Morgen! Da wollte er mich umbringen, da habe ich
geschrien. Ich bin nackt im Zimmer herumgesprungen,
und er lief hinter mir her, mit dem Schwert in der Hand.
Ich habe mich vor ihn hingekniet, ganz nackt, und habe ihn
angefleht, daß er mich nicht umbringt, weil ich ihm ja das
Kind gebären werde.

KÖNIGIN GINEVRA Sie als Königin Ginevra, wenn ich mir das
vorstelle! Die Verkleidung muß ungewöhnlich geschickt
gewesen sein! Sonst wäre es Ihnen wohl nie gelungen, Sir
Lancelot in Ihr Bett zu ziehen. Oder, Sir Lancelot, ist es
das, was Sie sich eigentlich wünschen? Wenn es so ist,
bitte! *Macht eine verächtliche Handbewegung, die Sir Lancelot auffordert, mit Elaine wegzugehen.*

SIR LANCELOT *zu Ginevra:* Sie sind grausam.

KÖNIGIN GINEVRA *schweigt.*

SIR LANCELOT *verstört:* Ich weiß, daß ich die schöne Königin
liebe. Aber die Erinnerung an Elaine . . . es vermischt sich
in meinem Kopf: die Bilder und die Gefühle, . . . alles vermischt sich, ich weiß nicht mehr, wer es ist, ist es Elaine, ist
es die Königin, nach der ich mich sehne . . . Gleiten und
Schweben . . . ich treibe dahin wie im dunklen Grün des
Wassers. Wie soll ich mich retten, wie soll ich wieder auf-
tauchen? Wie komme ich wieder in das Licht hinauf, wo
ich alle Dinge klar erkennen kann?

KÖNIGIN GINEVRA Gehen Sie doch, gehen Sie doch zusammen!

ELAINE Was haben Sie denn?

KÖNIGIN GINEVRA Gehen Sie mir aus den Augen!

SIR LANCELOT *schreit auf:* Ich kann nicht!
Schweigen.
ELAINE Ach so! Jetzt verstehe ich! Oh jetzt verstehe ich! So
ist das! Es geht gar nicht um komplizierte Empfindungen!
Es ist gar nicht so eine »reine Liebe« zwischen Ihnen, das
wird nur so verbreitet! Es geht gar nicht um die subtilen
Gefühle und die literarischen Empfindungen, die ich angeblich nicht verstehen kann, weil sie so modern und so
unglaublich kompliziert sind! Ich kann natürlich so feine
Wahrnehmungen nicht machen, und Gedichte auch nicht,
über mein Elend! Da macht man Gedichte und horcht in
sich hinein und denkt von sich selber: ach, ich bin ja so
kostbar, ein kostbares Gefäß von Empfindungen, wie
kostbar bin ich! Wie empfindlich! Wie kostbar! Das läßt
man dann durch Minnesänger verbreiten, damit die ganze
Welt meint, da spielt sich etwas ganz Außergewöhnliches
ab, etwas, was noch nie vorher jemand gekannt hat! – Das
ist ja alles gelogen! Die Königin ist genauso eifersüchtig
wie ich! Und ich habe Sie so bewundert, schon als kleines
Mädchen! Wie ich vier war, waren Sie ja schon berühmt!
KÖNIGIN GINEVRA Sir Lancelot! Mit wem bringen Sie mich
zusammen . . .
ELAINE Ich bin hierhergekommen mit seinem Kind, weil ich
dachte, ich muß Ihnen zu Füßen fallen, Sie werden es lieben, Sie werden es ansehen und Sie werden die Züge
Lancelots in diesem kleinen Gesicht wiedererkennen! Und
auch mich würden Sie lieben, ich habe ja dieses schöne
Kind geboren, und Sie würden mich in die Arme nehmen
und wir würden zusammen weinen, Sie würden mich verstehen können. An Eifersucht hätte ich bei Ihnen nie
gedacht! Eifersüchtig! Solche Gefühle bei Ihnen! Bei Königin Ginevra! Das hätte ich nie gedacht! Ich dachte, Sie
lieben ihn auf ganz andere Weise als ich! Auf eine viel
höhere Weise als ich!
KÖNIGIN GINEVRA *schwach:* Sir Lancelot! Bitte!
ELAINE Alles Schwindel! Alles Schwindel! Es fällt mir jetzt
wie Schuppen von den Augen! Er ist ganz einfach Ihr Liebhaber! Die bewunderte Königin Ginevra, die so weit über
allen anderen Frauen steht, läßt sich von Lancelot nicht

Elaine und Ginevra streiten sich. Lancelot springt aus dem Fenster

literarisch anbeten, sondern sie schläft mit ihm! Ich dumme Gans, was war ich für eine dumme Gans!

KÖNIGIN GINEVRA *ganz leise, wie mit Migräne:* Schreien Sie doch nicht so entsetzlich . . .

ELAINE Ach so, das soll ich nicht so laut sagen! Das könnte ja König Artus hören! Das muß natürlich alles heimlich sein, da soll niemand drüber sprechen! Und was sich bei Ihnen im Schlafzimmer abspielt, das erfährt ja niemand, das dringt ja nicht nach außen. Die Kammerfrau kann nicht sprechen, habe ich gehört. Der habt ihr die Zunge herausgeschnitten. Eine stumme Kammerfrau, wie praktisch!

KÖNIGIN GINEVRA Hören Sie auf, schweigen Sie endlich!

ELAINE Ich weiß nicht, ob ich schweige.

KÖNIGIN GINEVRA Wollen Sie mich erpressen?

ELAINE Ach Gott, wie tief sind Sie heruntergefallen in meinen Augen!

SIR LANCELOT Bitte, Elaine . . . ich bin so unglücklich!

ELAINE Sie haben eine Liaison mit ihm, aber ich habe einen Sohn von ihm geboren!

KÖNIGIN GINEVRA *schreit plötzlich:* Du berechnendes Luder! Mit deinem Provinzverstand!

ELAINE Sie kalte Person!

KÖNIGIN GINEVRA *schreit in hilflosem Zorn:* Du hast keine Ahnung von außergewöhnlichen Menschen! Es geht nicht um Ehe! Es geht nicht um Fortpflanzung!

ELAINE Mein Sohn Galahad wird der größte Ritter der Welt werden . . .

KÖNIGIN GINEVRA Lancelot, bitte . . .

SIR LANCELOT Elaine! Du weißt nicht . . . ihr wißt nicht . . . mein Gott!

ELAINE . . . Noch viel größer als der da!

KÖNIGIN GINEVRA *schreit:* Außergewöhnliche Menschen haben außergewöhnliche Gefühle!

ELAINE Alles Schwindel!

KÖNIGIN GINEVRA Du Landpomeranze!

ELAINE Alles Schwindel!

KÖNIGIN GINEVRA Du miese Schnalle!

ELAINE Alles Schwindel!

KÖNIGIN GINEVRA *schreit:* Ich spucke dich an!

ELAINE Los! Spucken Sie!

Elaine und Ginevra streiten sich. Lancelot springt aus dem Fenster

KÖNIGIN GINEVRA *bemüht sich, kann aber nicht spucken:* Ich kann nicht!

ELAINE Wie schade!

KÖNIGIN GINEVRA *wirft sich weinend auf das Bett, liegt mit dem Gesicht in den Kissen.*

ELAINE *sieht ihre Gegnerin weinend auf dem Bett liegen; da scheint sie die Wut zu verlassen, sie verwandelt sich wieder in das kleine hilflose Mädchen, das sie eigentlich ist. Schutzsuchend wendet sie sich an Sir Lancelot:* Ich weiß nicht, Sir Lancelot . . . bin ich denn so schlimm?

SIR LANCELOT *aufs äußerste verwirrt und unglücklich:* Ich will nicht mehr leben! *Er springt aus dem Fenster. Man hört einen Aufprall. Stille.*
Elaine steht erstarrt, zu Tode erschrocken da, wagt nicht zum Fenster zu gehen, sieht zu Königin Ginevra hin, die anscheinend nichts wahrgenommen hat.

ELAINE *murmelt:* Er ist hinuntergesprungen, er ist hinuntergesprungen, er ist tot. *Wie zusammengezogen von Entsetzen kauert sie sich in eine Ecke und bewegt sich nicht.*

36
Amor will, daß ich dir ergeben sei

Non perch'i'speri,
donna, oma' in te,
ver me trovar mercede,
ti seguo, no
ma per seguir mie fede.
Amor vol ch'i' così
ti sie suggetto,
onde far mi convien
chiò ch'a lu' piace.
E come servo
da signor costretto
servo chè in lui
mia libertà suggiace.

37

Als Lancelot auf seiner Flucht durch die Wälder rannte, sah
er plötzlich die Zauberin Morgane le Fay vor sich. Er ver-
langte von ihr, daß sie ihn in ein Tier verwandele, er wolle
kein Mensch mehr sein. Was willst du denn sein? Eine Ratte!
schrie Lancelot. Lieber leide ich mit den Ratten Not, als daß
mich beißen die Skrupel tot. Oder ein armes Tier in der Wüste! Lieber will ich ein Wolf in der Steppe sein, da höre ich
nicht meine Gedanken schrein! Oder ein Maulwurf! Ich
wühle mich durch das Erdreich blind, da ich am Himmel kein
Licht mehr find'! Kein Auge, keine Stirn, keines Menschen
Mund, oh läge ich als Krake im Meeresgrund! Verwandle
mich! Verwandle mich!
Oh schwarzer Vogel im Winterbaum
der Mensch ist nur eines Menschen Traum.

38
Der Sumpf

*Sir Kay, Sir Ironside, Sir Gawain, Sir Gareth das Kind, Sir
Agrawain, Sir Girflet, Sir Lamorak, König Artus und andere
Ritter durchstreifen den Wald in allen Richtungen auf der Suche nach Sir Lancelot. Königin Ginevra wird in einem schimmernd bunt bemalten, zierlichen Gehäuse durch den Wald
getragen.*
*Manche schlagen mit Holzstöcken auf ihre Schilde, manche
drehen Rasseln, andere stoßen unartikulierte Laute aus, Lock-
rufe; das Ganze erinnert an eine Treibjagd.*

RUFE Sir Lancelot! . . . Sir Lancelot! . . . Sir Lancelot! . . . Sir
  Lancelot! . . .
KÖNIG ARTUS *kommt zu Königin Ginevra:* Ich bin mutlos. Ich
  glaube, wir werden ihn auch hier nicht finden.
KÖNIGIN GINEVRA Warum sucht dort drüben niemand? *Zeigt
  in die Richtung.*
KÖNIG ARTUS Dort kann niemand hin, dort ist ein Sumpf.
KÖNIGIN GINEVRA Ach, König Artus, vielleicht wagt es doch
  jemand.

Lancelot will kein Mensch mehr sein

KÖNIG ARTUS Gareths Gesicht ist tränenüberströmt. – Ich denke und denke, aber ich komme nicht auf den Grund. Warum ist er verschwunden? – Es muß wegen Elaine gewesen sein, was meinst du?

KÖNIGIN GINEVRA Ja, es muß wegen Elaine gewesen sein.

KÖNIG ARTUS Es muß ein Geheimnis geben, das wir alle nicht begreifen.

KÖNIGIN GINEVRA *will ablenken:* Sieh dort!

KÖNIG ARTUS Seitdem Lancelot uns verlassen hat, ist der Glanz der Ritterrunde trübe geworden.

SIR GAWAIN *beugt sich über ein Erdloch voll welkem Laub:* Du da! Komm heraus! Steh auf! *Es rührt sich nichts.*

SIR GARETH DAS KIND *stochert in dem Laub:* Los, du!

SIR GAWAIN Steh auf, wenn du ein Mensch bist!

SIR GARETH DAS KIND Das sieht nicht aus wie wenn es ein Mensch wäre.

SIR GAWAIN Doch doch! Schlag mal drauf!

SIR GARETH DAS KIND *haut in den Laubhaufen. Man hört einen Klagelaut.*

SIR GAWAIN *stößt mit dem Fuß hinein:* Steh auf, Mensch, wenn du ein Mensch bist! Wir wollen etwas von dir wissen!

SIR GARETH DAS KIND Jetzt kommt er herausgekrochen. *Eine verwilderte Gestalt wird nun sichtbar, ein Mann ohne Kleider, dessen Körper mit einer blaugrauen Lehmkruste bedeckt ist. Sein Kopf steckt in einem Sack.*

DER WILDE *will wegkriechen. Sir Gareth stößt ihn mit Fußtritten zu Sir Gawain hin.*

SIR GAWAIN Kannst du sprechen? *Der Wilde versucht wieder wegzukriechen, wird von Sir Gareth mit Stockhieben zurückgetrieben.*

SIR GARETH DAS KIND Komm, los, zurück! Gib Antwort! Ein Ritter spricht mit dir!

DER WILDE *antwortet nicht.*

SIR GAWAIN Wir suchen einen Ritter hier im Wald. Hast du einen Ritter gesehen?

DER WILDE *antwortet nicht.*

SIR GAWAIN Er trägt eine schimmernde Rüstung, so wie wir!

DER WILDE *antwortet nicht.*

SIR GAWAIN *tritt ihn:* Antworte! Mensch oder was du bist! *Sir Lamorak und andere Ritter kommen dazu.*

SIR AGRAWAIN Was habt ihr denn da aufgestöbert?

SIR LAMORAK Er hat noch nicht einmal Kleider an.

SIR KAY Statt dessen hat er sich im Schlamm gewälzt wie eine Wildsau! *Die Ritter lachen.*

SIR LAMORAK Vielleicht hat er gar keinen Menschenkopf! Nehmt ihm doch mal den Sack ab.

SIR GARETH DAS KIND *versucht den Sack abzuziehen, der Wilde wehrt sich heftig.*

KÖNIG ARTUS *kommt dazu:* Wen habt ihr denn da?

SIR KAY Er soll uns sagen, ob er Sir Lancelot zu Gesicht bekommen hat. Gibt aber nichts von sich. Grunzt nur.

SIR GAWAIN Zieh den Sack runter, Gareth! *Sir Gareth zieht ihm mit einem Ruck den Sack vom Kopf. Das verwüstete, verwilderte Gesicht des irrsinnigen Lancelot mit dreckverklebtem Bart und Kopfhaar starrt die Ritter an.*

KÖNIG ARTUS *irritiert, ohne Sir Lancelot zu erkennen:* Wer bist du?

DER IRRSINNIGE LANCELOT Ich bin nicht Lancelot.

KÖNIG ARTUS Fürchte dich nicht! Wir suchen nach einem Ritter, der sich in diesem Wald verirrt haben muß. Wir fragen jeden Menschen, dem wir auf unserer Suche begegnen, ob er ihn gesehen hat. Hast du ihn gesehen oder hast du etwas über ihn gehört? Hast du vielleicht eine Spur gesehen oder seine Rüstung gefunden? Vielleicht hat er die Rüstung abgelegt! Vielleicht ist er verletzt und jemand hat ihn gefunden. Vielleicht haben ihn Waldarbeiter gefunden, und er liegt mit gebrochenen Beinen in der Hütte der Waldarbeiter. Hast du so etwas gehört? Wir suchen ihn schon seit vielen Wochen. Wenn du etwas weißt, sag es uns!

DER IRRSINNIGE LANCELOT *will weglaufen, wird festgehalten.*

SIR GIRFLET Er weiß nichts.

SIR IRONSIDE Er ist verstockt! *Er schlägt mit dem Prügel nach ihm.*

SIR KAY Laßt ihn laufen.

DER IRRSINNIGE LANCELOT Ich bin nicht Lancelot! *Einige Ritter lachen.*

SIR KAY Richtig, Sir! Lancelot bist du nicht!

SIR GIRFLET Lancelot? Woher weiß er denn von Lancelot? Merkwürdig! Was sprichst du da?

KÖNIG ARTUS Du weißt doch etwas! Du weißt doch etwas von Lancelot!

DER IRRSINNIGE LANCELOT Ich weiß nichts von Lancelot.

SIR GARETH DAS KIND *verwundert:* Wie der spricht . . .

SIR GAWAIN König Artus, die Stimme!

SIR GARETH DAS KIND Sprich noch mal! Sprich noch mal!

KÖNIG ARTUS Wie heißt du? Was bist du für ein Wesen?

DER IRRSINNIGE LANCELOT *gibt keine Antwort.*

SIR LAMORAK Er ist ein Tier ohne Verstand.

KÖNIG ARTUS Aber die Stimme!

SIR LAMORAK *zieht einen Taschenspiegel und wirft das Sonnenlicht auf des irrsinnigen Lancelot Kopf:* Die Sonne setze ich dir auf den Kopf, damit die Blüte deines Verstandes aufbricht.

DER IRRSINNIGE LANCELOT *will weglaufen, wird festgehalten.*

KÖNIG ARTUS *spricht vorsichtig:* Lancelot . . . Lancelot . . .

KÖNIGIN GINEVRA *ruft herüber:* Wen habt ihr da? *Sie wird auf ihrem Sitz herangetragen.*

KÖNIG ARTUS Wir wissen es nicht. Wir wissen nicht, wer das ist: ein halbwildes Tier oder ein Mensch, oder ein gewesener Mensch. Ein Köhler oder ein Holzknecht, oder ein Sammler von Beeren.

KÖNIGIN GINEVRA *sieht den irrsinnigen Lancelot an.*
Schweigen.

KÖNIGIN GINEVRA Er fürchtet sich vor euren Rüstungen. Laßt mich allein mit ihm reden und ihn fragen. *Sie steigt von ihrem Sitz herunter.*

KÖNIG ARTUS Ja, sprich mit ihm.

SIR IRONSIDE Aber ich kann ihn nicht loslassen! Wenn ich ihn loslasse, läuft er weg.

KÖNIGIN GINEVRA Stellt euch dort an den Waldrand und wartet, bis ich euch rufe. Er kann nicht fliehen, hinter ihm ist der Sumpf. Lassen Sie ihn los, Sir Ironside.

Sir Ironside läßt den irrsinnigen Lancelot zögernd los und zieht sich mit König Artus und mit den anderen Rittern an den Waldrand zurück. – Der irrsinnige Lancelot und Königin Ginevra stehen sich nun allein gegenüber. Sie beobachtet ihn lange schweigend. Der irrsinnige Lancelot sucht nach

dem Sack für seinen Kopf, er findet ihn nicht. Er fährt sich
über den Kopf, wie wenn er sich etwas über den Kopf zie-
hen würde, zweimal, dreimal, immer wieder.

KÖNIGIN GINEVRA Du willst dich verstecken? – Kennst du
mich nicht? Sieh mich doch an! – Ich kenne dich, ich sehe
dich an und ich sehe, daß du Lancelot bist. Ich weiß es.
Niemand hat dich erkannt, Sir Gawain, der dein Freund
ist, hat dich nicht erkannt, Sir Gareth, der zu dir aufsieht
wie zu einem Erzengel, hat dich nicht erkannt; König Artus, der dich liebt wie sein eigenes Leben und der bereit
wäre zu sterben, wenn er dein Leben damit retten könnte,
hat dich nicht erkannt; auch der neidische Blick von Sir
Agrawain hat nicht entdeckt, daß du Lancelot bist. Keiner
hat dich erkannt. Nur ich – ich weiß es.

Der irrsinnige Lancelot weicht zitternd vor Entsetzen und
Angst in den Sumpf zurück. Er sinkt ein, er bleibt im Sumpf
stecken.

DER IRRSINNIGE LANCELOT Ich bin nicht Lancelot!

KÖNIGIN GINEVRA Wer bist du, wenn du nicht Lancelot
bist?

DER IRRSINNIGE LANCELOT Niemand.

KÖNIGIN GINEVRA Aber du weißt alles über Lancelot! Sage
mir, was du über Lancelot weißt.

DER IRRSINNIGE LANCELOT Ich weiß nichts.

Schweigen.

KÖNIGIN GINEVRA *spricht die ganze Zeit leise, mit großer Ein-*
dringlichkeit, beschwörend: Er ist ein großer Ritter . . .
Lancelot du Lac . . . eines Tages erschien der junge Lancelot am Hof des Königs Artus . . . Die Dame vom See saß
in ihrem seidenen Zelt auf ihrem Schimmel, sie brachte ihn
zu König Artus. Seine Herkunft kann ich nicht nennen,
sagte sie, er hat bei mir gelebt, unter dem See . . . Lancelot
vom See . . . Lancelot vom See . . . Er wurde der Freund
des Königs. Er hat in der Schlacht bei Arestuel den goldenen Helm des Königs getragen, er war der einzige, der den
goldenen Helm tragen durfte. Die Königin war es, die ihm
den Helm aufgesetzt hat . . . Wenn er auf den Turnieren in
die Bahn ritt, ging ein Wort von Mund zu Mund: Sir Lancelot! Da ist Sir Lancelot! Seht Sir Lancelot! Es ist Sir
Lancelot! Sir Lancelot! . . . Er ist einmal auf der Schneide

eines Schwertes über den reißenden Fluß gegangen . . .
Douloureuse Garde, die von den furchtbaren bronzenen
Rittern bewachte Burg! Zwei Riesen am Portal! Und er
ritt hinein, ohne zu zögern. Da fielen die Köpfe der Riesen
herunter. Douloureuse Garde hat er in Joyeuse Garde verwandelt! Weißt du es?

DER IRRSINNIGE LANCELOT Ich bin nicht Lancelot!

KÖNIGIN GINEVRA Und einmal hat Sir Kay die schwarze Rüstung von Sir Lancelot angezogen und Sir Lancelot zog die
Rüstung von Sir Kay an. Da wagte niemand, mit Sir Kay
zu kämpfen, alle drangen auf Sir Lancelot ein, der die
Rüstung von Sir Kay trug, und er hat sie alle erschlagen! . . . Im schönen Maien ritt die Königin hinaus mit
vierzig Rittern und Sir Lancelot ritt an ihrer Seite. Die
Apfelbäume standen in Blüten. Das war ein schöner
Tag . . . – Viele tapfere Ritter hat König Artus in seiner
Runde! Und immer neue kommen an den Hof und voll-
bringen große Taten. Aber von jedem, der sich besonders
auszeichnet, sagt man: Er ist ein großer Held, aber so groß
wie Sir Lancelot ist er nicht! Sir Lancelot ist von allen der
Größte!

DER IRRSINNIGE LANCELOT *schreit:* Ich bin nicht Lancelot! Ich
bin nicht . . ., ich bin nicht . . .

KÖNIGIN GINEVRA Ich bin Ginevra. Du stehst dort im Sumpf,
du gleichst nicht mehr dem Ritter Lancelot, aber ich habe
dich trotzdem erkannt! Ich habe mich nicht verändert,
aber du willst mich nicht erkennen! Ich bin Ginevra!
Schweigen. Ich sehe dich an. *Sie legt ihre Hände auf die
Augen.* Dies sind meine Augen, mit denen ich dich ansehe.

DER IRRSINNIGE LANCELOT *wirft Schlammbrocken nach Königin Ginevra.*

KÖNIGIN GINEVRA *redet unbeirrt weiter:* Dies ist mein Mund,
der immerzu deinen Namen nennt, bei Tag und bei
Nacht.

DER IRRSINNIGE LANCELOT *wirft Schlammbrocken nach Königin Ginevra.*

KÖNIGIN GINEVRA *redet unbeirrt weiter:* Meine Hand, die du
gehalten hast, als wir am Morgen über die Wiese am Fluß
von Camelot gegangen sind.

DER IRRSINNIGE LANCELOT *wirft Schlammbrocken nach Königin Ginevra.*

KÖNIGIN GINEVRA *redet unbeirrt weiter:* Du hast mein Haar geküßt, du hast meinen Leib umarmt. Komm, Lancelot! Komm heraus aus dem Sumpf, in den du geflüchtet bist. Willst du kein Mensch mehr sein? Ich bleibe hier stehen und warte auf dich, bis du herauskommst. Ich warte so lange, bis meine Kräfte mich verlassen.

DER IRRSINNIGE LANCELOT *wirft immer wütender mit Schlammbrocken, so lange, bis Königin Ginevra schließlich vollkommen mit schwarzem Schlamm bedeckt ist.*

KÖNIGIN GINEVRA *bleibt stehen:* Lancelot!

DER IRRSINNIGE LANCELOT *flieht in den Sumpf. Die Ritter kommen zurück. Königin Ginevra fällt plötzlich hin. Sie wird von den Rittern aufgehoben. Frauen kommen mit Tüchern und Kleidungsstücken gerannt.*

KÖNIG ARTUS *wischt Königin Ginevra den Schlamm aus dem Gesicht und hilft sie auszukleiden.*

SIR KAY Ich haue den Kerl in Stücke! Ich bringe ihn um. *Er verfolgt mit anderen den flüchtigen Sir Lancelot in den Sumpf hinein.*

KÖNIGIN GINEVRA Er weiß nicht von Sir Lancelot, König Artus. Laßt ihn laufen. Er hat den Verstand verloren. *Die Frauen waschen und trocknen ihr Haar, kleiden sie an.*

39

Quelle im Wald.
Das Fräulein von Astolat und ihre Freundinnen finden den erschöpften Sir Lancelot bei der Quelle schlafend. Sie betrachten ihn neugierig. Sie waschen ihn, pflegen ihn mit immer größerem Wohlgefallen. Dann tragen sie den immer noch Ohnmächtigen weg, betten ihn und halten bei ihm Wache.

Tafelrunde. Viele Ritter. Sir Girflet liest einen wissenschaftlichen Artikel vor, aber niemand hört ihm zu. Sir Beauface und Sir Persant, zwei sehr junge Ritter, albern herum, tanzen. Andere Ritter unterhalten sich.

SIR ORILUS Hört mal auf mit eurem Geschmuse, ihr beiden Schwulen!

SIR BEAUFACE *hört auf zu tanzen, künstlich erstaunt:* Wie, Onkel?

SIR ORILUS Hast du nicht verstanden? Aufhören sollt ihr!

SIR BEAUFACE *zu Sir Persant:* Hast du ihn verstanden? Ich verstehe den nicht! *Zu Sir Orilus:* Wir geben uns große Mühe, Onkel, aber wir verstehen dich nicht! Ich glaube, du hast die Zähne nicht drin!

SIR ORILUS Paß auf! Sonst haue ich dir in deine Zuckervisage!

SIR GIRFLET *hält Sir Orilus zurück:* Lassen Sie doch! Lassen Sie doch! Es sind doch junge Leute!

SIR LAMORAK Ich wundere mich, daß es erlaubt ist, so über Helden zu spotten, die in vielen Schlachten gekämpft haben.

SIR BEAUFACE *macht ihn übertrieben nach:* Sie verstehen wir sehr gut! Sie haben eine sehr deutliche Aussprache!

SIR PERSANT Nur mein Gesicht ist etwas feucht geworden. *Wischt sich das Gesicht:* Gekämpffft! *Er prustet und spuckt.*

SIR DODINAS Frechheit!

SIR BEAUFACE Wieso denn, wieso denn? Wir verehren doch die alten Herren – die alten Helden! *Er singt:*
In der Schlacht von Badon
in der großen Schlacht
da hat man Sir Orilus
um seine schönen Zähne gebracht.

SIR KAY Mach keine blöden Witze! In der Schlacht von Badon sind tausend Ritter gestorben – tausend gute Ritter. Da war jeder einzelne zehnmal soviel wert wie dein kleiner Finger.

SIR GIRFLET Sie wollen wohl sagen, daß jeder Finger der Gefallenen mehr wert war als die beiden jungen Leute zusammen.

SIR KAY *wütend:* Ja! Wollte ich sagen! Und sage es auch!

SIR BEAUFACE Ein kleiner Finger? *Zu Sir Persant:* Sag doch mal, was ist dir mein kleiner Finger wert?

SIR ECTOR VON MARIS Und ich habe da meinen Arm eingebüßt! Aber wir haben gesiegt gegen die Wilden!

SIR KAY Da kannst du dich mal vor verneigen, Junge! Das war zu einer Zeit, da habt ihr beiden noch in die Windeln geschissen!

SIR BEAUFACE *verbeugt sich:* Lauter Helden . . . lauter Helden! *Trällert:*
Sir Gawain und Sir Lancelot
und Artus the Nobel King
das sind so alte Geschichten
da wollen wir gern drauf verzichten
da hören wir gar nicht mehr hin.

SIR PERSANT *fällt ein:*
Sir Lamorak König Artus
Gawain der Super-Held
die stehen uns ziemlich im Wege
die hätten wir gern zur Pflege
ins Museum gestellt.

SIR DODINAS *hat den Text nicht verstanden:* Du willst wohl Sänger werden?

SIR BEAUFACE *ironisch:* Nee, Sänger will ich nicht werden, pfui! Ich will doch kämpfen und sterben!

SIR DODINAS Gut, gut, das ist ehrenvoll!

SIR GIRFLET Warum denn sterben, ihr seid doch schön und jung, ihr beiden!

SIR BEAUFACE Weil ich nicht so ein alter Uhu werden will wie du!

SIR GIRFLET Ich bin nicht alt. Das macht nur Ihre Jugend, daß ich Ihnen alt erscheine.

König Artus und Merlin kommen herein. Verlegenes Schweigen.

KÖNIG ARTUS Ich habe euch eben singen hören, Sir Beauface und Sir Persant! Singt weiter! Ich höre euch gerne zu.

SIR BEAUFACE UND SIR PERSANT *zögern.*

Hab ich mein Leben geträumet?

SIR MORDRED *höhnisch:* Singt nur! König Artus hört euch gerne zu!

KÖNIG ARTUS Ihr habt wohl ein Spottlied über mich gesungen?

SIR BEAUFACE Nein, nein.

SIR MORDRED *höhnisch:* Ach, es war nur ein Lied über alte Helden.

KÖNIG ARTUS *etwas irritiert:* Auch ihr werdet älter werden, ihr könnt es euch nur noch nicht vorstellen.

SIR PERSANT Ich w i l l nicht alt werden!

KÖNIG ARTUS Wie alt bist du denn?

SIR PERSANT Sechzehn.

SIR BEAUFACE Siebzehn.

KÖNIG ARTUS *zu Merlin:* Siebzehn und sechzehn! – Werden Ideen auch alt, Merlin? Altern und sterben sie dahin wie die Menschen? Erstarren sie wie unsere erstarrenden Arterien, zerbröckeln sie, zerfallen sie in Staub wie unsere Gehirne, erlöschen sie eines Tages wie der Jugendglanz in unseren Augen? – Die Ideen, die Platon gedacht hat, . . . die Idee der Erlösung, die Christus uns geschenkt hat, . . . die Idee von der Auserwähltheit des Königs, . . . die Idee der Brüderlichkeit, . . . – altern die Ideen auch? Und unser Reich, Merlin? Wird es tausend Jahre dauern oder wird es mit uns dahingehen?

SIR GIRFLET Ich bemerke, daß es viel überflüssigen Streit in der letzten Zeit gibt. Es scheint mir, daß einige, besonders einige junge Leute, ratlos und unzufrieden sind.

KÖNIG ARTUS *zerstreut:* Was fehlt euch denn?

SIR IRONSIDE Wie war es denn früher? Wenn ich daran denke! Lieber Gott, wenn ich daran denke! Manchmal denke ich daran, dann reiße ich die Augen auf und frage mich: War es denn wirklich so? Ja, so ist es gewesen: Mord und Totschlag ist es gewesen! Und jetzt: alle an einem Tisch. Ein runder, schöner Tisch! Ist es nicht ein schöner, runder Tisch! Keine Ecken, keine schlechten Plätze! Sitzt du da drüben etwa besser als ich, Sir Kay? Und du, Sir Bedivere, und du! *Zeigt auf jeden, den er anspricht:* Und du, und du! Früher hätten wir uns gegenseitig umgebracht. So war es früher! Und jetzt blickt ein Auge in das andere Auge. Das ist eine höhere Stufe der Menschheit.

SIR GIRFLET Auf dem leeren Stuhl, auf dem Stuhl des Erwählten, wird auch eines Tages ein Ritter sitzen und leuchten!

SIR IRONSIDE Mit der Tafelrunde haben wir einen Anfang gemacht.

JUNGER RITTER Lange her, schon lange her.

SIR LAMORAK Wir haben in Christus eine neue Gesellschaft der Brüderlichkeit gegründet.

SIR AGRAWAIN *höhnisch:* Neue Gesellschaft! Auf meinen Schultern sitzt mein Vater und darauf mein Großvater, und auf dem Großvater sitzt der Vater meines Großvaters. Ich trage einen Turm. Wenn meine Hand das Schwert gegen Sir Lamorak erhebt, dann ist es, weil meine Väter das Schwert gegen ihn erheben.

SIR LAMORAK Was Sie da sagen, was Sie da sagen! Ein Turm von Vätern!

SIR KAY Dann sag doch gleich, du willst den Tisch zu Brennholz machen und die Blutrache wieder einführen. Jeder gegen jeden! Und der Stärkste siegt. Da würdest du dich aber wundern, dann bist du nämlich der erste, der von mir eine in die Fresse kriegt, das würde mein Herz fröhlich machen, kann ich dir sagen.

SIR AGRAWAIN *spöttisch:* Excalibor, Excalibor, wer zog es denn aus dem Stein hervor?

SIR KAY Schon gut!

SIR GIRFLET *zu seinem Nachbarn:* Da habe ich auf einen Zettel notiert: »Das Abenteuer der Seele, das wahre Abenteuer . . .« Das habe ich mir aufgeschrieben, um darüber nachzudenken.

SIR ORILUS So!

SIR MORDRED Ein neuer Anfang, eine neue Gesellschaft! Das ist ein schöner Gedanke! Aber die Geschichte! Die Taten meines Vaters! Wie werde ich fertig mit den Taten meines Vaters?

SIR KAY Es sind alles Heldentaten, Sir Mordred.

SIR MORDRED Wie werde ich fertig mit den H e l d e n taten meines Vaters?

SIR LAMORAK Taten der Liebe, Taten der Gerechtigkeit!

MERLIN Kay, gib mir eine von den Schüsseln auf dem Tisch.

SIR KAY Da soll man sich drin die Hände waschen, das habe ich neu eingeführt. *Sir Kay gibt Merlin eine leere Schale.*

MERLIN Bring mir Wasser! *Zu Sir Persant:* Willst du dein Alter sehen? *Er gießt Wasser aus dem Krug in die Schüssel.*

SIR PERSANT Da werde ich nichts sehen.

MERLIN Tauche dein Gesicht in das Wasser, dann wirst du sehen.

SIR PERSANT *lacht.*

MERLIN Du fürchtest dich.

SIR BEAUFACE Ich fürchte mich nicht, ich mache es.

SIR PERSANT Ich fürchte mich auch nicht! Ich will nur nicht! Ich habe keine Lust, was werde ich denn da schon sehen!

SIR BEAUFACE Ich mache es! Ich stecke mal den Kopf ins Wasser!

SIR PERSANT Was soll ich denn da schon sehen! Was sehe ich denn da schon!

SIR AGRAWAIN Tu es nicht, Sir Beauface!

SIR BEAUFACE *hat dieSchüssel in der Hand, sieht sich zögernd um, lacht:* Soll ich jetzt oder soll ich nicht?

SIR PERSANT Ich mache es jedenfalls nicht!

SIR IRONSIDE Mach es! Und merk dir alles, was du siehst, und gib uns dann einen Bericht darüber.

SIR BEAUFACE Und wenn ich gar nichts sehe?

SIR KAY Dann hast du dir mal das Gesicht gewaschen. *Gelächter und Geschrei.*

JUNGER RITTER Einen zahnlosen Affen wirst du sehen! *Gelächter.*

SIR BEAUFACE *macht eine Grimasse:* So, meinst du? *Geschrei.*

STIMMEN Ja, so! Genau so!

JUNGER RITTER Das stimmt genau! Da brauchst du gar nicht mehr reinzuschauen!

SIR AGRAWAIN Und eine Riesenglatze wie Sir Lamorak!

SIR BEAUFACE Eine Glatze kriege ich nie! Niemand in der Verwandtschaft hat eine Glatze!

SIR ORILUS Los! Mach zu! Laß uns nicht unnötig warten!

SIR BEAUFACE *zögert noch immer.*

MERLIN Du willst nicht? Kay, gieße das Wasser aus!

RUFE Los! Stell dich doch nicht so an! Das ist doch ein Spaß! – Los! – Das ist doch ein Spaß! – Los, steck den Kopf rein! Mach schon! – Kopf rein, Augen auf! – Los! Los!

SIR BEAUFACE *plötzlich entschlossen:* Ich mache es! *Er beugt sich vor und senkt sein Gesicht in die Schüssel.*

RUFE Bravo! – Drinbleiben! Drinbleiben! – Augen auf! – Eins . . . zwei . . . drei . . . vier . . . fünf . . . Mensch, du ertrinkst ja! – Sechs . . . sieben . . . acht . . . Beauface! Komm raus! Wir wollen doch keine Wasserleiche! . . . Neun . . . zehn . . . elf . . .!
Sir Beauface hebt langsam den Kopf aus der Schüssel.

SIR ORILUS Na, wie war es denn?

SIR IRONSIDE Erzähl doch mal! Dreh dich um!
Sir Beauface wendet sich um, und plötzlich hört das fröhliche Geschrei und Gelächter auf: Sir Beauface ist ein weißhaariger, zahnloser, gebrechlicher, sehr alter Mann geworden.
Lange Stille.

SIR BEAUFACE *macht eine kleine, aufmunternde Handbewegung zu der erstarrten Versammlung, macht sie zweimal, macht sie dreimal, weil niemand sich rührt. Mit einer meckrigen Greisenstimme sagt er aufmunternd:* Hoppla!
Noch immer bewegt sich niemand.

SIR BEAUFACE *macht wieder die aufmunternde Handbewegung:* Was glotzt ihr denn da wie die alten Ölgötzen? . . . Ich kenne euch! Ich kenne euch alle genau! Zu Sir Lamorak: Du warst Sir Lamorak!

SIR LAMORAK Das bin ich doch noch, Sir Beauface.

SIR BEAUFACE *winkt ab. Er zeigt mit dem Finger auf einen anderen Ritter, winkt wieder ab. Jemand lacht auf. Andere fangen auch an zu lachen. Schließlich lachen alle. Sir Beauface erschrickt, will weglaufen, fällt aber hin, weil sein Körper jetzt alt und gebrechlich ist.*

SIR BEAUFACE *ist es peinlich, daß er hingefallen ist, er kichert:* Früher . . . bin ich über die Hecke gesprungen!

SIR AGRAWAIN Vor fünf Minuten hättest du noch springen können!

SIR BEAUFACE Ja . . . das ist lange her.

SIR AGRAWAIN Fünf Minuten! Da kann man doch nicht sagen: es ist lange her.

Hab ich mein Leben geträumet?

SIR BEAUFACE Nein, nein.

SIR AGRAWAIN Ist es nun lange her oder nicht?

SIR BEAUFACE Sir Agrawain, ich kenne dich!

SIR AGRAWAIN Was? Du kennst mich? Du hast aber ein gutes Gedächtnis!

SIR BEAUFACE Ja, ja. – Ein alter Lügner bist du! – Ich hätte gar nicht zurückkommen sollen! Ich hätte dort bleiben sollen!

SIR ORILUS Bleiben? Wo denn?

SIR BEAUFACE Lange her, lange her. Jetzt ist es zu spät. *Haut sich auf die Beine.*

SIR IRONSIDE Wenigstens hast du keine Glatze, Sir Beauface!

SIR AGRAWAIN Du hast wohl was geträumt?

SIR DODINAS Wo warst du denn, Sir Beauface?

SIR BEAUFACE Wo ich war! Wo ich war! Ganz genau weißt du es!

SIR ORILUS Hier am Tisch warst du, wie wir!

SIR BEAUFACE Lügner!

SIR IRONSIDE Ist das ein Tisch oder ist das kein Tisch?

SIR BEAUFACE *listig:* Ja, das ist ein Tisch! – In der Wüste war ich, du Dummkopf!

SIR ORILUS In der Wüste?

SIR BEAUFACE Ja, in der heißen Wüste. Da trocknen einem die Augen aus.

SIR AGRAWAIN Ach, auf Abenteuer warst du ausgezogen!

SIR BEAUFACE Ich hätte nicht zurückkommen sollen.

SIR LAMORAK Da hast du sicher eine schöne Frau geliebt.

SIR BEAUFACE Ja! *Er haut auf den Tisch.*

SIR AGRAWAIN Wie sah sie denn aus? Was war denn das für eine Frau?

SIR BEAUFACE Eine schöne Frau! *Haut auf den Tisch.* Schwarz!

SIR AGRAWAIN Schwarz? Wie Ruß?

SIR BEAUFACE Eine Prinzessin! *Er haut wieder auf den Tisch.*

SIR AGRAWAIN Dann war es sicher die dickste Prinzessin aus dem Puff von Algier!

SIR BEAUFACE *singt mit seiner hohen Greisenstimme:*
Ich sagte: am frühen Morgen verlasse ich dich

Sie sagte: mein ganzes Leben wart' ich auf dich
Ich sagte: das halbe Leben wär' auch genug
die andere Hälfte, das ist Betrug
Sie sagte ... *Bricht ab:* Ich weiß nicht, was sie darauf geantwortet hat ... habe es vergessen.

SIR PERSANT Beauface!

SIR BEAUFACE Ja, laß nur ... Sie sagte ... sie will einen langen Teppich sticken. – Alles was ich mit dir erlebt habe, will ich hineinsticken. Und wenn ich alles hineingestickt habe, dann werde ich ... Ich sagte ... *Er singt:*
Ich sagte: stick nur unsere Geschichte hinein
dann wird's dir 'ne schöne Decke sein
Sie sagte: und wenn ich getan den letzten Stich
dann breche ich auf, dann suche ich dich
Dann suche ich dich bis übers Meer
und nehme mit meine Decke schwer
und wo wir geträumt unsern schönen Traum
da grabe ich aus den Granatapfelbaum
und ich nehme auch mit auf die Reise weit
meinen toten Vater im weißen Kleid
Und nehme auch mit den Wüstensand
und zieh' hinter mir her deines Feindes Hand
Und auch mein Bruder ist mit dabei
und mit uns zieht auch des Vogels Schrei.
Bricht ab: Hat sie gesagt, hat sie gesagt, ja! *Er schlägt auf den Tisch.*

SIR AGRAWAIN Aha! Du hast sie sitzenlassen!

SIR KAY Hast den schwarzen Braten in der Hitze verschmoren lassen!

SIR BEAUFACE *will auf ihn losgehen, droht:* Du Hund! Du Hund! *Er bleibt aber doch sitzen; traurig:* Ich habe nicht mehr hingefunden.

KÖNIG ARTUS *beschwörend:* Siehst du das Glas hier?

SIR BEAUFACE *in Gedanken:* Ein Vogel über ihrem Kopf ...

KÖNIG ARTUS Kannst du dich an das Glas erinnern?

SIR BEAUFACE Die Flügel ausgebreitet ...

KÖNIG ARTUS Sir Beauface, das Glas! Aus diesem Glas hast du eben noch getrunken, es ist noch halb voll, sieh doch!

Hab ich mein Leben geträumet?

SIR BEAUFACE Ja, König Artus, ich kenne dich!

KÖNIG ARTUS Wir haben hier gesessen und haben getrunken, es ist seitdem fast keine Zeit vergangen, sieh mich doch an! Sieh die andern an!

SIR BEAUFACE Ja, früher, vielleicht . . .

KÖNIG ARTUS Nein, jetzt! Mit Sir Persant hast du eben noch getanzt, als ich hereinkam. *Er winkt Sir Persant heran.* Mit deinem Freund, Sir Persant!

SIR BEAUFACE *zu Sir Persant, lacht:* So jemand wie dich habe ich früher schon mal gekannt, der hieß . . .

KÖNIG ARTUS Sir Persant!

SIR PERSANT *zu Beauface:* Komm, tanze mit mir! Komm! Komm! *Sir Persant zieht Sir Beauface vom Stuhl hoch, fängt an, mit ihm Tanzschritte zu machen. Sir Beauface macht sie mit steifen Greisenbeinen mit.*

KÖNIG ARTUS *geht um die beiden herum:* Erinnerst du dich? Warum bist du so steif? Ist dein Körper so alt? Sind auch deine Gedanken alt, hast du die Gedanken eines alten Mannes?

SIR BEAUFACE *stolpert, fällt hin.*

SIR PERSANT *hebt ihn auf:* Ich bin Sir Persant. Persant, dein Freund.

SIR BEAUFACE *wieder auf den Beinen:* Ja ja, du bist Persant! *Er schlägt ihm ins Gesicht:* Du bist ein unverschämter grüner Junge! Das bist du!

SIR LAMORAK Da hat er recht! Da hat er recht! *Klatscht in die Hände.*

KÖNIG ARTUS Wann bist du alt geworden? Wo kommen deine Erinnerungen her? H i e r hast du gelebt!

SIR PERSANT *hat die Schüssel voll Wasser geholt, in die Sir Beauface vorhin sein Gesicht getaucht hat, hält sie ihm hin, will die so beängstigende und schreckliche Verwandlung rückgängig machen.* Hier, tauche dein Gesicht ein! Wasch dir dieses Gesicht wieder ab! Hier! Wasch es ab! Wasch es ab! *Weil Sir Beauface nicht reagiert, drängt er ihm die Schüssel auf. Sir Beauface wird wütend, schlägt ihm die Schüssel aus der Hand, verschüttet das Wasser.*

SIR BEAUFACE *wütend:* Ihr kennt mein Elend nicht!

SIR PERSANT Ich bin doch dein Freund! Eben noch . . . *Zu den anderen:* Er kennt mich nicht mehr.

SIR BEAUFACE *hört nicht zu, murmelt klagend vor sich hin.*

KÖNIG ARTUS Mit u n s hast du gelebt! Hier hast du gelebt! Dein Vater hat dich aus Wales hierher geschickt, damit du ein Ritter der Tafelrunde wirst. Du warst fünfzehn Jahre alt. Seitdem bist du immer bei uns gewesen, wenn wir gekämpft haben, und wenn wir an diesem Tisch versammelt waren. Zwei Jahre lang! Dies sind deine Freunde, und jeder von ihnen kann es bezeugen! Sir Brandiles, Sir Gawain, Sir Dodinas le Savage, Sir Agrawain, Sir Mordred, Sir Gaheris, Sir Lamorak, Sir Ozanna le Cure Hardy, Sir Kay, der Seneschall, Sir Ladinas vom wilden Wald, Sir Ironside von den roten Ebenen, Sir Lionel, Sir Bohort, Sir Ector von Maris, Sir Bleoberis, Sir Galihud, Sir Galihadin, Sir Palamides, Sir Bors von Gannis, Lancelots Freund, Sir Aliduke, Sir Astamor, Sir Pinel le Savage, Sir Bedivere, Sir Cador, Sir Girflet, Sir Orilus, Sir Safere, Sir La Cote Mal Taille, Sir Nador la Perte . . .

SIR KAY *ist nah an Sir Beauface herangetreten und sieht ihm ins Gesicht:* Sir Beauface ist tot! *Großes Erschrecken unter den Rittern.*

KÖNIG ARTUS Sir Beauface ist tot? – *Ruft:* Merlin! Merlin! Sir Beauface ist tot!

SIR AGRAWAIN Wo ist die Schüssel? Zeig die Schüssel her!

SIR LAMORAK *nimmt sie:* Hier ist sie.

SIR KAY Wo ist Merlin?

SIR GIRFLET Merlin soll ihm das junge Leben wiedergeben. *Sie haben den toten Sir Beauface auf den Boden niedergelegt.*

SIR PERSANT *kniet neben Sir Beauface und ruft, wie wenn er einen Schlafenden wecken wollte:* Sir Beauface, wach auf! Mein Freund! Sir Beauface, mein Freund, wach auf! Sir Beauface, mein Freund! Mein Freund! Du bist jung, du warst nicht alt! Du bist jung, du bist jung! Du bist jung!

SIR MORDRED Merlin hat ihn umgebracht!

SIR LAMORAK Nein, so ist es nicht. Er ist an seinem Alter gestorben.

SIR AGRAWAIN *läuft die Galerie hinauf:* Wo ist Merlin?

SIR PERSANT *ruft weinend:* Hätte er den Kopf nur nicht in die Schale gesteckt!

SIR KAY Zerschlagt die Schüssel!

Hab ich mein Leben geträumet?

SIR LAMORAK Es ist eine ganz normale Schüssel wie alle anderen Schüsseln auf dem Tisch.

SIR ORILUS Dann schlagt sie alle kaputt! *In großer Furcht schlagen einige Ritter auf die Schüsseln ein, zerschmettern sie auf dem Boden, treten auf den Scherben herum, werfen die Schüsseln gegen die Wände.*

Gleichzeitig oben auf der Galerie:
Königin Ginevra kommt eilig zum Türmer.

KÖNIGIN GINEVRA Wer ist heute angekommen?

TÜRMER Ein Gesandter aus Rom, ein französischer Waffenschmied, ein Schotte, der um Hilfe bittet, Fremde in großen Tüchern, sie fragen nach Sir Beauface ...

KÖNIGIN GINEVRA *schlägt ihn:* Ich will nichts hören, außer von einem! *Sie läuft weg.*

Stille.
Die Ritter sind von Angst erfaßt. Manche setzen sich an die Tafel, andere laufen in stummer Verwirrung herum. Manche sehen sich forschend in die Gesichter, tasten angstvoll zitternd ihre Gesichtszüge ab – haben sie sich verändert? Kennen sie einander noch? Einige knien nieder und beten.

KÖNIG ARTUS *nach einiger Zeit:* Wer hat denn die Türen geöffnet? Ein kalter Wind weht durch die Türen.

SIR LAMORAK Ja, es ist kalt. Ich zittere. *Niemand antwortet.*

Ein hoher, sirrender, rätselhafter Ton ist in der Luft. Das Licht verwandelt sich, wird fahl. Ein Zug fremdartiger, sehr großer Gestalten kommt langsam herein: ein riesiger Neger trägt eine alte Frau, sie sitzt auf einem Gestell mit hoher Lehne auf seinem Kopf, die Füße auf seinen Schultern, mit dem Gesicht nach hinten. Als Kopfschmuck trägt sie einen goldenen Vogel mit ausgebreiteten Schwingen. – Dann ein kostbar gekleideter Greis, der Bruder der Frau. – Vier Diener tragen auf einem Gestell schräg aufgerichtet den Leichnam des toten Vaters in weißen Laken. – Ein gebrechlicher Alter mit einer eisernen Maske vor dem Gesicht schleppt einen abgeschlagenen riesigen Menschenarm, der ganz verdorrt ist. – Ein Mann mit weiten wehenden Ärmeln. – Ein nackter Mann, dessen Haut von Wunden und Schorf gefleckt ist wie die leidende Haut der Erde. Mückenschwärme. Er trägt ein großes Bündel auf dem Kopf. – Ein verdorrter Baum mit braunen Blättern. – Dieser Zug kommt langsam und lautlos herein. Man hört kein Geräusch von Schritten, es wirkt, wie wenn sie alle durch tiefen Sand gingen und gegen einen starken Wind angehen müßten. Sie steigen auf die Tischfläche hinauf. Das Stoffbündel wird auseinandergefaltet: es ist ein großes seidenes Tuch, mit Figuren bestickt. Der Mann mit den weiten Ärmeln hebt die Arme, und aus seinen Ärmeln rinnt Sand heraus, unendlich viel Sand, die ganze Zeit, solange die Fremden da sind. Allmählich verwandelt sich die runde Tafel in eine Sandwüste.

KÖNIG ARTUS *ruft:* Merlin!
MERLIN *erscheint oben auf der Galerie, gibt keine Antwort.*
KÖNIG ARTUS Wer ist das?
Langes Schweigen.
Die Ritter sind von dem Tisch zurückgewichen, erst allmählich wagen sich einige heran, um die Fremden aus der Nähe zu betrachten. Sir Orilus geht langsam, mit vorsichtigen Schritten um den ganzen Tisch herum. Sir Girflet hat seine Brille aufgesetzt und beugt sich vor, um das gestickte Tuch zu betrachten.
SIR GIRFLET *flüstert:* Das gestickte Tuch!
SIR ORILUS *hat sich von der Seite an die Gruppe herangemacht, um die Frau auf dem Kopf des Negers zu betrachten, zeigt auf die Frau, flüstert:* Die Frau! – Der Bruder!
SIR IRONSIDE *streckt den Arm aus, deutet auf den Kopf der Frau, flüstert:* Da ist der Vogel auf dem Kopf!
SIR AGRAWAIN *flüstert:* Der tote Vater!
ANDERER RITTER Sie haben ihn ausgegraben!
SIR DODINAS *faßt in den Sand, flüstert:* Der Sand! Die Wüste ist mitgekommen!
SIR LIONEL *flüstert:* Die Hand! Die Hand seines Feindes!
SIR BRANDILES *flüstert:* Der Baum! Das ist der Baum!
KÖNIG ARTUS *zu den Fremden:* Ihr sucht Sir Beauface?
SIR PERSANT *weint:* Sir Beauface ist tot! *Es wird dunkel.*

Hab ich mein Leben geträumet?

Als es wieder hell wird, sind die Ritter und die Fremden verschwunden. König Artus liegt mit dem Gesicht im Sand.

SÄNGER
Vergangen vergangen
sind alle meine Jahr
Hab' ich mein Leben geträumet
oder ist es wahr?

41

Astolat.
Sir Lancelot. Sir Bernhard, der junge Lavaine.

SIR BERNHARD *zu Sir Lancelot:* Sie wollen Astolat verlassen?
SIR LANCELOT Ja.
SIR LAVAINE Ja, er wird an den Hof gehen und mich mitnehmen.
SIR BERNHARD So nehmen Sie meinen Sohn mit?
SIR LANCELOT Ja.
SIR BERNHARD Meine Tochter hat gehört, daß Sie uns verlassen wollen. Vor Kummer darüber ist sie in Raserei verfallen, seit gestern weint und schreit sie Tag und Nacht. Wir mußten sie an einem Stuhl festbinden, weil wir fürchten, sie wird sich den Kopf auf den Steinen zerschlagen.
SIR LANCELOT *kühl:* Das tut mir sehr leid.
SIR BERNHARD Ich bitte Sie, Sir Lancelot, haben Sie Mitleid mit dem armen Kind.
SIR LANCELOT Ich habe großes Mitleid mit dem Fräulein. Sie ist so schön und liebenswürdig. Ich bin ihr dankbar, daß sie mich gepflegt und gehütet hat, als ich im Wahnsinn war. Ohne sie wäre ich im Wald gestorben.

Während Sir Lancelot und der alte Sir Bernhard noch miteinander sprachen, sprang die Tür auf und das Fräulein von Astolat kam herein. Sie hatte die Schnüre zerbissen, mit denen man sie festgebunden hatte, und das Tuch, das man ihr in den Mund gestopft hatte, hatte sie ausgespuckt.

Lancelot verläßt das Fräulein von Astolat

– Sir Lancelot, sagte sie mit süßer Stimme, die noch von
Tränen zitterte, Sie dürfen nicht fortgehen, ich liebe Sie so
sehr. Ich möchte, daß Sie mich heiraten oder daß Sie mein
Geliebter werden.

SIR LANCELOT Ich kann nicht hierbleiben. Ich muß zurück an
den Hof von König Artus, liebes Fräulein.
   Das Fräulein von Astola antwortete: Ach,. wenn Sie fort
müssen, dann möchte ich, daß Sie vorher mein Geliebter
werden, und wenn es nur für eine Nacht ist.
SIR LANCELOT Mein liebes, schönes Fräulein, ich liebe Sie
nicht.
   Darüber brach ihr Vater in Tränen aus und klagte.
   Der junge Sir Lavaine, der dabeistand und sich dicht ne-
ben Sir Lancelot gestellt hatte, sagte:
   Klage doch nicht so, Vater! Sir Lancelot muß zu König
Artus und wird mich mitnehmen. Ich will ein Ritter der
Tafelrunde werden, er hat es mir versprochen!
SIR BERNHARD Ach, guter Sir Lancelot, was muß ich für einen
schrecklichen Tag erleiden! Meinen Sohn verliere ich und
meine Tochter wird vor Kummer sterben.

Fräulein von Astolat sprang schreiend auf ihren Bruder los
und zerkratzte ihm das Gesicht. Sie riß sich die Kleider vom
Leib, weinte und schrie Sir Lancelots Namen, zeigte ihre
Brüste und Schenkel und bot sich ihm an und geriet ganz
außer sich vor Schmerz. Schließlich warf der Vater seinen
Mantel über sie. Da hörte sie auf zu schreien und fiel auf den
Boden hin und lag starr da, ohne noch ein einziges Wort zu
sagen.
Sir Lancelot beugte sich über sie, um sie zum Abschied zu
küssen. Aber Sir Lavaine in seiner Ungeduld zerrte ihn am
Arm und führte ihn aus dem Zimmer, und so ritten sie
weg.

42
Das Hündchen

Sir Mordred und seine Halbbrüder Sir Gaheris, Sir Agrawain, Sir Gareth das Kind.

Der junge, albinoweiße Sir Galahad kommt mit seinem wei-
ßen Pudel, will, ohne sie zu beachten, vorbeigehen.

SIR MORDRED Lieber Sir, wer ist denn Ihr Vater?

SIR GALAHAD Mein Vater interessiert mich nicht. Ich bin
ohne Vorbild aufgewachsen. Ich brauche kein Vorbild.

SIR AGRAWAIN »Lancelot, Lancelot!«

SIR MORDRED Wie heißt Ihr Hund, lieber Sir?

SIR GALAHAD Hund.

SIR GARETH DAS KIND Hund, und sonst nichts?

SIR GALAHAD Das ist eine dumme Frage.

SIR AGRAWAIN Sie halten uns für dumm, lieber Sir?

SIR GALAHAD Sie sind keineswegs dumm, Sie stellen sich nur
dumm.

SIR MORDRED Dann sind wir wohl nicht ehrlich?

SIR GALAHAD Sie sind ehrlich, denn die Verstellung liegt in
Ihrer Natur.

SIR GARETH DAS KIND Hund! – Hund! – Hund! – Hund! – *Er
lockt den Hund.* Komm, Hund!

SIR MORDRED Sir Lancelot hat Ihre arme Mutter einfach sitzenlassen, als Sie, lieber Sir Galahad, in der Welt erschienen sind.

SIR GALAHAD Das interessiert mich nicht. Das ist Sache meiner Mutter.

SIR MORDRED Hinkt sie, schielt sie, hat sie einen Kropf?
Riecht sie schlecht?

SIR GALAHAD Was dem einen gefällt, gefällt dem anderen
nicht.

SIR MORDRED Uns gefällt nicht, daß Sie so weiß sind wie Papier. Ihr weißes Haar und Ihre Wasseraugen.

SIR GALAHAD Das macht nichts. Es ist nicht mein Ziel, Ihnen
zu gefallen.

SIR AGRAWAIN Töten Sie eine Mücke, wenn Sie von ihr gestochen werden, Sir?

SIR GALAHAD Nein. Warum denn?

SIR AGRAWAIN Wir schlagen zu, wenn uns eine sticht.

SIR MORDRED Ich glaube, Sie sind ein wenig stumpfsinnig,
lieber Sir.

SIR GALAHAD Das bin ich nicht. Aber wenn es Ihnen so
scheint, so ist es mir auch recht. Das ist ganz Ihre Sache.

Galahads Hündchen   143

SIR GARETH DAS KIND Ihr Hündchen waschen Sie wohl täglich mit Parfüm, weil Sie es so lieben?

SIR GALAHAD Ja. – Ich liebe es sehr.

SIR MORDRED Da sehe ich aber doch einen Fleck auf dem Fell!

SIR AGRAWAIN Wie? Ein schwarzer Fleck? Den waschen wir ab! *Sir Gaheris taucht den Hund in ein Wasserfaß. Der Hund jault.*

SIR GALAHAD Sie wollen meinen Hund töten!

SIR GAHERIS Warum jault er denn so? Sei still, Hund! *Er taucht ihn wieder unter.*

SIR MORDRED Jetzt ist er still.

SIR AGRAWAIN Jetzt halten wir alle die Luft an! *Alle vier stehen eine Zeitlang mit aufgeblasenen Backen da und halten die Luft an.*

SIR GARETH DAS KIND *atmet prustend aus und holt wieder Luft:* Das arme Tier!

SIR MORDRED Sie fürchten sich wohl, lieber Sir?

SIR GALAHAD Nein.

SIR GAHERIS *zieht den Hund aus dem Wasser:* Er lebt ja noch.

SIR AGRAWAIN Der Fleck ist aber immer noch dran. Das ist ja gar kein Schmutz, das ist ein schwarzer Fleck im Fell! – Du bist gar nicht so weiß, wie man zuerst glaubt! Du bist ein Bastard! *Er wirft den Hund gegen die Mauer.*

SIR MORDRED Das arme Tier! *Zu Sir Galahad:* Sogar meinem Bruder Gareth hat es leid getan. Sie aber sagen gar nichts? Sie nehmen es hin, daß man Ihren Liebling quält? Das ist gefühllos, lieber Sir! Sie machen sich mitschuldig! Sie sind grausam!

SIR GALAHAD *geht weg.*

SIR AGRAWAIN *ruft ihm nach:* Der heilige Sir Galahad! Der Erwählte! Der erwählte Sir Galahad!

Oben auf der Galerie erscheint die kahlköpfige Hanne, grotesk als Muttergottes aufgeputzt. Eine Spott-Prozession läuft ihr hinterher, darunter ein einäugiger riesiger schwarzer Catcher mit eisernen Zähnen, ein tätowierter Matrose, eine affenähnliche Mißgeburt, zwei geschminkte Strichjungen, ein fetter Dandy mit Monokel, eine dürre, nackte elfjährige Nutte.

DIE PROZESSION *plärrt:*
   Zur heiligen Maria beten wir fromm
   damit wir in den Himmel hineinkomm'.
   Kyrie eleison!
HANNE *kreischt und lacht.*
DIE PROZESSION *plärrt:*
   Du heilige Mutter mit deinem Schoß
   befrei uns von unseren Sünden groß.
   Kyrie eleison!
HANNE *kreischt und lacht.*
DIE PROZESSION *plärrt:*
   Ach bitt' für uns mit deinem Mund
   für Artus und seine Tafelrund'.
   Kyrie eleison!
SIR AGRAWAIN *ruft hinauf:*
   Ach bitt' für uns mit deinem Mund
   bei deinem Sohn, bei deinem Hund!
   Er schleudert den toten Hund Galahads hinauf, Hanne
   fängt ihn auf, wiegt ihn kreischend im Arm.
SIR AGRAWAIN *ruft hinauf:*
   Da hast du deinen Herrn Jesus!
   Die ganze Prozession fällt über Hanne her.
FISTELSTIMME
   Heilige Maria, du dicke Sau
   mach, daß ich's Paradies erschau!

Hervorgelockt von dem wüsten Geschrei und der kreischen-
den Musik tauchen nun hier und da und dort die heidnischen
Götter aus ihren Verstecken auf: die glimmenden stummen
kleinen Ängste, die dicken blinden Flußgötter, die ihre
schleimigen Köpfe aufheben, die Nebelfeen, das Totengeschrei, die kleinen Waldgötter mit den klebrigen Zungen,
der große Waldgott, die Erdgötter, die sich überall aus der
Erde stemmen wollen, das wirbelnde Licht, die drei grauen
Dämmerungsfrauen, die vogelschnellen Gedanken, der
schöne Gott des Sommers, der Herbstgott mit dem schweren
Flügel, die gesichterlosen Schlafgeister.
Jetzt taucht Merlin auf, er springt und tanzt, er lacht und
wälzt sich mitten unter ihnen.

Spottprozession. Merlin tanzt und wälzt sich   145

43

Der Schatten

Merlin stand auf dem Berg bei Camelot, da rief ihn eine
Stimme:
– Siehst du mich, mein Sohn Merlin?
Merlin sah hinauf in den Himmel, von dort war die Stimme
gekommen. Er konnte aber niemand sehen.
– Du siehst in die falsche Richtung, sagte die Stimme
– Wo soll ich denn hinsehen?
– Sieh hinab!
– Da sehe ich dich auch nicht.
– Sieh über die Berge und über die Felder und über den Fluß
und die Stadt Camelot!
– Ich sehe dich nicht!
– Doch! Du siehst mich!
– Ein schwarzer Schatten ist über das Land gefallen!
Da erkannte Merlin auf einmal, daß der riesige Schatten den
Umriß seines Teufelvaters hatte. Er schrie auf vor Entsetzen
und rannte den Berg hinunter und durch das verdunkelte Tal
und durch die Stadt Camelot, die auch in dem Schatten lag.
Die Leute auf der Straße blieben stehen und sahen Merlin
nach. Er lief aus der Stadt hinaus über die Stoppelfelder und
einen Hügel hinauf, bis er an den Rand des Schattens kam.
Aber als er hinüber in die Helle springen wollte, konnte er
den Fuß nicht über den Rand des Schattens heben. Da setzte
er sich nieder mitten auf das freie Feld und fürchtete sich.
– Sage mir, was du die ganze Zeit getan hast, rief der Teu-
fel.
Merlin wollte sich vor einer Antwort drücken und sagte
ausweichend:
– Ach, so viel Zeit ist vergangen, ich weiß es nicht.
Aber als der Teufel sich nicht zufriedengab und immer weiter
fragte, antwortete Merlin schließlich:
– Ich bringe manchmal Menschen auf den richtigen Weg.
– Was ist denn der richtige Weg? Was meinst du damit?
– Je nachdem, krumm oder gerade, sagte Merlin auswei-
chend.
Der Teufel ließ wieder nicht nach und fragte:
– Zum Guten oder zum Bösen?

– Das weiß ich nicht! antwortete Merlin wieder ausweichend. Aber plötzlich stand er auf und schrie:
– Aber zum Bösen auch nicht, wie du das meinst!
Sein Schrei war in der Mittagsstille über das ganze Land hin zu hören.
– Du willst wieder deinen Vater verleugnen!
– Ich habe König Artus die Idee für die Tafelrunde gegeben und er hat sie ja auch wirklich gegründet! Das ist eine große Idee, eine Menschheitsidee! sagte er trotzig. Und was die einzelnen Ritter betrifft . . . ich führe zum Beispiel Parzival auf den richtigen Weg, und ich führe Gawain auf den richtigen Weg. Ich habe den stumpfen Orilus in Verwirrung gebracht, damit er mal anfängt zu denken . . . und viele andere auch! Und diesen amerikanischen Herrn in der karierten Jacke habe ich lächerlich gemacht, alle haben über ihn gelacht! Hast du das nicht gehört? Und wahrscheinlich muß ich mit Galahad noch etwas anstellen, er weiß mir zu genau, daß er den Gral finden wird, er hat mir zu sehr die Arroganz der Schuldlosen . . . Was denkst du darüber, Vater? fügte er plötzlich hinzu, um den Teufel in ein vernünftiges Gespräch zu ziehen, damit er ihn nicht mehr examinierte. Der Teufel:
– Was ist der richtige Weg?
Inzwischen hatte Merlins Furcht nachgelassen.
– Ich habe es dir schon gesagt.
– Du hast es mir nicht gesagt.
– So? Habe ich es dir nicht gesagt? Ich dachte, ich hätte es dir gesagt! Der richtige Weg ist der, auf dem der Mensch sich selber findet.
Darauf schwieg der Teufel und Merlin fühlte sich schon sicher und glaubte, er würde sich zufriedengeben, der Schatten würde verschwinden, und er könnte frei davongehen.
Da fragte der Teufel plötzlich:
– Und Mordred?
– Was soll denn mit Mordred sein?
– Führst du Mordred auch zu sich selber?
– Ja, auch Mordred, auch Mordred, brummte Merlin, er war wieder unsicher und ängstlich geworden. – Mordred hat allerdings eine sehr schlechte Veranlagung.
– Also: er soll ein Mörder werden und er soll das Artusreich

vernichten, bravo, ich bin zufrieden, das nennst du also seinen richtigen Weg, höhnte der Teufel.
- Nein, nein, das will ich nicht, murmelte Merlin erschrokken.
- Dein guter König Artus ist auch noch selber daran schuld, daß sein Sohn ein Mörder wird.
- Nein, nein, stöhnte Merlin.
- Er wollte doch den Bastard Mordred wie eine Ratte ersäufen lassen, erinnerst du dich nicht? Wie soll denn ein Sohn, der weiß, daß sein Vater ihn ersäufen wollte, diesen Vater lieben und an seine guten Werke glauben! Und womöglich ein positiver Charakter werden!
- Er hat es doch wegen der Prophezeiung getan! schrie Merlin gepeinigt. – Hätte er ihn nur rechtzeitig ersäuft, dann wäre diese Ratte jetzt nicht mehr unter uns!
- Was höre ich dich da sagen, mein Sohn, höhnte der Teufel.
- Es ist mir so herausgerutscht.
- Aber wieso habe ich dich neulich mit Mordred und seiner wüsten Bande tanzen und eine böse Messe feiern sehen?
- Schrecklich, schrecklich! Ich muß sie studieren, ich muß Bescheid wissen, ich muß erfahren, wie gefährlich sie für die gute Sache sind.
- Geschickte Ausrede, lachte der Teufel.
- In einem muß ich dir allerdings recht geben, sagte Merlin und hob dabei vorsichtig den Kopf, die Bösen sind meistens die interessanteren Figuren.
- Und außerdem tanzt du gern wüste Tänze und zeigst deinen nackten Arsch!
- Habe ich das? fragte Merlin heuchlerisch.
- Gestehe es doch, du bist die fade Tugendhaftigkeit genauso leid wie sie!
Merlin preßte die Hände aneinander und stöhnte:
- Oh, wie schwer ist der richtige Weg!
- Die jungen Leute interessieren sich für dich, bewundern dich, für die bist du . . .
- Was bin ich für die?
- Aha! Du möchtest es wissen!
- Nein nein nein, sagte Merlin und hielt sich die Ohren zu.

Merlin versucht dem Schatten des Teufels zu entfliehen

– Der Sohn des Teufels bist du für sie, der Sohn des Teufels!
  gellte es in Merlins Kopf.
Da kamen ihm schreckliche Gedanken und er sah Ereignisse
vor sich, die Jahrhunderte vor seiner Zeit geschehen waren,
und andere, die erst viele Jahrhunderte nach ihm geschehen
waren. Er sah Flucht und Gefangenschaft, er sah die Ausrot-
tung ganzer Völker, er sah die Henker, die die schlafenden
Kinder in den Keller trugen, um sie dort an Haken aufzuhän-
gen, er sah Menschen an Pfähle gebunden, mit Papiersäcken
über dem Kopf, er sah die Blinden, denen man die Augen
ausgestochen hatte, über das Land ziehen, er sah brennende
Menschen über die Straße rennen, er sah einen vierjährigen
Knaben angekettet im dunklen Verlies, er sah nackte weiße
zitternde Leiber, die man zu den Toten in die ausgehobene
Grube stieß.
Er schrie auf zu Jesus Christus und verlor die Besin-
nung.
Als er erwachte, war der Schatten verschwunden. Er saß auf
dem Stoppelfeld mitten in der Sonne. Er bewegte seinen
Oberkörper hin und her und wollte sehen, ob er noch lebte,
und schließlich lachte er und wurde übermütig. Er rief:
– Ich bin ein Künstler, was geht es mich an!

44

Eine Tür springt auf: Sir Lancelot zieht mit Sir Lavaine ein.
Ein anderes Tor springt auf: König Artus und die Ritter der
Tafelrunde kommen heraus, sie empfangen Sir Lancelot.
Musik.

König Artus umarmte und küßte seinen Freund Sir Lancelot
in großer Freude. Er sagte:
– Nun ist der alte Glanz nach Camelot zurückgekehrt, denn
  der größte Ritter, den wir so lange Zeit vermißt haben, ist
  wieder unter uns.
Sie feierten ein Fest, aber Königin Ginevra hielt sich fern, sie
empfing Sir Lancelot nicht. Sie hatte gehört, daß er lange auf
der Burg von Astolat gewesen war und auf einem Turnier ein
rotes Tuch am Helm getragen hatte, das dem Fräulein von

Astolat gehörte.

Am Abend des nächsten Tages, als König Artus und Königin Ginevra am Fenster standen und auf die Themse hinuntersahen, trieb da ein schwarzes Schiff langsam auf das Ufer zu. Auf dem Schiff lag in einem Bett von Blumen ein totes Mädchen. Am Ende des Schiffes saß ein Mann in Trauer versunken.

Der König und die Königin und alle Ritter gingen hinunter zum Fluß, um das seltsame Totenschiff zu betrachten. Der trauernde alte Mann wollte kein Wort sprechen, aber Sir Agrawain entdeckte einen Brief in den Händen der Toten und gab ihn König Artus. König Artus öffnete ihn und befahl einem Schreiber, allen, die zusammengekommen waren, mit lauter Stimme den Brief vorzulesen.

So erfuhren sie, daß die Tote das Fräulein von Astolat war, die nicht mehr leben konnte, weil sie Sir Lancelot so sehr geliebt hatte, er aber sie nicht lieben wollte.

– Hätte Sir Lancelot dem Fräulein von Astolat nicht das Leben bewahren können, wenn er ihr etwas Güte und Freundlichkeit erwiesen hätte, fragte Königin Ginevra, ohne Sir Lancelot anzusehen. Da antwortete Sir Lancelot vor dem König und vor der ganzen Versammlung:

– Nein, Königin Ginevra, denn sie wollte meine Frau oder meine Geliebte werden. Aber Liebe muß aus dem Herzen kommen und kann nicht durch Zwang entstehen.

– Ich habe großes Mitleid mit dem toten Mädchen, sagte Königin Ginevra und sah dabei Sir Lancelot an, zum ersten Mal seit sehr langer Zeit.

König Artus sagte:

– Das ist wahr, Sir Lancelot, die Liebe eines Ritters entsteht aus freier Zuneigung, denn wenn ein Ritter gezwungen wird, verliert er sich selber.

König Artus befahl, man sollte die Leiche in das Münster tragen und sie dort aufbewahren, damit man sie in den nächsten Tagen bestatte. Als Sir Lancelot und Sir Agrawain den Leichnam aus dem Blumenbett herausheben wollten, rutschte das weiße bestickte Seidentuch herunter und alle sahen, daß der nackte Körper in gräßlicher Weise verstümmelt war. Die Ritter sahen es voller Schrecken, und Sir Bedivere führte Königin Ginevra weg, damit sie es nicht se-

hen mußte. Sir Agrawain sagte:
- Wir können sie nicht im Münster aufbahren und nicht
  christlich begraben, denn sie hat sich selbst getötet.
König Artus aber entschied, daß man sie trotzdem ins Mün-
ster tragen sollte, denn sie habe sich nicht selbst getötet,
sondern der Wahnsinn ihrer Liebe habe sie getötet.
In dieser Nacht konnte Königin Ginevra nicht schlafen. Als
Mitternacht vorüber war, stand sie leise von ihrem Bett auf
und stieg hinunter in das Münster, um den Leichnam des
Mädchens zu sehen. Es war ganz dunkel in der Kirche, nur
wo der Leichnam aufgebahrt war, standen schimmernde
Kerzen.
- Dieses schöne Mädchen hat ihren Leib zerfetzt und verstümmelt, damit alle Welt sehen könne, wie sehr die Liebe
  zu Lancelot in ihm gewütet hat, dachte Königin Ginevra.
  Meine Liebe zu Lancelot aber muß immer verborgen bleiben.
Sie beugte sich über den Leichnam und sah lange in das
wächserne lächelnde Gesicht. Dann konnte sie sich nicht
mehr beherrschen und schob das Tuch zur Seite, sie wollte
den blutig schwarzen, zerfetzten Leib sehen. In diesem Augenblick hörte sie einen Laut, der wie ein tiefes Seufzen
klang, sie merkte, daß außer ihr noch ein anderer Mensch in
der Kirche war und sie beobachtet hatte. Es war Sir Lancelot, er war gekommen, um bei dem toten Fräulein von
Astolat zu beten.
- Du hättest besser das Tuch nicht aufgehoben, sagte Sir
  Lancelot.
Königin Ginevra antwortete.
- Ich weiß, daß ich es nicht tun sollte. Aber ich will den Leib
  sehen, der sich deinetwegen zerstört hat.
Lancelot seufzte.

KÖNIGIN GINEVRA Sage mir, was für eine Waffe hat sie denn
  gehabt?
SIR LANCELOT Das weiß ich nicht.
KÖNIGIN GINEVRA Doch, du weißt es. Du hast es gesehen.
SIR LANCELOT Ja, ich habe es gesehen.
KÖNIGIN GINEVRA War es ein Messer?
SIR LANCELOT Nein.

KÖNIGIN GINEVRA Es war eine Schere.

SIR LANCELOT Ja, es war eine Schere.

KÖNIGIN GINEVRA Hat sie sich die Schere in den Leib gestoßen?

SIR LANCELOT Ich weiß es nicht.

KÖNIGIN GINEVRA Doch, du hast es gesehen. Sie hat sich die eiserne Schere zwischen die Beine gestoßen.

SIR LANCELOT Ja. Das hat sie getan.

KÖNIGIN GINEVRA Sie hat geschrien! Sie hat Lancelot geschrien! Hast du sie schreien hören?

SIR LANCELOT Nein, ich habe sie nicht gehört.

KÖNIGIN GINEVRA Sie hat Lancelot geschrien und du hast das Blut über die weiße Haut ihrer Schenkel springen sehen.

SIR LANCELOT Ich habe es nicht gesehen.

KÖNIGIN GINEVRA Sie hat sich auf dem Teppich gewälzt und die Schere hat ihr den ganzen Leib zerrissen.

SIR LANCELOT Ja, Ginevra, ja.

KÖNIGIN GINEVRA Umarme mich, Lancelot. Ich habe keine Kraft mehr, umarme mich!

Sir Lancelot umarmte sie, und er spürte, daß sie am ganzen Leib zitterte vor Begierde. Er küßte sie, sie fielen neben dem Leichnam auf den Steinboden nieder. Oh Lancelot, sagte sie, ich liebe dich so sehr, auch wenn Gott mich dafür einmal bestrafen wird.

45
Der Stein

Parzival kommt durch den Wald.
Der Weg wird ihm versperrt durch einen großen Steinbrocken.
Parzival steigt über den Steinbrocken, der Steinbrocken bewegt sich, Parzival fällt hin.

DER STEIN Da liegt der Held!

PARZIVAL *rappelt sich auf, zieht das Schwert, sieht den Stein an.*

DER STEIN *kichert:* Der Held hat das Schwert gezogen! Der Held will kämpfen!

PARZIVAL Verdammter Stein! *Er haut mit dem Schwert auf*

Parzival stolpert über einen Stein

den Stein. Funken sprühen.

DER STEIN *kichert:* Der Held will mit einem Stein kämpfen!

PARZIVAL Du bist kein Stein!

DER STEIN Dann stich nur zu! Stich doch!

PARZIVAL *will stechen, das Schwert prallt klirrend ab.*

DER STEIN *bewegt sich, verwandelt sich in Merlin.*

MERLIN *bleibt am Boden sitzen.*

PARZIVAL Warum liegst du mir im Weg?

MERLIN *höhnisch:* Mit einem Stein will er kämpfen! Mit einem Stein will er kämpfen! Der ganze Wald klirrt von seinen Schwertschlägen auf den Stein!

PARZIVAL Mit dir rede ich nicht. Wenn ich gleich gewußt hätte, daß nur ein alter Narr zum Vorschein kommt, wäre ich gar nicht stehengeblieben. Geh mir jetzt aus dem Weg.

MERLIN Du bist Parzival, der Gott sucht.

PARZIVAL Ja. Aber ich weiß nicht, wie lange ich noch Geduld habe, Gott zu suchen. *Er will weitergehen.*

MERLIN Ich könnte dir einen Rat geben.

PARZIVAL Wenn du etwas weißt, was mir nützlich ist –

MERLIN Jetzt bleibst du stehen! Geh doch weg! Ich muß nicht reden!

PARZIVAL Schickt dich Gott als Boten zu mir?

MERLIN *höhnisch:* Extra einen Boten für dich? Was bildest du dir ein! Einen Boten! Gott schickt dir einen Boten! Extra einen Boten für das Herrchen!

PARZIVAL Ich bin Parzival!

MERLIN Ja ja. Parzival bist du! Parzival, der Gott sucht und dabei wie ein Blinder durch die Welt rennt! Der nicht fragt, der nicht weint! Der nicht weiß, was Leben und Tod ist! Ich dachte schon, die Liebe hätte dich verändert! Ich habe gehört, du liebst eine Frau. Blanchefleur. Du liebst sie wahrscheinlich gar nicht!

PARZIVAL *wütend:* Ich liebe sie nicht? *Er will Merlin schlagen, Merlin springt flink in den Busch.*

MERLIN *aus dem Busch:* Du ärgerst dich wohl über mich! Erschlage mich doch!

PARZIVAL Wo bist du denn, du Lügenhund!

MERLIN *aus dem Busch:* Im Busch sitze ich und singe das Lob Gottes.

PARZIVAL Komm heraus! Komm heraus! – Ich warte.

MERLIN *äfft ihn nach:* Ich warte, ich warte!

PARZIVAL Wenn du nur nicht so ein alter Mann wärst, wenn ich nur mit dir kämpfen könnte!

MERLIN *aus dem Busch:* Ja ja. Dir fällt immer noch nichts anderes ein, als um dich zu schlagen. Du bist immer noch grob und unbarmherzig. Weil du immer der Stärkste sein willst, kannst du Gott nicht finden, vergeblich wirst du –

PARZIVAL *unterbricht ihn:* Ich höre dir nicht mehr zu. Du willst mich nur ärgern.

MERLIN *aus dem Busch:* Ja das will ich. Ich will dich ärgern.

PARZIVAL Wer mich ärgern will, der ist mein Feind, und meine Feinde erschlage ich. Auch wenn du ein alter Mann bist . . . *Er geht zu dem Busch und will mit seinem Schwert hineinschlagen. Aber sein Schwert hat sich in einen morschen Holzprügel verwandelt, er bricht ab.*

MERLIN *kichert, der ganze Wald kichert.*

PARZIVAL Mein Schwert! Gib mir mein Schwert zurück!

MERLIN *aus dem Busch:* So bist du ausgezogen! So bist du immer noch! Ändere dich! Ändere dich!

PARZIVAL Was soll ich denn ändern? Wie meinst du das?

MERLIN *im Busch, gibt keine Antwort.*

PARZIVAL He – antworte doch! *Keine Antwort.*

PARZIVAL Wo steckst du denn? – Was hast du denn gemeint? *Er sucht Merlin im Busch. Merlin ist verschwunden.* Ich verstehe es nicht! – Was hast du denn gemeint? *Er läuft suchend in den Büschen herum.* Hee – alter Mann – hee, alter Mann! . . . Alter Mann!

46

Improvisierte Szene

Mark Twain geht mit König Artus über Land.
Er fragt die Zuschauer: Leben wir im Goldenen Zeitalter?

Mark Twain fragt die Leute aus

47

Die Haut

Im Sumpf. Der Turm der Zauberin Morgane le Fay.
Artus, Morgane le Fay. Sie sitzen an einem gedeckten Tisch.
Morgane ißt, Artus ißt nicht.

KÖNIG ARTUS Eine Schlange sprang aus dem Sumpf. Sie
  wollte mir in die Hand beißen. Ich habe sie gepackt, da ist
  sie in meiner Hand in Stücke zerfallen.

MORGANE LE FAY Du hast gedacht, ich will dich verderben,
  Bruder und Geliebter.

KÖNIG ARTUS Du hast es ja oft versucht. Du hast mir den
  Mantel geschickt, der in Flammen aufging, um mich zu
  verbrennen. Die Schwertscheide wolltest du mir stehlen,
  weil du wußtest, daß ich unverwundbar bin, solange ich sie
  besitze. Und ich fand die Puppe mit der Nadel im Herzen
  auf meiner Türschwelle –, du hast sie dorthin gelegt!

MORGANE LE FAY So viel Zeit ist vergangen.

KÖNIG ARTUS Ja.

MORGANE LE FAY Tief gebückt bist du vorhin über die Brücke
  gekommen.

KÖNIG ARTUS Ich gehe nicht gebückt!

MORGANE LE FAY Doch! Ich habe es durch das Schlüsselloch
  gesehen.

KÖNIG ARTUS So! Dann war es wegen dem Mantelsaum. Er
  schleifte über den Sumpf und war so schwer von der
  Nässe.

MORGANE LE FAY I c h bin nicht alt geworden!

KÖNIG ARTUS Zauberin! – Warum hast du mich eingeladen?

MORGANE LE FAY Du starrst so auf die Wände!

KÖNIG ARTUS Starre ich auf die Wände?

MORGANE LE FAY Du ißt nicht von meinen Speisen.

KÖNIG ARTUS Mir war, als sähe ich Bilder dort an den Wänden.

MORGANE LE FAY Ich will mich mit dir versöhnen, Bruder und
  Geliebter. Iß!

KÖNIG ARTUS *zögert einen Moment, dann nimmt er sich aus der*
  Schüssel und ißt: Ich esse.

MORGANE LE FAY Du hast gedacht, es könnte vergiftet sein.

König Artus macht eine Entdeckung

KÖNIG ARTUS Ich fürchte dich nicht mehr.

MORGANE LE FAY Hörst du noch auf Merlins Stimme?

KÖNIG ARTUS Man weiß nie, wo er sich aufhält. Ich wache oft auf in der Nacht und sitze und höre, wie er in mein Ohr spricht. Er redet von der Zukunft des Reiches, von Gefahren, die uns drohen, von den Pflichten der Könige. Er redet von der seligen Insel Avalon, die sich auf weißen Elfenbeinsäulen aus dem Meer erhebt.

MORGANE LE FAY Bruder und Geliebter.

KÖNIG ARTUS Sind da nicht Malereien? An den Wänden?

MORGANE LE FAY Nein, da sind keine Malereien. Was siehst du?

KÖNIG ARTUS *steht auf, geht zur Wand:* Nein, ich sehe nichts.

MORGANE LE FAY Es sind wohl Flecken an den Wänden. Vom Sumpf steigt das Wasser herauf, die Wände sind feucht.

KÖNIG ARTUS *läuft zu einer anderen Stelle:* Aber da erkenne ich Gestalten!

MORGANE LE FAY Was für Gestalten, Bruder und Geliebter?

KÖNIG ARTUS Einen Ritter und eine Dame im blauen Mantel.

MORGANE LE FAY Wo?

KÖNIG ARTUS Jetzt sind sie weg, aber da drüben sehe ich sie jetzt.

MORGANE LE FAY Ja! Jetzt sehe ich sie auch.

KÖNIG ARTUS Immer wieder ein Ritter und eine Dame im blauen Mantel. Wer hat die Wände bemalt?

MORGANE LE FAY Ich weiß es nicht.

KÖNIG ARTUS Wer hat in diesem Turm gelebt?

MORGANE LE FAY Vor einiger Zeit hat ein Irrsinniger in diesem Turm gelebt, ich erinnere mich jetzt daran.

KÖNIG ARTUS *tastet mit den Händen über die Malerei:* Hier liegen sie unter einem Baum im Laub . . . und hier daneben ist ein Greis, er hält ein Ahornblatt in der Hand . . . ein uralter Mann! Ist er ein König, Morgane?

MORGANE LE FAY Ich weiß nicht, wen du meinst.

KÖNIG ARTUS Ich bin so schnell herumgelaufen, mir ist schwindlig.

MORGANE LE FAY Ja. Ruhe dich aus.

König Artus macht eine Entdeckung

KÖNIG ARTUS *stützt sich auf die steinerne Bank. Unter seinen Händen bricht ein großes Stück von der Bank ab.*

MORGANE LE FAY Das Artusreich ist groß geworden, du bist der König der Welt.

KÖNIG ARTUS *läuft wieder aufgeregt im Kreis herum an den Wänden entlang:* Wer war es? – Woher kommen die Bilder?

MORGANE LE FAY Er hat nie ein Wort gesprochen.

KÖNIG ARTUS Er hat nie gesprochen?

MORGANE LE FAY Er wollte kein Mensch mehr sein. Er wollte, daß ich ihn in ein Tier verwandle.

KÖNIG ARTUS Wo sind die Bilder? Ich sehe sie plötzlich nicht mehr.

MORGANE LE FAY Dort! Auf der anderen Seite!

KÖNIG ARTUS *läuft auf die andere Seite:* Hier liegen sie umschlungen tief unter dem Wasser! *Er läuft weiter zu einer anderen Malerei.* Der Greis hält ihre Hand. Wie er vom Alter gekrümmt ist neben der Frau im blauen Mantel! Ist er ein König, Morgane? Sieh her, ist er ein König?

MORGANE LE FAY *tritt nah zu König Artus hin, betrachtet mit ihm die Malereien:* Da sehe ich neben den beiden den Ritter. Er liegt am Boden und sie steckt ihm einen Brief zu.

KÖNIG ARTUS Hast du die Bilder früher nicht bemerkt?

MORGANE LE FAY Nein, ich habe sie nie bemerkt.

KÖNIG ARTUS Seltsam! Was für Poren die Wände haben! *Er rennt aufgeregt vor den Malereien hin und her, starrt sie an, betastet sie.* Sie lieben sich! *Er streicht über ein anderes Bild.* Sie lieben sich! *Er streicht über ein anderes Bild.* Sie lieben sich! – Wer war denn der Mann hier im Turm? Wie hieß er?

MORGANE LE FAY Er hieß Sir Lancelot.

KÖNIG ARTUS *erschrocken:* Lancelot? *Langes Schweigen.*

KÖNIG ARTUS *tastet mit den Fingern über die Wände hin.* Die Wand ist nicht aus Stein! Sie zuckt, wenn ich sie berühre . . . sie ist warm! Es ist Haut! Ich sehe die Poren! Es ist m e i n e Haut! Jemand hat diese Bilder in meine Haut geschnitten . . . jetzt weiß ich es! – Morgane! *Morgane le Fay ist verschwunden.*

KÖNIG ARTUS *schreit auf:* Er war irrsinnig! Er war irrsinnig! Anders kann es nicht sein! Der arme Lancelot! Oh!

48

Exercise

Merlin versucht, sich in einen Vogel zu verwandeln. Es miß-
lingt ihm. Er ärgert sich, wird immer ungeduldiger. Der
Flügel sitzt an der falschen Stelle, er reißt ihn heraus. Ein
neuer Flügel an der richtigen Stelle.
Merlin versucht, seinem Körper eine Vogelhaltung zu geben
und sich entsprechend zu bewegen. Er ruckt mit dem Kopf,
während er stelzig geht.

MERLIN *schreit wütend:* Das ist ein Huhn! *Er schüttelt sich,*
fängt von vorn an. Amsel! Amsel! Amsel! *Es wird wieder*
nichts, er wirkt zu plump.
MERLIN *schreit:* Kleiner! Viel kleiner! *Er haut sich auf den*
Bauch, auf die Schenkel, auf die Schultern. Als er merkt,
daß sich nichts verändert, reißt er sich den einen Flügel aus
und trampelt darauf herum. Er rennt fort.

49

Schlafzimmer von Morgause.

Die siebzigjährige Morgause, eine gewaltige Negerin mit
großen Brüsten, liegt auf dem Bett. Der siebzigjährige kahl-
köpfige Sir Lamorak, ihr Liebhaber.
SIR LAMORAK *springt herum:*
Was ist das nur, was ist das nur,
mir ist heut so nach faire l'amour.
Ach, jetzt habe ich den Schuh verloren. *Bückt sich nach*
dem Schuh. Oh, wie bin ich elastisch! Ich fahre mit dem
Zeh hinein, und jetzt – schwupp! – schon habe ich ihn in
der Hand! Sehen Sie, was Sie für einen elastischen Lieb-
haber haben! Und ich weiß: Sie sind ebenso elastisch!
MORGAUSE Woher wissen Sie denn das?
SIR LAMORAK Meine Liebe! Wir passen wunderbar zusam-
men!
MORGAUSE Sie gefallen mir.
SIR LAMORAK Finden Sie, daß ich eine gute Figur habe?

Meine Figur hat sich seit meinen Jugendtagen nicht verändert. Sehen Sie doch! Die meisten werden korpulent oder sie haben eine schlechte Haltung. Wenn man die Schultern hängen läßt, bekommt man auf die Dauer einen runden Rücken. Das macht alt. Oder das Doppelkinn! Sehen Sie bei mir ein Doppelkinn? Ich sage Ihnen, warum nicht: ich schlafe stets mit einer Kinnbinde.

MORGAUSE Oh.

SIR LAMORAK Außer, natürlich, ich liege bei einer Dame! Wenn ich mit Ihnen im Bett liege, werde ich keine Kinnbinde tragen.

MORGAUSE Das würde mir auch nicht gefallen.

SIR LAMORAK Ist Ihnen schon aufgefallen, daß auch König Artus in der letzten Zeit die Schultern oft nach vorne zieht, etwas hebt und nach vorne zieht, es gibt ihm etwas Resigniertes, und das macht unnötig älter. Oder der Gang! Wie man die Füße setzt, auswärts oder einwärts, so . . . *macht es vor:* oder so . . . *macht es vor:* wenn man dazu noch die Knie straff durchdrückt, bleibt die Muskulatur der Schenkel fest. Sie können einen Dolch mit der Spitze auf meinen Oberschenkel fallen lassen, er prallt wieder ab!

MORGAUSE Oh ja!

SIR LAMORAK Sind Ihre Söhne in der Nähe? Ich meine, werden sie nicht hereinkommen? Es wäre mir nicht angenehm.

MORGAUSE Sie machen Späße zu ihrer Unterhaltung, man muß sie lassen.

SIR LAMORAK Es sind sehr eigenwillige junge Leute. Auch König Artus findet sie sehr eigenwillig. Sie haben keinen guten Ruf.

MORGAUSE Ich habe auch keinen guten Ruf.

SIR LAMORAK Ich dachte nur . . .

MORGAUSE Sprechen Sie weiter!

SIR LAMORAK Wovon sprach ich?

MORGAUSE Von Ihrem Oberschenkel.

SIR LAMORAK Ach ja.

MORGAUSE Kommen Sie! Ich möchte im Bett mit Ihnen liegen und Sie umarmen.

SIR LAMORAK Es ist ein Abenteuer! Nicht wahr? Wie viele Abenteuer habe ich schon glänzend bestanden! Unzählige!

Abenteuer mit dem Schwert und Abenteuer mit dem Herzen. Aber das Leben hört nicht auf, ein Abenteuer zu sein, wie schön! – Ich komme, ich eile in Ihre Arme, ein unwiderstehlicher Zwang treibt mich zu Ihnen hin, in Ihre Arme! Aber zuvor muß ich mein Hemd ausziehen, die Strümpfe, die Hose, meinen Körper enthüllen. So viele Knöpfe! Hier ein Knopf und hier eine ganze Reihe, sehen Sie mal, besonders schöne Knöpfe! *Reißt einen ab:* Ich schenke Ihnen diesen schönen Bernsteinknopf zur Erinnerung an diese Stunde, eine Haarlocke habe ich ja nicht mehr. *Lacht:* Sonst könnte ich eine Locke von mir in ein Medaillon fassen, so habe ich es früher gemacht für die jungen Damen, und so bin ich mit der Zeit alle meine schönen Haare losgeworden. Macht nichts, macht nichts! Ich gefalle den Frauen auch so!

MORGAUSE Kommen Sie, mein Schöner!

SIR LAMORAK *setzt sich zu ihr auf den Bettrand:* Oh wie es mich zu Ihnen hinzieht! Sie sind eine Zauberin! Ich fühle es. Ist es denn wahr, was man in der Runde über Sie sagt?

MORGAUSE Was sagt man denn?

SIR LAMORAK Ich habe mich erst kürzlich mit Sir Ironside darüber unterhalten, auch Sir Orilus war dabei. Er sagte, Sie hätten an der Themse gesessen und hätten gesungen, und die fünf Ritter, die in dem Boot saßen, das vorbeifuhr, wären ins Wasser gesprungen und ertrunken. So groß war der Zauber, so sehr zog es sie zum Ufer hin.

MORGAUSE Erzählt man das? *Sie lacht.*

SIR LAMORAK Und noch andere Geschichten!

MORGAUSE Und Sie glauben das?

SIR LAMORAK Ja, oh ja, ich glaube das, ich spüre das. Ist denn auch die Tür zugeriegelt? Ich glaube, das habe ich vergessen. *Er geht zur Tür und verriegelt sie.* So, jetzt komme ich, jetzt komme ich, liebste Morgause. *Wieder auf dem Bettrand:* Was war es denn für ein Lied? Wollen Sie es nicht noch einmal singen?

MORGAUSE Wünsche dir das lieber nicht.

SIR LAMORAK Doch, ich wünsche es mir.

MORGAUSE Du wirst es vielleicht nicht ertragen.

SIR LAMORAK Doch, ich möchte! Ich liebe das Gewagte, das

160

Ausgefallene.

MORGAUSE Es könnte dich um den Verstand bringen.

SIR LAMORAK Wenn es zu stark ist, wenn ich es nicht ertragen kann, dann halte ich mir die Ohren zu.

Morgause, die wie eine mächtige Fruchtbarkeitsgöttin in den Kissen ihres Bettes thront, fängt nun an, mit leiser, dann immer mehr anschwellender und schließlich gewaltiger Stimme zu singen. Sie singt einen Blues und ihre Stimme füllt den Raum, so daß man meint, nichts anderes hätte mehr Platz, kein Atemzug könnte, während sie singt, getan werden. Man vergißt, daß sie eine alte Frau ist, die in der Liebesszene mit Sir Lamorak eben noch lächerlich gewirkt hat.

SIR LAMORAK *hat sich über das Bett geworfen und hält sich die Ohren mit dem Handtuch zu.*

MORGAUSE *hört auf zu singen.*

SIR LAMORAK Hier bin ich, hier bin ich, ich habe es überlebt. Ich habe mir das Handtuch um den Kopf gewickelt, sonst wäre ich ohnmächtig geworden. Das hätte ich nicht gedacht, das hätte ich nicht gedacht. Ich staune. Ich sehe dich an und staune. Umarme mich, du Schöne, du einzige! Ich versinke. *Die beiden wälzen sich im Bett, Eine Tapetentür springt auf. Sir Mordred kommt herein.*

SIR LAMORAK *fährt hoch:* Ich hatte doch die Tür zugemacht!

SIR MORDRED Zu unserer Mutter führt nicht nur e i n e Tür.

SIR LAMORAK Davon hat sie mir nichts gesagt. Warum haben Sie mir das nicht gesagt, Morgause?

MORGAUSE Was willst du, Mordred?

SIR LAMORAK Ja! Was sollen Sie, Sir Mordred?

SIR MORDRED Gareth ging unten vorbei, er hat das Licht gesehen und er hat mich gerufen.

MORGAUSE Ist das ein Grund? Er hat das Licht gesehen! Ja, das Licht hat gebrannt und ich liege hier im Bett und Sir Lamorak ist bei mir.

SIR MORDRED Sir Lamorak?

MORGAUSE Ja, Sir Lamorak. Ein Ritter der Tafelrunde.

SIR MORDRED Agrawain hatte also doch recht! Er ist Sir Lamorak nachgegangen. Ich wollte es nicht glauben. Du hast recht, Agrawain! Komm herein! *Sir Agrawain, Sir Gaheris und Sir Gareth das Kind kommen herein.* Gareth! Mach den Fensterladen zu! *Sir Gareth schließt den Fensterladen.* Es ist nicht gut, wenn das Licht so weit auf die Straße hinausscheint, Mutter. Du weißt, wir kommen leicht in einen schlechten Ruf.

MORGAUSE Was fällt dir ein! Warum steht ihr alle hier herum?

SIR LAMORAK *mischt sich ein:* Die jungen Herren langweilen sich! Sie machen zu wenig Waffenübungen, sie meiden die Turniere, es fehlt ihnen der Krieg, sie müssen nicht kämpfen. Deshalb treiben sie sich herum und denken sich solche Dummheiten aus.

SIR MORDRED Oh ja, Sir Lancelot.

SIR LAMORAK Sir Lancelot, Unfug! Ich bin nicht Sir Lancelot!

SIR MORDRED *höhnisch:* Tatsächlich! Er ist es nicht! Er sieht dem großen Sir Lancelot aber sehr ähnlich, findet ihr nicht?

SIR AGRAWAIN Ich sagte dir doch, es ist Sir Lamorak.

SIR LAMORAK Suchen Sie Abenteuer, kämpfen Sie! Machen Sie sich auf die Suche nach dem Gral! Nehmen Sie sich alle ein Beispiel an Ihrem großen Bruder Gawain.

SIR GAHERIS UND SIR AGRAWAIN *stoßen einen Laut gelangweilten Abscheus aus.*

SIR MORDRED Ja, ja, ich weiß, unser Bruder ist der einzige von uns, mit dem man Staat machen kann. Woran liegt denn das? Wer war denn eigentlich sein Vater? Mutter, denke doch einmal nach, ich bitte dich! Sein Vater muß ein hervorragender Mann gewesen sein, erinnerst du dich nicht, Mutter?

SIR LAMORAK D e i n Vater ist König Artus! Und es wäre gut für dich, wenn du dich nach seinem Vorbild richten würdest.

SIR MORDRED Ich versuche es ja! Ich strenge mich ja so sehr an, Sir Lamorak, es gelingt mir nicht. Es muß am schlechten Einfluß meiner Mutter liegen, daß es mir nicht gelingt. Ich habe zu lange mit meiner Mutter gelebt, sie hat mich nicht fortgelassen, ich durfte nicht an den Artushof. Sie hat immer alle meine schlechten Eigenschaften gebilligt, schon deshalb, weil sie mich so deutlich von König Artus unterscheiden. Sie müssen wissen, Sir Lamorak, sie haßt ihren ehemaligen Liebhaber, König Artus, weil er so tugendhaft ist und weil er eine so tugendhafte Frau hat, die schöne Königin Ginevra.

MORGAUSE *schreit:* Ich hätte dich in den Brunnen schmeißen sollen!

SIR MORDRED Liebst du mich, Mutter?

MORGAUSE Ja, ich liebe dich.

SIR MORDRED Ich liebe mich nicht.

MORGAUSE Aber ich liebe dich.

SIR MORDRED Und wenn ich Schlimmes tue, liebst du mich dann auch noch?

MORGAUSE Du tust ja immer Schlimmes.

SIR MORDRED Ich möchte gut sein, Mutter! Ich möchte ein guter Mensch sein!

MORGAUSE Das ist wohl nicht in deiner Natur, Mordred.

SIR MORDRED Was ist denn in meiner Natur, Mutter?

MORGAUSE Geht weg! Geht schlafen!

SIR MORDRED Ich möchte nicht nur ein guter Mensch sein. Das ist mir noch zu wenig. Ich möchte ein Engel sein – unermeßlich gut! Wenn mir das gelänge! Oh wenn mir das nur gelänge! Dann würde ich vielleicht eines Tages sogar den Gral finden.

SIR LAMORAK Was redest du denn! Du bist eitel, du bist sehr eitel, Sir Mordred.

SIR MORDRED Erinnerst du dich, Mutter, wie ich zwölf war, stand ich auf dem großen Steintisch im Garten, hatte die Arme ausgebreitet und sah mit offenen Augen in die Sonne und wollte nicht blinzeln, bis es mir schwarz wurde. Ich betete und dachte: wenn ich es aushalte, dann werde ich mich erheben können und über dem Stein schweben, und alle werden es sehen! Dann bin ich ein Heiliger! So stand ich stundenlang. Dann hat mich der Gärtner im Gras gefunden.

MORGAUSE Was erzählst du mir denn diese alten Geschichten?

SIR LAMORAK Stundenlang? Stundenlang kann man nicht in die Sonne sehen, davon wird man blind. Sie übertreiben.

SIR MORDRED *schreit:* Ich b i n fast blind geworden! Seitdem muß ich eine dunkle Brille tragen. Sie verdammter Schwätzer! *Er schlägt Sir Lamorak ins Gesicht. Der steht erschrocken da, wehrt sich nicht.*

MORGAUSE *beunruhigt:* Geh doch weg! Geh doch weg!

SIR MORDRED Laß uns noch ein bißchen bleiben, Mutter, ich fühle mich so wohl hier. Und Gaheris auch. *Zu den anderen Brüdern:* Ihr nicht? *Die Brüder drücken sich kälbisch albern herum. Zu Morgause:* Oder ist es dir peinlich, weil du mit einem Mann im Bett liegst? Ach, das kennen wir doch! Da wollen wir gar nicht die Tugendhaften spielen, du bist ja nicht Ginevra.

MORGAUSE *wütend:* Du sollst nicht von ihr reden! Halt den Mund!

SIR MORDRED Soll ich sie töten? Das tue ich, wenn du willst! Ich tue alles für dich! Oder ich befehle Gaheris, daß er das macht. – Wenn du nur willst, Er tut alles, was ich ihm sage. Und er macht es bestimmt geschickter als ich. Sein Verstand ist dumpf, aber sieh dir nur seine Hände an! Zeig ihr mal deine Hände, Gaheris!

SIR GAHERIS *streckt gehorsam seine großen roten Hände vor.*

SIR MORDRED *schlägt ihm auf die Finger:* Du hast schon wieder die Fingernägel abgebissen! Das sieht ja gräßlich aus! War sein Vater ein Pferdeknecht, Mutter? *Sir Gaheris hat die Hände versteckt.*

MORGAUSE Geht weg, ihr vier, macht die Tür hinter euch zu!

SIR MORDRED Gareth, geh weg!

SIR GARETH DAS KIND Warum soll ich denn weggehen?

SIR MORDRED Geh zum Wachszieher und hol uns ein Dutzend Kerzen.

SIR GARETH DAS KIND Es sind doch genug Kerzen da!

SIR MORDRED Es ist zu dunkel! Es muß heller sein, es muß ganz hell sein, unsere Mutter feiert ein Liebesfest mit ihrem Geliebten. *Sir Gaheris schiebt den kleinen Sir Gareth hinaus.*

MORGAUSE *schreit:* Und ihr anderen auch!

SIR MORDRED Sie sind so still, Sir Lamorak? Vorhin haben Sie doch geredet! War ich Ihnen zu grob? Nicht ritterlich?

SIR LAMORAK *bemüht sich, ruhig zu bleiben:* Ich will es ver-

Morgause wird von ihren Söhnen ermordet

gessen.

SIR MORDRED Sie haben sich in Erinnerungen gemischt, die mir unendlich viel bedeuten. Sie verzeihen mir wirklich?

SIR LAMORAK Sir Mordred . . .

SIR MORDRED Verzeihen Sie mir! Verzeihen Sie mir! Ich flehe Sie an! Ich knie vor Ihnen nieder – verzeihen Sie mir! *Er kniet vor Sir Lamorak hin.*

SIR LAMORAK Nun ja –, obwohl ich eigentlich . . .

SIR MORDRED *steht wieder auf:* Wie? Sie verzeihen mir nicht?

SIR LAMORAK *sieht der Reihe nach Sir Mordred, Sir Agrawain, Sir Gaheris an, sagt dann eilig:* Doch, doch, ich verzeihe Ihnen.

SIR MORDRED Aber Sie lächeln ja gar nicht! Ich sehe Sie an und lächle dabei, und Sie sehen mich an und lächeln nicht.

SIR LAMORAK Ich weiß nicht . . .

SIR MORDRED Das kränkt uns, wenn Sie so abweisend sind. *Zu den Brüdern:* Nicht wahr?

SIR GAHERIS UND SIR AGRAWAIN *gehen lässig einen Schritt auf Sir Lamorak zu.*

SIR AGRAWAIN Das kränkt uns, Sir.

SIR LAMORAK *versucht zu lächeln.*

SIR MORDRED *legt den Kopf schräg:* Das sieht mehr aus wie ein Grinsen. Wie wenn Sie sich über uns lustig machen würden. *Zu den Brüdern:* Findet ihr nicht?

SIR GAHERIS *geht zu Sir Lamorak, reißt ihm mit den Fingern die Mundwinkel auseinander, Blut rinnt ihm herunter.*

SIR LAMORAK *schreit.*

SIR MORDRED So gefällt es mir viel besser. *Zu Morgause:* Einen charmanten lächelnden Liebhaber hast du, Mutter.

MORGAUSE Es ist genug, es ist genug.

SIR MORDRED Seltsam – je länger ich Sie ansehe – wirklich, immer mehr entdecke ich eine starke Ähnlichkeit mit Sir Lancelot. Hat Ihnen das noch niemand gesagt?

SIR LAMORAK Nein –

SIR MORDRED Nicht? Ich bitte Sie, Sir Lamorak, kommen Sie doch einmal näher ans Licht.

SIR LAMORAK *zögert; dann schlingt er ein Laken um seinen nackten Körper, steht auf, kommt näher:* Wenn Sie mei-

Morgause wird von ihren Söhnen ermordet   165

nen . . . Was Sie für Einfälle haben!

SIR MORDRED *sieht ihn an.*

SIR LAMORAK Was Sie für originelle Einfälle haben.

SIR MORDRED Agrawain!

AGRAWAIN *prüft Sir Lamoraks Aussehen fachmännisch.*

SIR MORDRED Na?

SIR AGRAWAIN Unverkennbar.

SIR MORDRED Besonders der kühne Blick.

SIR AGRAWAIN UND SIR GAHERIS *lachen.*

SIR AGRAWAIN *lacht.* Lancelot reißt doch immer so intensiv die Augen auf! *Sie machen es nach, lachen und stoßen sich an.*

SIR LAMORAK *lacht vorsichtig:* Jaja, das stimmt. Intensiv!

SIR MORDRED Machen Sie es doch einmal!

SIR LAMORAK *reißt die Augen komisch auf. Alle lachen, Sir Lamorak auch.*

SIR MORDRED Noch einmal! Noch einmal!

SIR LAMORAK *reißt immer wieder die Augen auf.*

SIR MORDRED Wie gut Sie das können! Sieh mal, Mutter, wie er das kann!

SIR LAMORAK Ich habe allerdings keine Haare mehr, das unterscheidet mich von Sir Lancelot. *Er klopft sich auf die Glatze.* Dafür habe ich eine hohe Stirn, viel Stirn, Stirn bis zum Nacken. *Er kichert, will ein Späßchen machen. Alle lachen, das macht ihm Mut für einen weiteren Spaß, mit dem er hofft, die gefährliche Situation endgültig durch Komik zu überwinden.* Da trafen sich neulich zwei Ritter bei Dunkelheit, es war schon ganz dunkel und da sagte der eine Ritter zu dem anderen . . .

SIR MORDRED *deutet auf Sir Lamorak, unterbricht seinen angefangenen Witz:* Traut man ihm Liebestaten zu, von denen die ganze Welt spricht, nur Artus nicht?

SIR AGRAWAIN Oh ja, man könnte sie ihm zutrauen.

SIR MORDRED Nur das Gesicht ist zu alt. Ein altes Gesicht haben Sie, Sir Lamorak.

SIR LAMORAK Ja, ja, Plissée, Plissée.

SIR MORDRED Das macht nichts, da kann man nachhelfen. Wir werden Ihnen die Rosen der Jugend auf die Wangen zaubern. – Wo sind denn deine Schminktöpfe, Mutter?

MORGAUSE *schüttelt verstört den Kopf.*

Morgause wird von ihren Söhnen ermordet

SIR AGRAWAIN *sucht im Zimmer.*

SIR MORDRED Warum sagst du denn gar nichts, Mutter? Ach, Agrawain hat schon alles gefunden.

SIR AGRAWAIN *hat Schminktöpfe in der Hand:* Hier ist Rouge! Und Puder ist auch hier!

SIR MORDRED Wunderbar! Und die Augenbrauen schwärzen wir mit Kohle. Noch eine Kerze!

SIR GAHERIS *bringt eine Kerze.*

SIR MORDRED Hier! Nehmen Sie Platz, Sir Lamorak.

SIR LAMORAK *sträubt sich etwas:* Ach, ich bin doch nicht vom Varieté. Das Schminken ist mir peinlich.

SIR MORDRED *sieht ihn an:* Sie werden doch nichts dagegen haben?

SIR LAMORAK Nein, nein. Es ist ja originell.

SIR GAHERIS *hält ihm den Kopf fest.*

SIR AGRAWAIN *fängt an, Sir Lamorak zu schminken:* Bestimmt!

SIR MORDRED Sie werden erscheinen als »Mister Lollipop«. Damit überraschen wir unsere Mutter. – Nun zeigen Sie mal!

SIR AGRAWAIN Der Puder fehlt noch! *Er pudert Lamorak Gesicht und Glatze.*

SIR LAMORAK *hustet in der Puderwolke.*

SIR GAHERIS *zerrt ihn hoch, dreht ihn zu Sir Mordred um. Man sieht jetzt das ängstliche Gesicht von Sir Lamorak, leuchtend weiß gepudert mit knallroten Backen, schwarzen Augenbrauen, einem verschmierten roten Mund, noch immer rinnt Blut aus den Mundwinkeln.*

SIR MORDRED *zu Morgause:* Hier hast du deinen jungen rosigen Liebhaber. *Sie führen den geschminkten Sir Lamorak, der immer noch in das Laken gewickelt ist, zu Morgause und setzen ihn neben sie auf das Bett. Da sitzen die beiden regungslos wie Puppen.*

SIR MORDRED *tritt mit seinen Brüdern zurück, wie in Betrachtung eines Kunstwerks:* Hübsch! Von einem Meister entworfen. Soll ich einen Spiegel holen?

SIR LAMORAK *will vom Bett herunter.*

SIR GAHERIS *drückt ihn wieder aufs Bett:* Halt!

SIR MORDRED Er will von dir weglaufen. Er hat recht, du bist zu alt, du paßt nicht zu ihm. Was können wir da tun?

Morgause wird von ihren Söhnen ermordet

MORGAUSE Hätte ich dich bloß in den Brunnen geschmissen!

SIR MORDRED Es sind die Haare! Es sind die grauen Haare! Zweifellos, es sind die grauen Haare! Ich glaube, wir schneiden die grauen Haare einfach ab.

SIR AGRAWAIN *holt die Schere von der Kommode.*

SIR LAMORAK *versucht einen Protest, tut dabei, als ob er das Spiel weiter mitspielen wollte:* Ach lieber nicht, ach lieber nicht! Es macht mir nichts aus, daß sie graue Haare hat.

SIR MORDRED Ich finde aber, es stört enorm.

SIR AGRAWAIN *geht zu Morgause, reißt die lang herunterhängenden grauen Haare hoch und schneidet sie ganz dicht über dem Kopf ab.*

MORGAUSE *bleibt ungeweglich sitzen, wagt nicht, sich zu bewegen, wimmert.*

SIR LAMORAK *springt vom Bett, will auf Sir Agrawain los.*

SIR GAHERIS *hält ihn fest.*

SIR MORDRED Oh, Sie verteidigen die Damen, wie Sir Lancelot! Sie wollen kämpfen? Sehr ritterlich! Aber Sie haben ja gar keine Waffe! Laß ihn frei, Gaheris, gib ihm ein Schwert in die Hand, laß den großen Ritter für die Ehre der Damen kämpfen!

SIR GAHERIS *läßt ihn los.*

SIR LAMORAK *rennt weg, verliert das Laken, packt den Schürhaken vom Kamin, steht damit bewaffnet nackt in der Ecke des Zimmers. Alle drei Brüder gehen auf ihn zu.*

MORGAUSE *mit ihrem Stoppelkopf sitzt im Bett, fängt an zu schreien, hört nicht auf zu schreien.*

SIR MORDRED *hält sich die Ohren zu.* Schrei nicht so, Mutter!

MORGAUSE *schreit.*

SIR MORDRED Ich kann es nicht hören! Ich ertrage es nicht!

SIR GAHERIS *geht zum Bett, schlägt Morgause den Kopf ab.*

SIR LAMORAK *schreit:* Das Blut, das Blut, das ganze Bett ist blutig!

SIR MORDRED Entsetzlich! Sir Lamorak, Sie haben unsere Mutter entjungfert.

SIR LAMORAK *zittert, ganz von Sinnen:* Nein nein nein nein nein nein nein, ich habe das nicht getan, ich nicht!

SIR MORDRED Wollen Sie es leugnen?

Morgause wird von ihren Söhnen ermordet

SIR LAMORAK *kniet hin:* Ich nicht! Ich nicht! Ich nicht!

SIR AGRAWAIN Haben Sie nicht mit ihr im Bett gelegen? Haben unsere Augen uns da getäuscht?

SIR LAMORAK Oh sie hat so viele Liebhaber gehabt, so viele, so viele, selbst König Artus! Es waren so viele!

SIR MORDRED Er macht unsere Mutter schlecht.

SIR AGRAWAIN Das können wir nicht dulden! *Er ersticht Sir Lamorak.* Das ist unhöflich.

50
Der gefährliche Sitz

Sir Galahad kommt herein. Der ernste, blasse Knabe, der immer zugleich demütig und blasiert wirkt, geht um den leeren Tisch mit den leeren Stühlen herum bis zu dem gefährlichen Sitz. Er nimmt das Tuch, das darüber gebreitet ist, weg und setzt sich ohne zu zögern auf den Sitz.

Schimmernd sitzt er da. Ein Leuchten geht von ihm aus, das immer stärker wird und schließlich den ganzen Raum ausfüllt, bis in alle Winkel hinein.

Nach einiger Zeit kommen die Ritter. Sie sehen Sir Galahad. Einige setzen sich auf ihre Stühle, die meisten bleiben stehen, staunend.

51

König Artus, Sir Mordred.

König Artus liegt flach auf dem Boden und betet.
Sir Mordred steht hinter ihm an der Wand.

KÖNIG ARTUS Sir Mordred, du stehst hinter mir! Auch wenn du den Atem anhältst, ich spüre, daß du hinter mir stehst und mich ansiehst.

SIR MORDRED Warum liegst du auf dem Stein? Und warum betest du?

KÖNIG ARTUS Ich bete um Vergebung für die Sünden der Welt.

SIR MORDRED *kommt heran und hockt sich neben seinem Vater*

nieder: Du betest für mich!

KÖNIG ARTUS Oh was hast du getan, oh was hast du getan!

SIR MORDRED Was habe ich denn getan, Vater?

KÖNIG ARTUS Die Söhne haben die Mutter erschlagen! Junge Männer haben einen alten waffenlosen Mann erschlagen.

SIR MORDRED Warum erschreckt es dich, Vater? Morgause war eine liederliche Frau, die dich und die tugendhafte Königin Ginvevra mit Haß verfolgt hat. Sie hat mehrmals Mordanschläge versucht, die glücklicherweise rechtzeitig entdeckt worden sind. Auch mich hat sie für einen Mordanschlag gewinnen wollen! Und zwischen Sir Lamorak und unserer Familie gab es eine sehr alte Feindschaft. Wir mußten uns rächen. Was erschreckt dich also?

KÖNIG ARTUS Ich kann nicht denken, Angst zerdrückt mir den Kopf. *Schweigen.* Wir wollten nicht Rache. Wir wollten Gerechtigkeit, wir wollten eine neue Ordnung. Wir haben Gesetze erfunden von Ehre und Anstand und Gerechtigkeit ... und die Gesetze sollten Bluttaten nicht rechtfertigen, sondern verhindern ... die alten Rachegesetze wollten wir überwinden ...

SIR MORDRED Um die Wahrheit zu sagen: Es ist nicht aus Rache geschehen.

KÖNIG ARTUS Dann sage mir um deiner Seele willen, warum habt ihr es getan?

SIR MORDRED Ich weiß es nicht, König Artus.

KÖNIG ARTUS *entsetzt:* Du weißt es nicht? Du mußt es doch wissen, du mußt es doch wissen!

SIR MORDRED Ich weiß es nicht.

Langes Schweigen.

KÖNIG ARTUS Bete!

SIR MORDRED Du kannst mich ja hinrichten lassen. Das wäre nur gerecht. Töte doch endlich deinen Sohn! Du liebst ihn ja nicht.

KÖNIG ARTUS Bete! Bete!

Langes Schweigen.

KÖNIG ARTUS *steht auf:* Ist denn alles vergeblich gewesen, was wir gewollt haben ...

SIR MORDRED *obenhin:* Vergeblich? – Es ist eine andere Zeit gekommen, ihr habt euch überlebt.

KÖNIG ARTUS Was kommt mit dieser neuen Zeit?

SIR MORDRED Ich prüfe mich und ich spüre, daß ich nicht leide . . . Ich fühle mich frei. Ich bin frei von der Sünde. Wir beten diesen leidenden Gott nicht mehr an, der da an seinem Kreuz hängt.

KÖNIG ARTUS Zu wem betet ihr denn?

SIR MORDRED Ich bete gar nicht.

KÖNIG ARTUS Eine neue Zeit! Das hast du dir nur ausgedacht. Wie willst du das beweisen?

SIR MORDRED I c h bin der Beweis!

KÖNIG ARTUS Es gibt viele, die sind anders als du, und die sind genauso jung! Galahad! Der Erwählte! Er wird die Idee erneuern! Galahad! Er wird den Gral finden. Viele werden ausziehen, um den Gral zu suchen, und die ihn finden, werden auch den Sinn wiederfinden.

SIR MORDRED Ich kann nicht anbeten, was schwach ist! Sieh meine Hände an! *Er zeigt ihm seine Hände, wie Christus. Die Handflächen sind blutig rot.*

KÖNIG ARTUS *betet.*

SIR MORDRED *schlägt mit den Handflächen auf die Wand. Rote Handabdrücke. Man hört das klatschende Geräusch. Es wird dunkel, man sieht nur noch die roten Handabdrücke leuchten, immer mehr Handabdrücke und das klatschende Geräusch, als ob es viele wären, die ihre Hände an die Wände schlagen.*

52

Es war Merlin

Merlin war um den Tisch herumgegangen und hatte sich zu jedem einzelnen heruntergebeugt (er war riesengroß) und hatte jedem das Wort ins Ohr gesagt. Sie hatten aufgehört zu reden und zu schreien, es war still geworden. Sie standen mit horchend erhobenen Gesichtern, sprachen das Wort nach, flüsterten es immer wieder, als ob sie eine Eingebung hätten, der sie noch unwissend nachsännen, und so lag das Wort wie eine summende Wolke über der Runde: Der Gral . . . der Gral . . .

Kurz danach brachen sie auf, um auf die Suche zu gehen.

Merlin flüstert den Rittern ins Ohr

53
Aufbruch

SIR GALAHAD Meine Füße sind leicht, ich tanze. Ich sage euch
nicht, was ich tanzen werde. Ich stehe am Morgen auf, ich
bin der erste, der über den Schnee geht, ich bin der erste,
der spricht, dessen Stimme von Gott gehört wird. Mein
Tanz wird meine Hochzeit mit Gott sein.

> O, ich höre ihn, er kommt!
> Die Engel glänzen durch das Feld,
> das hohe Korn sich golden hellt
> die Nacht muß schnell erblinden
> Sie wallen durch des Glanzes Meer
> und süße Lieder um sie her
> die Liebe zu verkünden.

Galahad tanzt. Die Sehnsucht nach dem Gral

Der Gral

»Sweet voice«

Durch sich auflösende Nebel wird eine leere, frostklirrende Landschaft mit zugefrorenem Teich und einzelnen kahlen Bäumen sichtbar. Auf dem Eis steht der Fischerkönig, ein gebückter alter Mann in einen überaus kostbaren, bunt gewirkten Königsmantel gehüllt und mit einer Krone auf dem weißhaarigen Kopf. Er steht schon so lange da, daß seine Schultern schneebedeckt sind. Er hält eine Angel über ein Wasserloch im Eis.
Nach längerer Zeit erscheint Parzival. Er bleibt stehen, betrachtet aus einiger Entfernung den Greis. Der Fischerkönig wendet den Kopf zu Parzival hin, sieht ihn stumm an. Dann holt er die Angel ein und geht über die Eisfläche davon. Am Rand des Teiches, bei den Bäumen, bleibt er stehen, wendet sich nach Parzival um, macht eine kaum wahrnehmbare Bewegung mit der Hand, als ob er ihn auffordern wollte, ihm zu folgen. Dann geht er weiter. Parzival folgt ihm. Obwohl Parzival schneller geht als er, schließlich sogar rennt, kann er ihn nicht erreichen, der Abstand scheint sogar größer zu werden. Plötzlich lösen sich die Umrisse der entfernten Gestalt des Fischerkönigs im Bild der Landschaft auf. Parzival bleibt einen Augenblick verblüfft stehen, dann rennt er in der Richtung weiter, die ihm der Fischerkönig gewiesen hat.
Auf der anderen Seite taucht Merlin auf. Er hat die Krone und die Angelrute in der Hand: er war der Fischerkönig.

55

Der verlassene runde Tisch, die verlassenen Stühle. Einige Stühle sind umgefallen, als ob diejenigen, die darauf gesessen hatten, hastig aufgesprungen und davongegangen wären; einige sind mit der Lehne gegen die Tischkante gekippt, als ob diejenigen, die darauf gesessen hatten, ihren Platz für sich hätten reservieren wollen; einige Stühle sind umgekehrt auf den Tischrand gelegt wie in einer Wirtschaft, wenn nach Mitternacht die letzten Gäste gegangen sind. – Offene Türen, durch die ein kalter Wind hereinweht. Von weit her hört man eine Tür zuschlagen; dann noch eine und dann noch eine. König Artus und Königin Ginevra sitzen frierend, in Mäntel gehüllt, in dem verlassenen Raum. Ein Knappe eilt mit Satteldecken beladen hinter ihnen vorbei.

KÖNIGIN GINEVRA Ist es wahr, daß Sir Mordred mit Sir Lancelot gezogen ist? Ich kann es nicht glauben.

KÖNIG ARTUS *hat Ginevra nicht zugehört:* Oh die Sehnsucht nach dem Gral . . . oh die Sehnsucht nach dem Gral . . .!

KÖNIGIN GINEVRA Aber Mordred . . .

KÖNIG ARTUS *schreckt auf:* Mordred? – Jetzt ist er endlich auf den guten Weg gekommen!

KÖNIGIN GINEVRA Der Gral! Der Gral! Alle ziehen fort! Ein leerer Palast! Todesstille! Der Tisch ist staubüberdeckt.

KÖNIG ARTUS Was schreibst du da?

KÖNIGIN GINEVRA Ich schreibe mit dem Finger in den Staub. *Sie wischt das geschriebene Wort – Lancelot – rasch wieder fort.* Viele werden nicht wiederkommen.

KÖNIG ARTUS *doziert:* Die Tafelrunde ist lange vollendet und unsere Ordnung ist gesetzt, so weit unsere Macht reicht. Aber alles Erreichte ist nur eine Stufe, es trägt bereits den Tod in sich, das Absterben und Verdorren in Dauer, Gleichförmigkeit und Wiederholung, wenn wir anfangen zu glauben, das Erreichte sei schon das Ganze.

KÖNIGIN GINEVRA *hat nicht zugehört:* Ja, ich verstehe.

KÖNIG ARTUS Die geordnete Welt – Ordnung allein: das ist nichts. Wir müssen mehr wollen.

KÖNIGIN GINEVRA Glaubst du, Mordred ist wirklich aus Freundschaft mit Lancelot gezogen? – Lancelot ist so arglos!

KÖNIG ARTUS Wie meinst du das?

KÖNIGIN GINEVRA Was habe ich gesagt?

KÖNIG ARTUS Du hast gesagt: Lancelot ist so arglos. Wie meinst du das?

KÖNIGIN GINEVRA Ich weiß nicht. Ich weiß nicht, warum ich das gesagt habe.

KÖNIG ARTUS Er hat meinen Schmerz gesehen, das hat ihn verändert.

KÖNIGIN GINEVRA Lancelot?

KÖNIG ARTUS Wieso Lancelot? Ich meine Mordred! Was

König Artus und Ginevra am verlassenen Tisch

sollte sich an Lancelot verändern! Er ist so gut! Er wird den Gral finden. Er!

KÖNIGIN GINEVRA *schweigt.*

KÖNIG ARTUS Er wird den Gral finden. Es gibt keinen besseren Ritter.

KÖNIGIN GINEVRA *heftig:* Er wird ihn nicht finden!

KÖNIG ARTUS Lancelot?

KÖNIGIN GINEVRA Töte mich!

KÖNIG ARTUS Was hast du?

KÖNIGIN GINEVRA Nimm dein Messer und schneide mein Herz heraus!

KÖNIG ARTUS Ginevra!

KÖNIGIN GINEVRA Was habe ich gesagt?

KÖNIG ARTUS Ich höre dich sprechen, aber ich verstehe dich nicht.

KÖNIGIN GINEVRA Ich glaube, ich habe etwas Schreckliches gesagt.

KÖNIG ARTUS Ich habe es nicht verstanden.

KÖNIGIN GINEVRA Ich habe gesagt, du mußt mich töten.

KÖNIG ARTUS Ginevra, warum sagst du das?

KÖNIGIN GINEVRA Du weißt es doch! Du weißt es doch! Du weißt es doch!

KÖNIG ARTUS Wovon sprichst du? *Langes Schweigen.*

KÖNIGIN GINEVRA Ich sehe die Ritter in der Fremde herumirren und in der Wildnis zugrunde gehen für den Gral. Das betrübt mich! Erkläre es mir nicht, Artus! Du hast es mir schon erklärt! Sir Gawain hat es mir erklärt und Sir Lancelot hat versucht, es mir zu erklären –, er ist mit mir am Fluß entlanggegangen und hat auf mich eingeredet: Vollkommenheit! Erleuchtung! Berufung! Er hat schließlich so geschrien, daß ihm die Stimme versagte und er nicht weitersprechen konnte.

KÖNIG ARTUS Du weinst ja.

KÖNIGIN GINEVRA Vollkommenheit! Erleuchtung! Ich kann mir darunter nichts vorstellen!

56

MERLIN *singt:*
Geflogen bin ich
über den Abgrund
roter Vogel,
sah mich
tief unter mir.

57
Das wüste Land

Schöne Landschaft, Morgen.
Sir Gawain liegt schlafend. An anderer Stelle liegt Parzival
schlafend.
Sir Gawain wacht auf, findet den schlafenden Parzival.

SIR GAWAIN Parzival! Höre mich, Parzival! *Parzival erwacht,*
er springt auf und will sofort auf Sir Gawain los, um ihn zu
töten. Sir Gawain weicht aus, wehrt sich.
SIR GAWAIN Ich bin Gawain, lieber Freund, kennst du mich
nicht mehr? Ich habe hier unter den Bäumen geschlafen.
Als ich aufwachte, sah ich dich da liegen.
PARZIVAL Wie bist du in diese schreckliche Wüste gekom-
men?
SIR GAWAIN Was für eine Wüste meinst du?
PARZIVAL In diese schreckliche Wüste aus Stein und Geröll
und mit dem brennenden Baum dort in der Öde!
SIR GAWAIN Ich sehe kein Geröll. Meinst du die Kastanie mit
den roten Blütenkerzen?
PARZIVAL Du bist nicht Sir Gawain, du bist der Versucher!
SIR GAWAIN Wo bist du gewesen, Parzival? Was ist mit dir
geschehen?
PARZIVAL Es lebt nichts mehr in diesem wüsten Land, keine
Stimme ist zu hören.
SIR GAWAIN Aber ich rede doch mit dir, Parzival, und der
Himmel ist voll mit Vogelstimmen.
PARZIVAL Versucher! Versucher! *Er stößt Sir Gawain weg.*
SIR GAWAIN Und sieh nur die Maiensonne in den Blättern!

PARZIVAL Ich sehe keine Sonne. Du bist der Versucher.

SIR GAWAIN *schreit ihm ins Gesicht:* Ich bin Sir Gawain, ich bin Sir Gawain!

PARZIVAL *vorsichtig:* Jaja, vielleicht bist du Sir Gawain, du siehst aus wie Sir Gawain . . . ein Ritter! Aber dann bist zu verzaubert, denn sonst würdest du sehen, so wie ich es sehe, daß wir in einem wüsten Land sind. *Sir Gawain und Parzival gehen mißtrauisch prüfend umeinander herum.*

SIR GAWAIN *geht zum Schein auf Parzivals Phantasien ein:* Wie bist du denn in dieses wüste Land gekommen?

PARZIVAL Ich kam in die Burg. Da saßen die Ritter um den Tisch herum. Oben an der Tafel lag der kranke Fischerkönig. Überall waren Lichter. Ich sah viele Menschen hin und her gehen.

SIR GAWAIN Er l a g da?

PARZIVAL Er lag da und stöhnte.

SIR GAWAIN Lag da und stöhnte. Warum stöhnte er denn?

PARZIVAL Habe ihn nicht gefragt.

SIR GAWAIN Und die Ritter am Tisch? Haben sie zu dir gesprochen? Haben sie gegessen und getrunken?

PARZIVAL Sie haben gegessen und getrunken wie lebendige Menschen. Aber sie sahen aus wie in Verwesung.

SIR GAWAIN Haben sie nichts zu dir gesagt?

PARZIVAL Habe nicht gefragt! – Etwas wurde hereingetragen und durch den Saal getragen, etwas wie eine Schale, aber es hing ein Tuch darüber.

SIR GAWAIN Was war es?

PARZIVAL Habe nicht gefragt!

SIR GAWAIN Du bist in der Gralsburg gewesen! Das war der Gral! Das war das Wunder des Grals! Parzival, du Glücklicher!

PARZIVAL Ich weiß nicht! Ich habe nicht gefragt! – Ich bekam ein Bett und habe die Nacht über in dem Bett geschlafen. Aber als ich dann aufwachte, waren die Gänge und die Säle leer. Ich sah niemand mehr. Nur unten im Hof stand mein Pferd und war gesattelt. Da stieg ich auf mein Pferd und ritt hinaus. Hinter mir schlug krachend das Tor zu. Seitdem reite ich in dieser trostlosen Öde umher, wo kein Strauch blüht, kein Brunnen fließt, keine Menschenstimme zu hören ist.

Parzival in der Wüste, Gawain in einem blühenden Land

SIR GAWAIN Warum hast du den Mund nicht aufgemacht und hast gefragt, was mit ihnen los ist?

PARZIVAL Es ging mich ja nichts an.

SIR GAWAIN Ach, hättest du nur gefragt! – Und vorher, Parzival, war das Land, durch das du gekommen bist, auch so eine gottverlassene verdammte Wüste wie diese hier?

PARZIVAL Vorher? Da muß ich überlegen. Nein, ich glaube nicht. Es sah anders aus.

SIR GAWAIN Wie denn?

PARZIVAL Ich weiß nicht.

SIR GAWAIN Erinnere dich doch!

PARZIVAL Du bist der Versucher! Du willst, daß sich meine Gedanken verwirren!

SIR GAWAIN Ich bin Sir Gawain und will dein Freund sein.

PARZIVAL *lacht:* Warum willst du mein Freund sein?

SIR GAWAIN Es war doch sicher ein blühendes Land – wie dieses!

PARZIVAL Wie dieses? *Er lacht.*

SIR GAWAIN Und wir werden fröhlich durch dieses Land reiten, bis wir den Gral finden.

Über das Feld bewegt sich der Zug des kranken Königs Amfortas und seiner Ritter. Sie tragen den König, dessen gequälter Körper sich in Schmerzen windet, in Tücher gehüllt auf Stangen hoch über ihren Köpfen. Aschfarbene, wie verwest wirkende Gestalten. Die Lanze, von deren Spitze Blut heruntertropft. Die leuchtende Gralsschale.

PARZIVAL Jetzt ist mir ein Stein vor die Füße gefallen. Wer hat ihn nach mir geworfen? Da ist jemand, den ich nicht sehe!

SIR GAWAIN Das ist kein Stein, das ist ein Vogel. *Er fängt den Vogel mit seiner Hand.* Der ist an den Bach gehüpft.

PARZIVAL *lacht:* Ein Vogel?

SIR GAWAIN *hält ihm den Vogel hin:* Du kannst fühlen, wie sein Herz schlägt! Nimm ihn!

PARZIVAL *nimmt den Vogel in die Hand.*

SIR GAWAIN Du kannst sehen, wie sich seine Augen ängstlich hin und her drehen.

PARZIVAL *sieht lange auf den Vogel in seiner Faust, schlägt ihn*

Parzival in der Wüste, Gawain in einem blühenden Land

dann mit Gewalt gegen einen Baum: Es ist kein Vogel! Es
ist ein Stein!

SIR GAWAIN Du hast ihn umgebracht.

PARZIVAL Es ist ein Stein! Es ist ein Stein!

SIR GAWAIN Weißt du nicht mehr, was ein Vogel ist? Dies ist
ein Vogel. *Parzival sieht hin, schüttelt den Kopf.*

SIR GAWAIN Was ein Baum ist? Dies ist ein grüner, blühender
Baum. *Parzival schüttelt den Kopf.*

SIR GAWAIN Was eine Quelle ist? Dies ist eine Quelle. *Er
taucht ihm die Hände in das Wasser der Quelle, Parzival
schüttelt den Kopf.*

SIR GAWAIN Ich möchte dir helfen, damit du die schöne Welt
wiedererkennst. Ich will mit dir ziehen.

PARZIVAL *verwirrt:* Du willst mit mir ziehen?

SIR GAWAIN Ja! Ich will dein Freund sein.

PARZIVAL Du willst mein Freund sein? *Er faßt Sir Gawain an,
tastet sein Gesicht ab, seinen Körper:* Ja, du bist Sir Gawain. Ich kenne dich. – Aber du siehst das wüste Land
nicht, durch das ich gehe! Deshalb kannst du nicht mit mir
gehen!

Dann umarmten und küßten sie sich, setzten ihre Helme auf
und gingen in entgegengesetzte Richtungen davon.

58
Eremitage

Einsiedelei. Gespaltene alte Linde. Apfelgarten. Der Eremit
sitzt im Baum, es ist Merlin.

MERLIN ALS EREMIT *singt ein keltisches Lied:*
    Merlin, Merlin pelec'c et-hu
    ken beuré-zé gand ho ki du
    Ou ou ou ououououou
    jou ou ou ou
    Er bricht den Gesang ab:
Das alte keltische Lied hat hundertzwanzig Strophen, ich
singe noch eine.
    Er singt:
    Bed onn bet kas kahout ann tu

Mordred erschlägt den Eremiten und gibt Lancelot die Schuld   181

da gahout tréman ann wi ru
Ou ou ou ouououou
jou ou ou ou
Er summt die Melodie weiter, schweigt, sagt schließlich:
Ehe Sir Mordred und Sir Lancelot hier erscheinen, singe ich
noch eine Strophe.
Er singt:
Mont a rann da glask d'ar fluoren
ar béler glaz ha'nn' aour geoten
Ou ou ou ouououou
jou ou ou ou
*Sir Lancelot und Sir Mordred kommen. Sie sehen sich um,
sie sind müde, sie suchen einen Rastplatz. Sie haben den
singenden Merlin offenbar nicht gehört. Sir Lancelot legt
sich unter einen Apfelbaum und schläft ein. Mordred
streicht um die Kapelle herum.*
*Merlin hat Sir Mordred und Sir Lancelot aufmerksam be-
obachtet. Als Sir Mordred zu dem Baum kommt, läßt sich
Merlin neben ihn auf den Boden herunterfallen.*
SIR MORDRED *erschrocken:* Wo kommst du denn her?
MERLIN ALS EREMIT *noch am Boden liegend:* Der Herr sei mit
dir auf deinen Wegen!
SIR MORDRED Der Herr segne dich.
MERLIN ALS EREMIT Möchtest du Honig? *Er leckt sich die Fin-
ger ab, deutet auf den Baum.*
SIR MORDRED Danke, frommer Mann.
MERLIN ALS EREMIT Ich habe dort oben gesessen, Honig ge-
schleckt und Gott gelobt, plötzlich bin ich heruntergefal-
len.
SIR MORDRED Wie gut, daß der Mensch nicht so schnell aus
Gottes Gnade fallen kann.
MERLIN ALS EREMIT Wie gut, wie gut. – Ich habe geblinzelt.
Ich habe in die Ferne gespäht und mich nicht festgehal-
ten.
SIR MORDRED Wen erwartest du denn aus der Ferne, hier im
einsamen Wald?
MERLIN ALS EREMIT Zwei Ritter.
SIR MORDRED Wir sind zwei Ritter. Ich und der andere dort
unter dem Apfelbaum, er ist eingeschlafen.
MERLIN ALS EREMIT *sieht ihn an, schüttelt den Kopf:* Euch er-

warte ich nicht. Ich erwarte zwei Ritter, die auf einem schwarzen, unheilvollen Weg sind, und ich muß sie davon abhalten.

SIR MORDRED Wir sind unterwegs, um den Gral zu finden, und wir sind erschöpft von der langen Reise.

MERLIN ALS EREMIT Nur die Erwählten werden ihn finden! Nur die Erwählten!

SIR MORDRED Ich möchte in deiner Kapelle beten, frommer Mann.

MERLIN ALS EREMIT Ja, geh nur hinein. *Sir Mordred wendet sich zur Kapelle und will hineingehen, Merlin ruft ihm rasch nach:* Sie heißen Sir Lancelot und Sir Mordred!

SIR MORDRED *bleibt stehen:* Wer heißt so?

MERLIN ALS EREMIT Ach, ich wäre froh, wenn die nicht kämen! Betet für meine arme Seele, ich fürchte mich!

SIR MORDRED Was hast du denn zu fürchten?

MERLIN ALS EREMIT Ich fürchte mich, ich fürchte mich erbärmlich vor diesen beiden Rittern. Und das ist eine Sünde, denn nur der Kleingläubige fürchtet sich. Deshalb geh hinein, bete für meine kleingläubige Seele.

SIR MORDRED Warum fürchtest du dich denn vor Sir Mordred und Sir Lancelot?

MERLIN ALS EREMIT Sie haben so große Füße, einer von ihnen will mich tottreten.

SIR MORDRED *lacht:* Tottreten?

MERLIN ALS EREMIT Doch doch. Ja ja.

SIR MORDRED Kennst du sie?

MERLIN ALS EREMIT Doch doch! Ich habe es geträumt, ich habe es vor mir gesehn.

SIR MORDRED Es sind fromme Ritter, wie wir, sie suchen den Gral, wie wir. Und du bist ein frommer Eremit! Was sollen sie denn einem frommen Eremiten, der für ihre Sünden betet, Böses tun?

MERLIN ALS EREMIT Doch doch, sie werden mir etwas tun.

SIR MORDRED Fürchte dich nicht, du frommer Mann!

MERLIN ALS EREMIT Weil ich ihnen die Wahrheit sage! Das wird einen von ihnen in unermeßliche Wut bringen.

SIR MORDRED Du willst ihnen die Wahrheit sagen? Welche Wahrheit denn? Was weißt du über Sir Mordred und Sir Lancelot?

Mordred erschlägt den Eremiten und gibt Lancelot die Schuld　　　183

MERLIN ALS EREMIT Jaja! Wenn ich es nur nicht sagen müßte!

SIR MORDRED Ich kenne Sir Mordred und Sir Lancelot. Sage mir, was du ihnen sagen mußt.

MERLIN ALS EREMIT Ja, dir sage ich es. König Artus und sein Reich sind in Gefahr, sie werden es zugrunde richten. Das muß ich ihnen sagen.

SIR MORDRED Sir Lancelot, sagst du?

MERLIN ALS EREMIT Und Sir Mordred, Sir Mordred!

SIR MORDRED Sir Mordred kenne ich gut! Du irrst dich, frommer Mann. Er strebt nach Vollkommenheit und Erleuchtung, er möchte den Gral finden! Er fleht jeden Tag zu Gott, daß er den Gral findet.

MERLIN ALS EREMIT *tritt ganz nah an Mordred heran und schreit ihm ins Gesicht:* Nie wird er den Gral finden!

SIR MORDRED *schrickt zurück, will Merlin schlagen, nimmt sich aber zusammen und bleibt der heilige Pilger.*

MERLIN ALS EREMIT *ruhig, als ob er nichts gemerkt hätte:* Du glaubst vielleicht, daß er nach dem Guten strebt. Er ist ein Heuchler, du bist auf ihn hereingefallen.

SIR MORDRED Er hat sich geändert.

MERLIN ALS EREMIT Es scheint dir so!

SIR MORDRED Früher war er neidisch, jetzt ist er es nicht mehr. Er hat sich mit Sir Lancelot versöhnt, auf dessen Ruhm er früher neidisch war. Er ist sogar sein Freund geworden.

MERLIN ALS EREMIT Es scheint dir so.

SIR MORDRED Er hat früher seinen Vater gehaßt, weil sein Vater ihn ersäufen wollte, als er ein Kind war, aber er hat seinem Vater verziehen. Es ist sein größter Wunsch, ihm in der Tugend nachzustreben.

MERLIN ALS EREMIT Es scheint dir so!

SIR MORDRED Als die Ritter der Tafelrunde aufgebrochen sind, um den Gral zu suchen, ist auch Sir Mordred aufgebrochen, zusammen mit Sir Lancelot, das glühende Verlangen nach Erlösung im Herzen.

MERLIN ALS EREMIT Es scheint dir so. – Wenn ich es wenigstens dem anderen sagen kann, daß sein Freund ein Heuchler ist!

SIR MORDRED Welchem anderen?

Mordred erschlägt den Eremiten und gibt Lancelot die Schuld

MERLIN ALS EREMIT Sir Lancelot.

SIR MORDRED Ich muß beten. Du willst mich in Versuchung führen. *Er geht in die Kapelle.*

MERLIN ALS EREMIT *geht hinüber in den Apfelgarten, zu dem schlafenden Sir Lancelot, beugt sich über ihn:*
Oh Sir Lancelot! Du liegst so tief im Schlaf! Wenn du nur wüßtest, was für einen Heuchler du dir zum Freund genommen hast! *Er geht zur Kapelle zurück, setzt sich vor die Kapelle, wartet, singt wieder eine Strophe von dem keltischen Lied:*
Merlin Merlin distroet enn-drou
né deuz diwinour nemed Dou
Er bricht ab.
Um so schlimmer, wenn er so gut scheint! Gib Gott, daß wenigstens Sir Lancelot merkt, daß sein Freund ein Heuchler ist! – *Ruft:* Komm heraus, fremder Ritter! Komm heraus! Komm heraus aus der Kapelle! Die Wände haben Risse bekommen! Die Glocke zerspringt!
Sir Mordred kommt heraus.

MERLIN ALS EREMIT *rennt um die Kapelle herum:* Ich muß dreimal um die Kapelle herumgehen. Nur wenn ein Heiliger dreimal außen herum läuft, bleiben die Wände unversehrt stehen.

SIR MORDRED Ich weiß keine Sünde in meinem Herzen, Einsiedler.

MERLIN ALS EREMIT *rennt noch immer herum:* Wer weiß es! Wer weiß es! – Ich bin schwach, ich verliere den Atem! – Die Wände sind rissig geworden.

SIR MORDRED Das ist nicht wahr! Du willst mich in Versuchung führen.

MERLIN ALS EREMIT *läuft noch immer um die Kapelle herum, außer Atem:* Du siehst es nicht! Ich sehe es.

SIR MORDRED Aber jetzt sage mir doch, du weiser Eremit, wenn du diese Mauer zerbrechen siehst und wenn du die Seele des armen Sir Mordred besser zu kennen glaubst als er selbst: will denn ein Mensch lieber gut oder will er lieber böse sein?

MERLIN ALS EREMIT Mordred ist böse, auch wenn es ihm jetzt gefällt, gut zu sein.

SIR MORDRED Aber wenn es ihm gefällt, gut zu sein, so ist es doch besser, als wenn es ihm gefiele, böse zu sein? Es macht ihn doch gut!

MERLIN ALS EREMIT *rennt noch immer um die Kapelle:* Er spielt den Frommen, bis er selber glaubt, fromm zu sein.

SIR MORDRED Wie willst du denn unterscheiden, weiser Mann, ob er gut ist, weil er gut ist, oder ob er gut ist, weil er den Guten so gut spielt?

MERLIN ALS EREMIT Ich weiß es.

SIR MORDRED Du weißt es?

MERLIN ALS EREMIT *bleibt jetzt stehen:* Ja, denn Gott weiß es.

SIR MORDRED Ach, und du bist wohl wie Gott?

MERLIN ALS EREMIT Probier meinen Honig! Er klebt noch an meinem Finger! *Er steckt ihm seinen Finger in den Mund.*

SIR MORDRED *wütend:* Geh weg! – Ich war zu freundlich zu dir!

MERLIN ALS EREMIT *wischt den Finger an Mordreds Rock ab:* Ich zeige dir, wie du bist.

SIR MORDRED *stößt ihn angewidert weg:* Du dreckige Laus! Ich bin Sir Mordred!

MERLIN ALS EREMIT Du bist Sir Mordred? *Redet sich in Wut:* Dann tut es mir leid, daß ich meinen Honigfinger in dein Lügenmaul gesteckt habe! Ich hätte ihn schon fast nicht mehr herausgekriegt, weil dein Maul so dreckig ist! Eine Abfallgrube voller Bosheit und Neid! Um meinen Honigfinger tut es mir leid! Nicht einmal an deinem Pelz hätte ich ihn gerieben, wenn ich gewußt hätte, daß du Sir Mordred bist! Nicht einmal meinen Arsch würde ich an deinem Pelz abwischen, und auch nicht an deinem zarten Krägelchen, noch nicht einmal, wenn du mich drum bitten würdest, würde ich das tun! – *Er kniet hin:* Vater im Himmel, verzeih mir, ich muß so mit ihm reden, anders geht es nicht. *Sir Mordred reißt ihn an den Haaren, Merlin fällt hin.*

MERLIN ALS EREMIT *schreit:* Siehst du, ich habe es vorausgesehen! Du tötest mich! Ich bin ein frommer Mann, ein Honigsammler, aber du tötest mich! *Mordred läßt von ihm ab.*

SIR MORDRED Verschwinde! Versuche mich nicht!

MERLIN ALS EREMIT Du bist nicht fromm, – du bist eitel! Du gefällst dir in deiner Frömmigkeit! Du bist derselbe Affe, der du vorher warst! Eitel! Eitel! Eitel! *Sir Mordred geht wieder auf ihn los.* Ein Mörder bist du! Dabei wäre es höchste Zeit, an das Heil deiner Seele zu denken! Wenn du wüßtest, was aus dir noch wird! Ich weiß es! Hoch willst du steigen und in schreckliche Tiefe wirst du fallen! Deinen Namen wird man sagen und dabei ausspucken! Und so schnell wird man hinter deinem Namen herspucken, daß am Ende dein Name dasselbe ist wie Spucke und Schleim! *Spuckt aus:* So! Das heißt Mordred! *Spuckt wieder:* Mordred! *Spuckt:* So! *Spuckt wieder:* Mordred! – Und wenn du unter dem freien Himmel stehst, werden dir die Vögel auf deinen verfluchten Kopf scheißen! Du kannst deinen verfluchten Kopf noch nicht mal mehr aus dem Fenster stecken! *Er kniet hin:* Vater im Himmel, ich habe gesündigt, vergib mir mein sündiges Geschrei! *Sir Mordred tritt ihn und schlägt ihn.* Die Vögel scheißen dir auf deinen Kopf! Ich aber werde frei unter Gottes Himmel treten! *Er kniet wieder nieder:* Herr, vergib mir meinen Hochmut! *Mordred tritt wieder nach ihm.* Wenn ich nicht hinknien würde, könntest du mich nicht treten, du gottloser Hund! Nur weil ich zwischendurch bete, erwischst du mich! – Lancelot, wach auf! Sieh, was du für einen Freund hast! *Sir Mordred trampelt ihn tot.*

SIR MORDRED Idiotischer Schwätzer! *Im gleichen Augenblick, als Merlin tot daliegt, fliegt ein Vogel auf, Merlin der Vogel, und im gleichen Augenblick steht Merlin oben unversehrt und sieht hinunter zu Mordred und dem toten Eremiten.*

SIR LANCELOT *ist erwacht, aufgestanden:* Hast du mich gerufen, Mordred?

SIR MORDRED Lieber Freund!

SIR LANCELOT Ich habe geträumt. Ich habe den Gral gesehen, schimmernd zwischen den Apfelbäumen. Das ist ein gutes Zeichen.

SIR MORDRED Wir müssen beten und büßen, Lancelot.

SIR LANCELOT Ich bin gesprungen, hoch und leicht wie ein Tänzer! Schade, daß du mich geweckt hast! – *Er sieht den toten Eremiten:* Wer ist das?

Mordred erschlägt den Eremiten und gibt Lancelot die Schuld   187

SIR MORDRED Kann man eines Menschen Gedanken sehen? Können unsere Blicke Löcher in das Gehirn bohren und die Gedanken wie Schnüre herausziehen? Und dann sagen: so hat er gedacht, so ein Mensch ist er gewesen?

SIR LANCELOT Mordred!

SIR MORDRED Wir müssen büßen und beten, wir haben Schuld auf uns geladen.

SIR LANCELOT *entsetzt:* Mordred!

SIR MORDRED Ich mußte es tun. Ich habe es nicht länger ertragen.

SIR LANCELOT Ein frommer Mann! Ein alter Mann!

SIR MORDRED Ich habe es deinetwegen getan.

SIR LANCELOT *beugt sich über den Toten:* Ich habe ihn nie gesehen, ich kenne ihn nicht. *Aufgeregt:* Ich habe ihm nichts getan! Ich habe geschlafen! Ich habe dort drüben im Gras gelegen und habe geschlafen! Ich weiß nichts!

SIR MORDRED Ich mußte es tun.

SIR LANCELOT Das blutige Auge!

SIR MORDRED Deinetwegen!

SIR LANCELOT Ich kenne ihn nicht, ich habe geschlafen!

SIR MORDRED Du bist mein Freund! – Hättest du es nicht getan? Hättest du es geduldet, daß jemand Schlimmes über mich sagt? – Ungestraft? Wärst du beiseite gegangen und hättest dich taub gestellt, wenn man deinen Freund beleidigt? Wenn man ihn Lügner nennt? Heuchler? Ehebrecher? Hätte ich dich aufwecken und fragen sollen, ob er das alles sagen darf? Hätte ich es zulassen sollen, daß er diese Worte in den Wald schreit?

SIR LANCELOT Jesus Christus, erlöse mich!

SIR MORDRED Hättest du das gewollt?

SIR LANCELOT Ach Mordred!

SIR MORDRED Ich mußte ihm das Maul zertreten.

SIR LANCELOT Oh! Oh!

SIR MORDRED Du machst mir Vorwürfe? Du klagst über mich? Wenn ich nicht dein Freund wäre, hätte ich ihn nicht getötet. Du bist schuld, Lancelot! Du! *Schweigen.*

SIR LANCELOT Oh Mordred, was hast du meinetwegen getan! Nie mehr werde ich meines Lebens froh werden. *Sir Lancelot will zu der Kapelle gehen, aber die Kapelle ist lautlos geborsten und zerfallen.*

MERLIN *schreit wütend herunter:* Solche Mühe habe ich mir gegeben, du Dummkopf! Solche Mühe! Meinst du, es ist leicht, sich so schnell zu verwandeln, erst in einen Einsiedler, dann in einen Vogel! In meinem Alter! Lancelot! Du Dummkopf!
Sir Lancelot hört Merlins Geschrei nicht.
Er sitzt auf einem Stein. Hoffnungslosigkeit. Trauer.

59

Der Löwe schreit. Der Clown zittert.
– Wer ist da?
– Ich bin Sir Iwain.
– Ach! Ich dachte, du bist ein Löwe!
– Ich bin ein Löwe!
– Also: bist du nun zwei oder bist du eins?
– Eins! schreien alle beide.
– Also: zwei!
– Er ist der Löwe, ich bin Sir Iwain.
– Aha!
– Und wer bist du?

CLOWN Ich grabe ein Loch.
SIR IWAIN Ich suche den Gral.
CLOWN Deshalb hast du wohl das Tierchen dabei, das soll ihn schnuppern!
SIR IWAIN Ach nein, er hindert mich vielmehr daran.
CLOWN Verstehe. Du mußt aufpassen, daß er nichts anstellt. Das dumme Vieh!
DER LÖWE Ich passe auf i h n auf! Ohne mich wäre er schon zehnmal erschlagen worden.
SIR IWAIN *flüstert:* Ich müßte mich von ihm trennen.
CLOWN Mach's doch!
SIR IWAIN Ich habe es schon oft versucht. Ich bin ihm weggelaufen, ich habe mich versteckt. Aber wenn ich morgens aufwache, sitzt er wieder da.
CLOWN *gönnerhaft:* Tröste dich! Du brauchst gar nicht mehr weiterzusuchen. Ich finde den Gral! Hier!
SIR IWAIN Du? Hier?

CLOWN Ja, hier! Deshalb grabe ich doch das Loch! Alle gehen sie von zu Hause weg, weit fort! Sie ziehen in der ganzen Welt herum. Weit weg! In die Ferne! Ich bleibe, wo ich bin. Hier! H i e r ist doch auch weit weg von anderswo.

60

SIR LANCELOT *singt:*

Ahi! Amours, con dure departie
me convendra faire pour la meillour
ki onques fust amee ne servie!
Deus me ramaint a li par sa douçour
si voirement que m'en part a dolour.
las! qu'ai je dit? ja ne m'en part je mie:
ains va mes cors servir nostre seignour,
Mes cuers remaint del tout en sa baillie.
Las! Je m'en vois plorant es ieus du front
la u Deus veut amender mon corage,
et sachiez bien qu'a la meillour du mont
penserai plus que ne faz a voiage

61

Gral-Bilder

Luzifers Sturz.
Ein gewaltiges Rauschen in der Luft. Luzifer stürzt durch das Weltall, er stürzt an der Erde vorbei. Ein Stein bricht aus seiner Engelkrone, glüht auf wie ein Meteorit.
Stille.
In der Wüste liegt ein riesiger leuchtender Stein, er hat dieselbe gezackte Form wie der Stein aus der Krone Luzifers: es ist der Stein aus der Krone Luzifers.
Aus Erdlöchern und Höhlen kommen Menschen heraus und nähern sich dem leuchtenden Stein. Manche sieht man aus weiter Entfernung herankommen, einige rennen. Manche kriechen heran, manche tasten sich vorwärts wie Blinde. Viele tragen schwarze Schutzbrillen. Einige schleppen Kof-

Lancelot singt ein Lied über die Liebe

fer, als ob sie gerade vom Bahnhof kämen. Jemand schiebt sein Fahrrad mühsam durch den Sand, läßt es liegen, geht zu Fuß weiter. Eine Gruppe nackter dunkelhäutiger Menschen, deren Körper mit Ornamenten grellweiß bemalt sind.

Nun scheint der Stein über dem Wüstenboden zu schweben, und er sieht aus wie eine schimmernde Stadt mit kristallenen Türmen, Mauern, Zinnen.

Christus am Kreuz.
Riesige überfüllte Parkplätze, verstopfte Zufahrtsstraßen zu dem Hügel am Rand der Großstadt. Der Hügel ist aus dem aufgetürmten Trümmerschutt des Krieges entstanden und in eine künstliche kleine Gebirgslandschaft verwandelt worden. Rasen, blühende Büsche; schmale gewundene Pfade führen zum Gipfel hinauf, wo die Kreuzigung stattfindet. Große Zuschauermenge. Der sterbende Christus am Kreuz. Der Kriegsknecht stößt ihm die Lanze in die Seite, dreht sie in der Wunde um. Ein dicker Blutstrahl schießt aus der Wunde.

Joseph von Arimathia kniet unter dem Kreuz und fängt das Blut in dem geschmückten Gralskelch auf. Er ist ängstlich besorgt, daß kein Tropfen Blut auf die Erde fällt.

Der Kelch, das ist der Stein Luzifers.

Joseph von Arimathia.
In der Wüste haben sich Joseph von Arimathia und seine Anhänger um einen langen Tisch versammelt, um den Heiligen Gral zu feiern. Alle tragen lederne Fliegerhauben. Das schimmernde Gefäß wird von einem zum anderen gereicht und jeder trinkt daraus.

Der Wind weht den hellen Sand in Schleiern über die Gruppe hin. Ein hoher, unendlich schöner Ton in der Luft.

Die Rune.
Ein Doppeldecker-Flugzeug startet und steigt steil in die Luft. Es kreist über einem hohen schneebedeckten Berg, es schreibt kreisend, stürzend und wieder steigend eine Rune in den leeren Himmel.

Die Rune bleibt lange stehen, löst sich dann allmählich auf.

Über das Meer.
Joseph von Arimathia, der den Gral in den hochgestreckten
Händen hält, geht mit seinen Anhängern über das Meer.
Sie gehen über die Wellen des Wassers, als ob es fester Bo-
den wäre. Sie gehen auf die weiße Felsenküste Englands
zu.

Der höchste Ort.
Auf dem höchsten Gipfel eines wüsten Gebirgsmassivs steht
riesengroß der schimmernde Gral. An den Bergwänden
klimmen Menschen hoch, sie hängen winzig klein in den Felsen. Man sieht sie sich bewegen, aber sie scheinen kaum
höher hinaufzukommen.

62

*Merlin verkleidet sich als dicke alte Puffmutter, stopft sich
die Figur mit Kissen aus, schminkt sich.*
MERLIN Gawain! Gawain! Gehst du auf dem richtigen Weg?
Den Gral willst du suchen, aber ich zweifle . . .! Ich muß
dich prüfen, Gawain! Ich hoffe, du bestehst! *Er setzt sich
an den Wegrand. Sir Gawain kommt.*
MERLIN ALS PUFFMUTTER He du, junger Mann! Sir Gawain!
SIR GAWAIN Woher kennst du mich denn, Mädchen?
MERLIN ALS PUFFMUTTER Laß mich mal überlegen, Moment
mal! Muß ich mich mal an all die schönen Orte erinnern,
wo ich mich in der letzten Zeit vorübergehend aufgehalten
habe.
SIR GAWAIN Überleg nur! Wenn ich auf dem Rückweg wieder
vorbeikomme, kannst du mir es ja sagen.
MERLIN ALS PUFFMUTTER Warte, ich hab's gleich! War's nicht
im »Sanspareil«?
Singt:
. . . in der Silvesternacht,
da hat man von dir und den Damen
ein unanständiges Foto gemacht.
SIR GAWAIN Ja, da war ich. Aber an dich kann ich mich nicht
erinnern.
MERLIN ALS PUFFMUTTER Hier ist das Foto. *Gibt ihm das*

Foto.

SIR GAWAIN Donnerwetter, das ist ja eine richtige Sauerei. An dich kann ich mich aber nicht erinnern.

MERLIN ALS PUFFMUTTER Du hast ja immer nur nach meinen Mädchen geguckt, es waren auch immer besonders attraktive Damen. *Gibt ihm ein anderes Foto:* Und das war im Palais Rosé. Da bist du erst nach 'ner Woche wieder rausgekommen, gekrochen bist du da nur noch, da konntest du gar nicht mehr aufrecht gehen!

SIR GAWAIN Was? Nicht mehr aufrecht gehen? Das ist eine Lüge! Ich bin aufrecht gegangen bis nach Badon, wo dann am nächsten Tage die große Schlacht stattfand, und da habe ich vierzig Feinde erschlagen!

MERLIN ALS PUFFMUTTER Vierzig? Das ist eine Leistung! – Nimm mir doch mal den Hut ab.

SIR GAWAIN Tut mir leid, ich kann nicht.

MERLIN ALS PUFFMUTTER Was, du kannst nicht? Seit wann kannst du denn nicht mehr?

SIR GAWAIN Ich kann immer, wenn du das meinst.

MERLIN ALS PUFFMUTTER Dann hab' ich was für dich. Dann komm nur her. Hast du mal was von der scharfen Orgelouse gehört?

SIR GAWAIN Das bist wohl du?

MERLIN ALS PUFFMUTTER Ich komm dir wohl so vor?

SIR GAWAIN *lacht:* Wenn ich nicht ein Gelübde geleistet hätte, hätte ich meine Lanze schon eingelegt.

MERLIN ALS PUFFMUTTER Brauchst du ja gar nicht! Brauchst du ja gar nicht! Du sollst mir ja bloß den Hut vom Kopf nehmen. So ein Gelübde wirst du doch nicht gemacht haben, daß du einer alten Dame nicht den Hut abnehmen darfst.

SIR GAWAIN Nein, habe ich nicht. *Er nimmt ihr den Hut ab, eine riesige gelockte Haarmähne kommt zum Vorschein.*

MERLIN ALS PUFFMUTTER Siehst du, jetzt hast du mir den Hut abgenommen, jetzt nehme ich dir den Hut ab. *Sie nimmt ihm den Helm ab.* Ist er nicht ein wunderschöner Junge! Da wird meine Orgelouse schwach werden. Komm mal mit, schöner Ritter!

SIR GAWAIN Wohin denn?

MERLIN ALS PUFFMUTTER Komm nur mit mir, zu den hundert

Frauen in Chastelmarveil.

SIR GAWAIN Hundert Frauen?

MERLIN ALS PUFFMUTTER Da sitzen sie und warten darauf, daß einer sie erlöst.

SIR GAWAIN Erlösen? Von was denn?

MERLIN ALS PUFFMUTTER *kreischt:* Von was denn? Von was denn! So eine dumme Frage! Du traust dich wohl nicht!

SIR GAWAIN Hundert Frauen! Wenn ich mir das vorstelle!

MERLIN ALS PUFFMUTTER Stell dir das lieber nicht vor! *Vergißt sich, fällt aus der Rolle:* Abtrünniger! Verräter! Meineidiger!

SIR GAWAIN Heh, Alte, vorsichtig!

MERLIN ALS PUFFMUTTER Du hast ja doch keine Zeit! – Man muß nämlich erst mit Klingsor kämpfen, der hat die Damen eingesperrt und läßt sie nicht zum schönen Leben kommen. Sie sitzen da im Salon und werden schon langsam ranzig. *Plötzlich erscheint die schöne Orgelouse: sie liegt auf einem herzförmigen Bett.*

SIR GAWAIN Ist das die schöne Orgelouse?

MERLIN ALS PUFFMUTTER Das ist bloß eine Vision, vorläufig. Da kannst du nicht einfach hingehen und mit deinen groben Fingern dran rumfummeln! Nicht zum Anfassen! *Wütend darüber, daß Sir Gawain so leicht zu verführen ist, fällt Merlin wieder aus seiner Rolle und schreit:* Hände weg! Hände weg!

SIR GAWAIN Ja ja, schon gut, Mädchen!

MERLIN ALS PUFFMUTTER *nimmt sich zusammen:* Was sagst du?

SIR GAWAIN *starrt Orgelouse an:* Che Bellezza!

MERLIN ALS PUFFMUTTER Jetzt bist du wohl doch 'n bißchen scharf drauf?

SIR GAWAIN Nein, bin ich nicht. – *Orgelouse verschwindet.* Gib mir mal meinen Helm zurück.

MERLIN ALS PUFFMUTTER *gibt ihm eilig den Helm:* Ja ja, sofort! Weg mit dem schönen Sündengesicht! Da stülpen wir lieber den Topf wieder drüber!

SIR GAWAIN *nimmt den Helm, setzt ihn aber nicht auf:* Moment mal!

MERLIN ALS PUFFMUTTER Setz ihn auf! Setz ihn auf!

SIR GAWAIN Ich habe nämlich ein Gelübde getan, verstehst du?

MERLIN ALS PUFFMUTTER Warum stehst du dann überhaupt hier noch herum? – Jetzt erklär mir mal, was du für ein komisches Gelübde getan hast.

SIR GAWAIN Kann ich dir erklären, wenn du willst, wirst es aber nicht verstehen, Mädchen.

MERLIN ALS PUFFMUTTER Du unterschätzt mich. Nun sag mal! *Wütend, wieder aus der Rolle fallend:* Los! Sag es!

SIR GAWAIN *verdattert wie ein Schuljunge:* Daß ich mich nirgendwo aufhalte . . .

MERLIN ALS PUFFMUTTER *streng:* Das ist alles?

SIR GAWAIN Nein, nicht alles . . . Und daß ich keine Frau anfasse . . .

MERLIN ALS PUFFMUTTER *streng:* Weiter! *Wütend:* Weiter! Weiter!

SIR GAWAIN Ja, und außerdem . . .

MERLIN ALS PUFFMUTTER *streng:* Weißt du denn wenigstens, warum?

SIR GAWAIN *legt ärgerlich den Helm weg:* Ich laß mich doch nicht von dir examinieren, hör mal!

MERLIN ALS PUFFMUTTER *erschrickt:* Setz den Helm wieder auf, Sir Gawain! Ich will dir doch nicht die Stimmung verderben!

SIR GAWAIN *nimmt wieder den Helm:* Der Gral! Der Gral! Wegen dem Gral, weil ich den Gral suchen will . . . suchen muß!

MERLIN ALS PUFFMUTTER Wer hat es dir denn befohlen?

SIR GAWAIN Eine innere Stimme!

MERLIN ALS PUFFMUTTER *fällt wieder aus der Rolle:* Dafür bist du geschaffen! Ja! Dafür bist du geschaffen!

SIR GAWAIN Meinst du?

MERLIN ALS PUFFMUTTER *fällt aus der Rolle:* Ja! Ja! Bist du!

SIR GAWAIN Ich glaube, du machst dich lustig über mich.

MERLIN ALS PUFFMUTTER *erschrocken:* Nein! Nein! Also der Gral . . .

SIR GAWAIN Das ist das Allerhöchste! Verstehst du?

MERLIN ALS PUFFMUTTER Nee.

SIR GAWAIN Ich muß den Gral finden. Wenn ich ihn nicht finde . . . *Wütend:* Warum erkläre ich dir das denn? Das verstehst du sowieso nicht!

MERLIN ALS PUFFMUTTER Nee.

Merlin als Puffmutter. Gawain läßt sich von seinem Ziel ablenken

SIR GAWAIN *schreit:* Ich habe sonst mein Leben verfehlt!

MERLIN ALS PUFFMUTTER *schweigt, überlegt, steht auf, geht um Sir Gawain herum, sieht ihm ins Gesicht, pfeift durch die Zähne, schüttelt den Kopf, glaubt ihm das Bekenntnis nicht, seufzt resigniert:* Jetzt hör mir mal zu, mein Junge. Jetzt hast du mir 'ne lange Geschichte erzählt . . . lang war sie eigentlich gar nicht, aber verworren. Nun gebe ich dir mal einen guten Rat! Du suchst deinen Gral, aber du hast keine Ahnung, wo du ihn finden kannst. Da kannst du ihn ja mit Gottes Hilfe überall suchen! Nun rate ich dir, heb doch mal den Rock von 'ner schönen Dame hoch und sieh mal genau nach, ob er nicht da drunter ist. *Sie hebt den Rock hoch, zeigt ein schimmerndes übergroßes weibliches Geschlechtsteil.* Guck doch mal rein! Steck deinen Kopf doch mal rein! Ist innen wie 'ne Schatzhöhle! Da wirst du auch deinen Gral finden, wenn du mal drin bist, und willst gar nicht mehr wieder herauskommen. *Er lacht kreischend. Es erscheint wieder die Vision von Orgelouse.*

SIR GAWAIN Orgelouse! Und wie heißen die andern?

MERLIN ALS PUFFMUTTER Schade, Junge, daß ich so gern singe! Jetzt muß ich dir noch ein Lied über die Damen singen. *Sie singt:*
Marlene, Marlene
hat im Auge 'ne Treene

SIR GAWAIN Da kann ich auch noch einen Vers hinzufügen! *Er singt:*
Jeannette Jeannette
ach wenn ich dich mal hätte
und die hübsche Lou
die läßt mir keine Ruh
und noch achtzig mehr
sind hinter Sir Gawain her
lacht: – und ich hinter ihnen! Zeig mir doch, wie ich zu Klingsors Turm komme, wo die schöne Orgelouse gefangen ist! Ich will mit Klingsor kämpfen und alle Frauen aus der Gefangenschaft befreien!

– Ja ja ja, schrie der verwandelte Merlin, verdammt nochmal, ich zeig' dir den Turm, ich hoffe, daß du den furchtbaren Kampf nicht überleben wirst!

Und er stieß Sir Gawain wütend vor sich her, zu Klingsors
Turm.

63
Klingsors Turm

Fahle blaue Nachtbeleuchtung, die an ein Asyl erinnert.
Eine breite Treppe, die sich nach oben im Dunkel verliert.
Drei Säulen auf riesigen nackten Menschenfüßen, – wessen
Füße sind es? Und oben in der Turmmauer öffnet sich ein
großes Auge und schließt sich wieder, – wessen Auge hat sich
nach innen gewendet, um in das eigene Innere zu sehen?
Mondlicht fällt herein durch die Pupille. Die Gesichter, auf
die es fällt, sind Gesichter von Greisinnen: Angstgesichter,
Irrsinnsgesichter, kleine Totengesichter. Gawain kämpft hin-
ter der Wand in der Kammer mit dem Zauberer Klingsor.
Die Frauen pressen ihre Ohren gegen die Wand, um zu lau-
schen. Manchmal werden die Geräusche aus der magischen
Kammer so laut, daß alle Frauen sie hören können, ein Split-
tern von Holz und Glas, ein Schwirren in der Luft, ein
Krachen, als ob die Bäume im Wald brächen, ein Rauschen
wie von Wasser, das aus den Mauern stürzt. Die Frauen sitzen um einen leeren Tisch ohne zu reden, ohne etwas zu tun.
Die Frauen kauern eng aneinandergedrängt auf den Trep-
penstufen. Auf dem Boden sitzt eine Frau mit gesenktem
Kopf, sie rupft sich Haare aus. Auf Stühlen an der Wand
entlang sitzen apathische Frauen. Eine Frau steht auf und
bewegt sich, wie wenn ihre Füße an den Knöcheln zusam-
mengebunden wären, mit kleinen schleifenden Schritten
durch den Raum, durch die Stille. Eine Frau schreibt hastig
auf weiße Blätter, zerreißt sie, wirft sie in den Papierkorb,
fängt an, ein neues Blatt zu beschreiben; alles schweigend.
Eine Frau zerschneidet ihr Kleid. Eine Frau tanzt, als ob sie
einen Walzer hören würde und als ob ein Mann sie
führte.
Dann hört man einen Schrei aus der Kammer hinter der
Wand. Alle Frauen starren zu der Tür. Unter der Tür sickert
Blut heraus. Eine große Lache.
– Das ist Gawains Blut!

– Nein! Es ist nicht Gawains Blut. Es ist Tierblut.
– Gawain ist tot!
– Gawain ist tot! Es ist Gawains Blut!
Die Frauen rennen zu der Blutlache hin, fassen mit den Fingern hinein, wischen ihre Haare darüber hin, beschmieren sich das Gesicht mit dem Blut.
Eine Horcherin an der Wand:
– Ich höre seinen Atem nicht mehr! Er ist tot.
Und während die Flüsterworte durch den halbdunklen Raum schwirren, fängt Sir Gawain wieder an zu kämpfen.

Die schöne Orgelouse

Er ging
den Lorbeer zu pflücken
stieg er über den Zaun.
Aber der Pfauenritter
hat ihn getötet.

Mit zwei Schwertern
tötet er ihn.

Oh mein Geliebter,
getötet hat dich
der Ritter mit dem Pfauenhut,
getötet hat er die Liebe!
Alle Männer
wünscht' ich mir tot.

Nun aber
ist Gawain gekommen.

Liebe kehrt mir zurück.

Die Türe zu der magischen Kammer öffnet sich langsam, sie bleibt halboffen stehen, ein weißes Licht fällt heraus wie ein scharfes Messer. Nach einiger Zeit erscheint Gawain in der Tür, aus vielen Wunden blutend, weißhaarig geworden.
Er hat Klingsor besiegt, er hat die hundert gefangenen

Frauen befreit. Die Säle von Chastelmarveil glänzen nun im hellen Licht, und Gawain, der junge Gawain steht oben auf der Treppe, von den Frauen umschwärmt: sie sind jung, sie sind geschmückt mit Federn und buntem Flitter, Revuegirls.

Musik, Walzermusik, Gawain und Orgelouse, das glückliche Paar, sie tanzen miteinander, und Gawain sagt zu Orgelouse:

– Schöne Orgelouse, das Bild von dir, das ich in der Luft gesehen habe, hat mich hierher gelockt und ich glaube nicht, daß ich von hier wieder fortgehe; da müßten mich schon die Toten aus den Gräbern rufen.

– Auch dann würde ich dich festhalten, sagte Orgelouse.

Auch Merlin ist dabei. Er zupft an den Korsagen, er lacht in die Gesichter, er tanzt unter den Federn und dem Tüll, er kriecht unter den Röcken hervor, er tanzt und macht so hohe Sprünge, wie man sie ihm gar nicht zugetraut hätte. Dabei fällt ihm die Perücke vom Kopf und der falsche Busen und die Polster, mit denen er sich ausstaffiert hat, verrutschen und sie erkennen ihn nun alle.

– Merlin, lachte Orgelouse, ich küsse dich dafür, daß du Sir Gawain verführt hast. Sonst wäre er nicht nach Chastelmarveil gekommen und wir wären alle nicht fröhlich.

– Ach! Ach! stöhnte Merlin plötzlich erschöpft und ärgerlich. Als Orgelouse wissen wollte, warum er so klagte, sagte er:

– Ich hatte gehofft, daß er sich anders entscheidet.

– Was! Nicht für mich?

– Geschimpft und geflucht habe ich! Geärgert habe ich mich, daß er so schnell auf mich hereinfiel!

– Auf dich? lachte Orgelouse, – auf mich! M i c h wollte er doch haben.

– Ich habe es zu gut gespielt, ich war zu wirkungsvoll.

– Na, Gott sei Dank, ich bin froh, daß du so begabt bist.

– Es war eine zu gute Rolle, seufzte Merlin bekümmert.

– Spielst du denn gern Frauenrollen?

– Puffmutter ist jedenfalls besser als Stein. Aber ich würde auch gern mal ein zartes junges Mädchen spielen. Es kitzelt mich so, diese kleinen Schrittchen zu machen. Ich möchte so gern singen: tiptoe through the tulips with you.

- Na, dann sing es doch!
- Ich habe jetzt die Stimme nicht dazu. Später vielleicht.
- Ich habe gehört, du bist in die kleine Viviane vom Wald verliebt.
- Ich singe nicht, ich singe nicht.
- Schade!
- So wie es jetzt gekommen ist, ist es auch gut, sagte Merlin und sprang wieder unter die Tanzenden.

PARZIVAL *draußen, unsichtbar:* Gawain! Gawain!

SIR GAWAIN Wer ruft mich denn da? Wenn jemand etwas von mir will, soll er doch hereinkommen! Heute lasse ich jeden herein, und heute kann jeder von mir haben, was er will.

PARZIVALS STIMME Gawain!

SIR GAWAIN Wer bist du denn?

PARZIVAL *gibt keine Antwort.*

ORGELOUSE Wer ist es denn? Seht doch einmal vor die Tür. *Mädchen gehen hinaus.*

SIR GAWAIN Ja! Holt ihn herein! Es soll keiner heute nacht vor meiner Tür liegen, und wenn es mein schlimmster Feind wäre.

ORGELOUSE Du hast keine Feinde mehr, Gawain.

SIR GAWAIN Wenn du nicht mein Feind bist. Einen schlimmeren als dich könnte ich nicht haben.

ORGELOUSE Stimmt es, daß du dem grünen Ritter den Nakken hingehalten hast, als er das Beil hob, um dich zu erschlagen?

SIR GAWAIN Ja! Und ich habe nicht gezittert.

ORGELOUSE Stimmt es, daß du, um König Artus zu retten, die häßlichste Frau geheiratet hättest?

SIR GAWAIN Ja. Und als ich mit ihr im Bett lag und ich mich mit Grauen zu ihr umwandte, um sie zu küssen, war sie die schönste geworden.

ORGELOUSE Und ist Sir Lancelot der Freund, den du am meisten liebst?

SIR GAWAIN Ja. Das stimmt.

ORGELOUSE Aber es heißt doch, daß ihr eines Tages kämpfen werdet und daß einer dem anderen den Tod bringt.

SIR GAWAIN Wer sagt das?

Gawain und Orgelouse. Parzivals Stimme ruft

ORGELOUSE Ich weiß es nicht.

SIR GAWAIN Das wird niemals sein!

ORGELOUSE Ich habe es gehört.

SIR GAWAIN Unmöglich! Er hat mich noch nie in einem Turnier besiegt und ich habe ihn auch nie besiegt.

Die Mädchen kommen zurück.

SIR GAWAIN Wer ist es?

MÄDCHEN Er ist staubbedeckt. Er liegt an der Tür. Wenn man ihn fragt, dann antwortet er nicht. Er läßt sich auch nicht hereinbitten. Er ruft nur immer nach Sir Gawain.

SIR GAWAIN Soll ich denn hinausgehen? – Es ist mir zu kalt draußen! Und hier ist es warm!

PARZIVALS STIMME *draußen:* Gawain! Gawain!

ORGELOUSE Geh nicht hin, Gawain! Bleib bei mir.

SIR GAWAIN Doch. Ich gehe mal an das Fenster und horche.

Er geht an das Fenster und sieht hinaus.

PARZIVAL *ruft:* Gawain!

SIR GAWAIN *ruft:* Ich sehe dich nicht. Du stehst da unten im Nebel. Aber deine Stimme kommt mir bekannt vor! Wer bist du?

PARZIVAL *ruft:* Du hast deinen Weg vergessen, Gawain. Du mußt weiterziehen! Du hast dein Ziel vergessen!

SIR GAWAIN *ruft:* Was für ein Ziel denn?

PARZIVAL Der Gral!

SIR GAWAIN *ruft:* Ach, jetzt weiß ich es! Du bist Parzival!

PARZIVAL *ruft:* Du wolltest den Gral suchen.

SIR GAWAIN *ruft:* Ja, ja, Parzival! Ich habe mir große Mühe gegeben.

PARZIVAL *ruft:* Du mußt weiter! Die Zeit vergeht!

SIR GAWAIN *ruft – als ob er es der ganzen Welt mitteilen wollte:* Die schöne Orgelouse liebt mich! Die schöne Orgelouse liebt mich!

PARZIVAL *schweigt.*

SIR GAWAIN *ruft:* Komm herein, Parzival! Bruder! Freund! – Jetzt sehe ich dich dort unten stehen. Unglücklich siehst du aus! So verändert hast du dich, Parzival! So habe ich dich früher nicht gesehen.

PARZIVAL *ruft:* Ich zweifle, ich bin müde, Gawain.

SIR GAWAIN *ruft:* Komm herein!

PARZIVAL *ruft:* Ich kann nirgendwo bleiben. Ich muß den

Gral suchen.

SIR GAWAIN *ruft:* Sieh mich an, Parzival! Komm herauf, sieh mich an, wie glücklich wir alle sind!

PARZIVAL *ruft:* Das ist nur eine Versuchung, Gawain, um dich von dem Ziel abzubringen.

SIR GAWAIN *ruft:* Ich habe den Zauberer Klingsor besiegt, und sieh dir an, was ich gewonnen habe! Sieh dir Chastelmarveil an! Ich wäre ein verdammter Dummkopf, wenn ich hier dunkel machen und die Tür hinter mir zuschlagen würde! Ich bin sicher, es wäre eine Sünde, und die würde mir Gott nicht verzeihen, solange ich hier auf Erden herumlaufe!

PARZIVAL *ruft:* Unter Steinen sitzt du, Steine umarmst du! Sand rinnt aus deinem Becher!

SIR GAWAIN Ach, du sprichst wieder von der Wüste? Hör doch auf damit, komm herauf!

PARZIVAL *ruft:* Du hast die Suche nach dem Gral aufgegeben, Gawain!

SIR GAWAIN *ruft:* Ja, stimmt. Und ich habe kein schlechtes Gewissen. Habe ja ehrlich gesucht, bin zwei Jahre unterwegs gewesen, es war mir schon ganz wirr im Kopf. Aber jetzt bin ich hier und bin glücklich, und alle, die mit mir sind, sollen es auch sein.

PARZIVAL *ruft:* Leb wohl, Gawain!

SIR GAWAIN *sieht lange hinaus:* Jetzt ist der Nebel weg. Jetzt sehe ich dich. Leb wohl, Freund Parzival. – Da gehst du – ich sehe dich, wie du unter dem Sternenhimmel dahingehst, über die große Ebene hin. *Schweigen.* Noch immer sehe ich dich!

64
Die Finsternis

Merlin hat auf dem Fest getanzt, plötzlich sind die Lichter ausgegangen, die Musik ist verstummt, er ist in der Finsternis vollkommen allein. Wieder ruft der Teufel nach seinem Sohn Merlin. Aber wie ruft er ihn? Er ruft ihn nicht mit seiner Stimme, in dieser Begegnung hat der Teufel keine Gestalt; er ist die Finsternis, in der Merlin sich fürchtet. Er tastet in

Die Finsternis des Teufels

seinem Innern herum wie in einem dunklen Zimmer, um die Wohnung des Bösen in sich zu ertasten. Er kann nichts greifen, keine Wand hält ihn, keine Treppe läßt ihn hinauf oder hinab steigen. – Merlin, sagt die Stimme, die keine Stimme ist, war das für oder gegen mich?

MERLIN Wann? Was?

DER TEUFEL Mit Gawain!

MERLIN Ach so, Gawain meinst du.

Als der Teufel schwieg und auf Antwort wartete, nahm Merlin seinen Mut zusammen und sagte in die unbarmherzige Stille hinein:
– Hör doch auf, immer zu fragen, ob es für dich oder gegen dich ist, was ich mache!
Da antwortete die Stimme, die keine Stimme war:
– Du behauptest immer, daß dir diese Frage gleichgültig ist. Aber ich glaube dir nicht! Das sagst du nur, weil du dich vor der Verantwortung drücken willst.
– Ach, sagte Merlin, die Welt läuft sowieso wie sie will.
Aber der Teufel ließ nicht locker und sagte:
– Das ist keine Antwort, das hast du auch so leise und undeutlich vor dich hingemurmelt, weil du selbst weißt, daß es keine richtige Antwort ist.
Merlin räusperte sich.
– Ich glaube, ich habe mich auf dem Fest erkältet, mir tut der Hals weh.
– Ich möchte also noch einmal darauf zurückkommen, sagte die Stimme, die keine Stimme war.
– Auf Gawain?
– Nein, auf den nicht. Auf Parzival und auch auf die Tafelrunde. Darauf bist du ja so besonders stolz.
MERLIN Ja! Ich habe mir mit der Tafelrunde große Mühe gegeben, und auch mit Parzival gebe ich mir große Mühe.
DER TEUFEL Warum denn mit Parzival, diesem Starrkopf!
– Er gefällt mir, sagte Merlin leichthin.
– Was heißt: er gefällt dir? fragte die Stimme beharrlich und Merlin mußte wieder antworten:
– Er beschäftigt meine Phantasie . . . ich möchte wissen, was ich aus ihm machen kann. Ich stelle Situationen für ihn

Die Finsternis des Teufels 203

her, möchte sehen, wie er reagiert, ob er sich verändert, seine Reaktionen sind sehr interessant. Ich denke schon manchmal, er ist eine Erfindung von mir, wie eine Romanfigur. Ja, ich arbeite an ihm wie an einer Romanfigur.
- Du bildest dir ein, du wirst ihn zum Guten führen, und das Gute ist der Gral.
- Ja, für ihn ist es wahrscheinlich der Gral. Aber hör doch auf mit dieser Einteilung! (Und plötzlich fühlte er sich wie ein aufgeklärter Mensch unseres Jahrhunderts) – Gut! Böse! Das ist doch überholt, das widerspricht allen wissenschaftlichen Erkenntnissen, da kannst du jeden Psychologen fragen oder jeden Historiker oder jeden Soziologen!
- So weit sind wir noch nicht, sagte die Stimme, die keine Stimme war, du hast wieder die Jahrhunderte verwechselt.
- Entschuldige, murmelte Merlin kleinlaut.
- Sohn Merlin, du tust so, als ob du über moralische Fragen erhaben wärst, aber heimlich fürchtest du doch, daß du die Menschen, mit denen du experimentierst, in die Hölle schickst.
- Ich schicke sie nicht in die Hölle! Ich schicke sie nicht in die Hölle!
- Siehst du, du fürchtest dich doch! Deine Worte zittern in der Luft wie kleine Vögel!
- Jetzt halte ich mir den Mund zu! Ich rede nicht mehr mit dir!
In diesem Augenblick ging ein Blitz über den Himmel, und der Teufel sah, daß Merlin auf dem Boden saß und sich mit beiden Händen den Mund zuhielt.
- Ich will dir etwas sagen, sagte die Stimme, die keine Stimme war, du brauchst mir keine Antwort zu geben. Die Idealisten, die Gralsucher, die Gründer von Tafelrunden und idealen Staaten, von neuen Ordnungen und Systemen, die mit ihren Theorien Erlösung versprechen und das große Glück über die Menschheit bringen wollen – du weißt schon, wen ich meine . . .?
Merlin blieb stumm.
- Du sagst nichts, aber du weißt genau, wen ich meine –, nicht nur Artus meine ich, ich meine auch andere, die viele hundert Jahre nach ihm gekommen sind –, die führen am

204

Ende ganze Völker geradewegs in die Hölle! – Zu mir! Zu mir! Zu mir! – Und die Vollkommenheit des Grals, die sie jetzt alle suchen –
Merlin nahm die Hände vom Mund und schrie:
– Was ist mit der Vollkommenheit?
Da wurde es hell. Merlin lag allein auf dem Boden, seine Haare waren versengt, seine Kleider waren angekohlt, wo vorher das Fest gewesen war, da waren die Säulen geborsten und der Boden war aufgerissen bis an den Horizont; wo Wälder waren, sah man verkohlte Stümpfe, die Städte lagen in Schutt und Rauch. Das wüste Land war bedeckt mit Kadavern, Unrat, Abfall.

MERLIN Ich will nicht mehr! Ich will mit der verdammten Weltgeschichte nichts mehr zu tun haben!

65

Einmal, auf einer steinernen Brücke, begegnete Sir Lancelot einem fremden Ritter. Er redete ihn an, aber er erhielt von ihm keine Antwort. Da wollte er mit ihm kämpfen; aber wie von einer geheimnisvollen Macht gelähmt, konnte er sein Schwert nicht mehr aufheben. Sir Lancelot fiel. Als er am Boden lag und der fremde Ritter den Helm abnahm, sah er, daß es sein Sohn Sir Galahad war, der ihn besiegt hatte. Sie umarmten und küßten sich. Dann gingen sie in die nahegelegene Kapelle, um zu beten. In der Kapelle erschien ein schimmerndes Licht, der Gral schwebte durch den Raum. Aber nur Sir Galahad sah den Gral, Sir Lancelot war von dem Kampf so erschöpft, daß er schlafend saß, und so verschwand der Gral wieder aus der Kapelle, ohne daß er ihn erblickt hatte.

66

Eine verfallene Ziegelei im Wald.

Schreie.
Parzival kommt.

PARZIVAL Wer schreit da?

TREVRIZENT *innen:* Trevrizent.

PARZIVAL Was tut man dir?

TREVRIZENT Ich werde geschlagen. Ich werde mit Haselgerten gepeitscht. *Schläge und Schreie.*

PARZIVAL Warum wirst du gepeitscht? *Er rüttelt an der Tür.*

TREVRIZENT Ich werde gepeitscht, damit ich leide.

PARZIVAL Hast du gestohlen oder betrogen?

TREVRIZENT *schreit:* Herr, Herr, sieh herab!

PARZIVAL He, wer schlägt dich denn?

TREVRIZENT Du schlägst mich.

PARZIVAL Ich schlage dich? Ich stehe doch hier draußen.

TREVRIZENT Ja, du stehst draußen. Und ich werde gepeitscht.

PARZIVAL He! Der den Trevrizent schlägt, soll mir sagen, warum er ihn schlägt! – Wer schlägt dich?

TREVRIZENT Trevrizent!

PARZIVAL Erst sagst du: i c h bin es. Jetzt sagst du: Trevrizent. Das bist du doch selber!

TREVRIZENT Ja! *Die Tür bricht auf, der blutüberströmte Trevrizent, mit Ruten in der Hand, fällt heraus, er fällt über Parzival hin, sie fallen auf den Boden.*

PARZIVAL Bist du Trevrizent der Geschlagene oder bist du Trevrizent, der schlägt? *Er macht sich von ihm los.*

TREVRIZENT Lege deinen Finger in meine Wunden! Sie brennen! Sie brennen!

PARZIVAL Du bist ein Verrückter! Du schlägst dich selbst!

TREVRIZENT *schreit:* Du bist selbst ein Verrückter!

PARZIVAL *schreit:* Ich bin Parzival.

TREVRIZENT *schreit:* Ja, Parzival der Verrückte!

PARZIVAL Ja!

TREVRIZENT Harter Stein. Kalter Stern. Böses Auge.

PARZIVAL Hör auf! Dein Blut spritzt mir ins Gesicht!

TREVRIZENT Schlag mich! Ich habe keine Kraft mehr.

PARZIVAL Ich schlage keinen wehrlosen Büßer.

TREVRIZENT Hilf mir! Schlag mich!

PARZIVAL Nein!

TREVRIZENT *klammert sich an Parzival:* Schlag mich! Schlag mich!

Trevrizent schlägt sich. Parzivals Erkenntnis

PARZIVAL Ich bin ein Ritter.

TREVRIZENT Du bist Parzival der Gefühllose. Schlag mich! Dir macht der Schmerz anderer nichts aus.

PARZIVAL Früher war ich so. Früher wäre ich vorbeigegangen, hätte mich um dein Geheule nicht gekümmert.

TREVRIZENT Aus Neugier hast du gehorcht, bist du stehengeblieben.

PARZIVAL Laß mich los.

TREVRIZENT *schlägt sich:* Ich muß mich schlagen, ich muß leiden, Gott soll sich erbarmen. Ich schlage mich, bis ich tot hinfalle oder bis Gott sich meines Bruders erbarmt.

PARZIVAL Ach, du willst Gott zwingen?

TREVRIZENT Du bist an allem schuld! Du warst in der Burg! Du warst ausersehen, aber du hast den Mund nicht aufgekriegt.

PARZIVAL *versinkt in Erinnerung:* Der Gralskönig . . .

TREVRIZENT Mein armer Bruder! *Schlägt sich.*

PARZIVAL Ach, der süße Verwesungsgeruch . . .

TREVRIZENT *schlägt sich:* Du hast dir die Nase zugehalten.

PARZIVAL Der faulende Mann mit der Krone auf dem Kopf . . .

TREVRIZENT *schlägt sich:* Mein armer Bruder!

PARZIVAL Die blutenden Wunden, die Tränen . . .

TREVRIZENT *schlägt sich:* Der arme Schmerzensmann!

PARZIVAL *reißt ihm die Ruten weg.*

TREVRIZENT Du nimmst mir auch noch die Rute weg! Gib her! Gib her! Ich will mich schlagen! Ich reiße mir mit den Nägeln das Fleisch herunter.

PARZIVAL Hör auf!

TREVRIZENT Ich reiße mir die Haare heraus! Ich reiße mir die Nägel aus den Fingern. Ich bohre Spreißel in meine Ohren! Ich breche mir die Zähne aus dem Kiefer! Meine Zunge verschlinge ich, damit ich ersticke.

PARZIVAL Hör auf!

TREVRIZENT Hilf mir! Schlage mich! *Er schlägt sich, schreit und schreit.*

PARZIVAL Du tust mir weh!

TREVRIZENT Was sagst du da?

PARZIVAL Du zerreißt mir das Fleisch!

TREVRIZENT Dein Fleisch? Wenn ich mich schlage?

PARZIVAL *plötzlich außer sich:* Oh wie plagen sich die Menschen in ihrer Zeit! Wie leiden sie! Oh wie liebe ich deinen Schmerz! Ich leide mit dir, du leidender Menschenbruder! Wie ich den Geschlagenen liebe! Und den Schlagenden liebe ich auch! Ich sehe dich an und ich erkenne mich! Ich weiß es jetzt . . .

TREVRIZENT *streng:* Was weißt du denn?

PARZIVAL Ich fühle es, ich sehe es . . . ich erkenne den Menschen.

TREVRIZENT *streng:* So? Wie sieht er denn aus?

PARZIVAL Wie ich! Wie ich! Und wenn ich die anderen ansehe: wie ich! In den leeren Himmel sehe ich hinauf mit den Augen der Menschheit! *Sie umarmen sich, wälzen sich.*

Trevrizent allein. Er zieht die blutige Menschenhaut ab: es ist Merlin.

MERLIN Endlich hat er begriffen! Was hat es für Mühe gekostet! Das war der letzte Versuch! Ach ich bin es leid! Ich bin die verstockten Grübler leid! Ich bin sie alle leid! Ich will keinen mehr sehen! Keinen Moralisten! Keinen Nihilisten! Keinen Sozialisten! Keinen Kapitalisten! Keinen Strukturalisten! Keinen Royalisten! Keinen Polizisten! Keine Kabarettisten! Keine Idealisten! . . . Listen, Listen, überhaupt keine Listen . . . keine Wählerlisten, keine Preislisten, keine Fahndungslisten . . . keine . . .
Sie sollen nur nach mir fahnden in diesem Lande!
Ich verschwinde jetzt im Wald von Brocaliande!

67

VIER SÄNGER
Wie der Zauberer Merlin
möchte ich durch die Wälder ziehn
will hören was die Winde schrein
will wie die Vögel am Himmel sein
will wie der Wolf auf Beute lauern
will nachts unterm grauen Felsen kauern
will mit den Geistern der Quellen sprechen

will sehn wie die alten Bäume brechen
jung will ich sein Jahrtausende alt
und König im dunklen Zauberwald.

68

In dieser Nacht träumte König Artus, er säße auf einem hohen Berg, und ringsum waren gewaltige Täler und Schluchten. Und als er die Augen öffnete, um hinunterzusehen, da schwand der Berg, auf dem er saß, vor seinen Blicken, und er bemerkte, daß er ganz oben vor dem Himmel auf einem Rad saß. Das Rad drehte sich langsam, es nahm ihn mit hinunter, wo ein Sumpf war mit Kröten und Schlangen darin. Das Rad zog ihn durch den Schlamm, bis er auf der anderen Seite wieder heraufkam. Da war er mit Schlamm bedeckt, Schlamm tropfte ihm aus Haaren und Kleidern. Als ihn das Rad wieder in die Höhe gehoben hatte, wollte er sprechen, denn er sah eine Frau in einem goldenen Stuhl auf einem anderen Berg sitzen, die zu ihm hinsah. Er konnte aber nicht sprechen, eine Kröte war in seinem Mund, die kam nicht heraus, wie sehr er auch würgte.

69

Hoch oben.

Parzival läuft herum, verzückt, mit dem Gesicht zum Himmel.
PARZIVAL Ich höre . . . das Wasser unter dem Stein . . . Alle
Farben kehren zurück! *Er lacht fröhlich.*
Wie leicht es mir ist! Wie schnell ich dahingehe! Eine
Wolke von Schmetterlingen! Sie folgen mir! Eine bunte
leuchtende Wolke von Schmetterlingen folgt mir! Ich laufe
weg, aber sie folgen mir! Sie sind immer um mich herum!
*Er taumelt und läuft und lacht. Er geht weg, von bunten
Schmetterlingen umflattert. Blanchefleur, als Ritter verkleidet, springt aus einem Versteck hinter den Bäumen heraus,
sie folgt im Abstand Parzival, ohne daß er es bemerkt.*

Höher hinauf.
Auf dem Gletscher.

PARZIVAL *ruft über den Abgrund weg:* Galahad! Galahad!
Zustand wie im Rausch, leicht, ohne Gewicht, taumelnd.
Die Wiese blüht im Schnee. Er fällt hin.
– Ich stecke den Arm in den Schnee.
– Du erfrierst!
– Gott will es, daß mein Arm rein ist.
– Du erfrierst.
– Jahre, Jahre liege ich schon im Schnee, ohne zu erfrie-
ren.
– Zehn Minuten liegst du hier, Liebster!
– Wer bist du?
– Ich bin es.
– Blanchefleur! Blanchefleur!
– Ich lege mich zu dir in den Schnee, damit du warm wirst.
Sie legt sich zu ihm.

– Ich bin aufgestanden. Ich werfe mich in den Abgrund!
Gott fängt mich auf mit einem Ginsterzweig. *Parzival und*
Blanchefleur sehen Sir Galahad auf der anderen Seite des
Gletschers: er streckt die Arme aus nach einer Schale, die in
der Luft schwebt.

70

Wald.
Merlin, Viviane, die junge Nymphe.

VIVIANE Wenn ich zaubern könnte wie du, dann würde ich
zaubern, daß . . .
MERLIN *entzückt:* Die Fingerchen, ach, die entzückenden
Fingerchen! *Er schleckt ihre Finger ab.*
VIVIANE Ich würde zaubern, daß du von hier nicht mehr weg-
kommst.
MERLIN *hört nicht zu:* Das Fingerchen, das rosige Fingerchen, ich muß es streicheln, ich muß es küssen, ich muß es
mir ins Ohr stecken!

VIVIANE Gib acht, Merlin! In das andere Ohr stecke ich dir auch einen Finger, dann hörst du nichts mehr.

MERLIN *verzückt:* Macht nichts, macht nichts! Ach wie ist das schön! Laß es nur drin, das Fingerchen!

VIVIANE *lacht, zieht den Finger heraus:* Ich will aber, daß du hörst, was ich sage, mit deinem großen haarigen Ohr!

MERLIN Ich höre Gesang in der Luft!

VIVIANE Ich nicht! – Du sollst mir zuhören!

MERLIN Ich höre dich, Viviane! – *Lauscht:* Ich höre nichts.

VIVIANE Ich rede auch nicht! Ich denke nach.

MERLIN Was denkst du?

VIVIANE Wie alt bist du?

MERLIN Alt, uralt, aber ich springe auf dich wie ein junges Böckchen.

VIVIANE *lacht:* Ist zaubern schwer, Merlin?

MERLIN Gar nicht, gar nicht! *Er schüttelt den Ärmel, ein Kaninchen fällt heraus. Er gibt Viviane das Kaninchen.*

VIVIANE Nein, so nicht! Das kennt jeder, das ist nur ein Trick, das kenne ich vom Zirkus.

MERLIN Entschuldige!

VIVIANE Ich möchte unter einem blühenden Busch mit dir liegen! Unter einer Weißdornhecke! Mach doch eine Weißdornhecke!

MERLIN Ich schlinge meine Beine um deinen schönen Hals.

VIVIANE Ja, komm nur! *Sie liegen verschlungen und eine Weißdornhecke wölbt sich über sie. Ächzen, Kichern, Seufzen.*

VIVIANE *nach einiger Zeit:* Merlin, muß man einen Zauberspruch sagen? Oder wie machst du das?

MERLIN Willst du einen Springbrunnen? *Er tippt auf den Boden, ein Springbrunnenstrahl steigt aus der Erde.*

VIVIANE Ach wie schön!

MERLIN *nimmt ihren Finger und sticht ihn in den Boden, ein zweiter Springbrunnenstrahl steigt hoch.*

VIVIANE Oh ja, ich kann es! Sieh mal, ich kann es! *Versucht es ohne Merlin, es geht nicht mehr.* Ich kann es doch nicht. Sag mir doch, wie es geht! Lieber Merlin, lieber Merlin! *Sie küßt ihn und zupft zärtlich an ihm herum.* Verrate mir doch das Geheimnis, bitte, lieber Merlin!

MERLIN Dein Fingerchen! Hast du es in die Erde gesteckt!

Aber das Wasser ist in seiner Höhle geblieben!

VIVIANE *wütend:* Sag es mir! Ich will es von dir lernen! Alles was du kannst!

MERLIN *lacht:* Ich pinkle auf den Boden und dann steht ein junger Ritter da!

VIVIANE Ich will keinen jungen Ritter, ich will dich!

MERLIN Viviane, Viviane, Nymphe im Wald. *Er streichelt sie.*

VIVIANE Wirst du bei mir bleiben oder gehst du zu deinen Rittern zurück?

MERLIN *traurig:* Sie rufen nach mir! Ich höre, wie sie mich rufen!

VIVIANE *lauscht.*

MERLIN *ruft:* Artus! Lancelot! Gawain! – Oh der verdammte Mordred!

VIVIANE Sag mir, kannst du zaubern, daß jemand nicht mehr von der Stelle kann?

MERLIN Sehr einfach!

VIVIANE Ach Merlin!

MERLIN Aber ich sage es dir nicht!

71

In den Himmel geschrieben:
Du mußt dein Leben ändern!
Hundert Millionen Menschen haben die Fenster aufgerissen und starren in den Nachthimmel.

72

Wald.

MERLIN *singt mit der Stimme von Tiny Tim:*
Tiptoe
through the tulips
in the garden
with you
Tiptoe
through the window . . .

73
Heimkehr

*Die Ritter kommen von der Gralsuche zurück, verstört, abge-
rissen, wie aus einer Schlacht heimkehrend. Der Chronist
Blasius. – König Artus sitzt allein am Tisch.*

DER CHRONIST BLASIUS Wo kommst du denn her?
SIR ORILUS Aus dem Innern der Erde. Wo die Lava kocht.
DER CHRONIST BLASIUS Wie heißt du denn?
SIR ORILUS Wo das Eisen flüssig wird – schreib das auf!
DER CHRONIST BLASIUS Deinen Namen will ich wissen.
SIR ORILUS Sir Orilus! Du kennst mich doch! *Sir Orilus setzt
sich hin.*
DER CHRONIST BLASIUS Orilus bist du? *Inzwischen ist Sir Turquine hereingekommen, auch er abgerissen, verstört; er
hüpft an einer Krücke.*
SIR TURQUINE *schreit empört:* Jetzt will ich mal was wissen vor
dir, Blasius! Jetzt soll mir mal einer eine Antwort geben!
Jetzt will ich mal eine Antwort! Ich bin herumgezogen,
zwei Jahre sind vergangen, ich weiß nicht, vielleicht waren
es auch drei oder zehn Jahre, und ich habe mir die Füße
abgefroren – wofür denn eigentlich? Das will ich jetzt wissen! Ich habe den Gral nirgends gefunden – *Zu einem
hereinkommenden Ritter:* und du hast ihn auch nicht gefunden! – Das sehe ich dir an! Wenn du ihn gefunden hättest,
würdest du nicht wie ein Krüppel dastehen und schweigen.
Zu einem anderen Ritter, der hereinkommt: Und du! Deine
Wunden würden nicht bluten!
SIR GIRFLET *leise, freundlich:* Ich habe ihn gefunden.
SIR TURQUINE So? Dann zeige ihn mal her! Das würde mich
interessieren!
SIR GIRFLET Den kann man doch nicht herzeigen.
SIR TURQUINE Alles Schwindel! Alles Schwindel! Wenn du
ihn gefunden hättest, könntest du ihn doch herzeigen! Wir
müßten doch alle davon erleuchtet sein, alle, die wir da
herumstehen! Wir müßten Flammen auf dem Kopf haben
wie die Apostel! *Inzwischen sind noch andere Ritter hereingekommen.*
SIR GIRFLET Ich spreche eine andere Sprache.

SIR TURQUINE So, du sprichst eine andere Sprache? Ich kann dich aber sehr gut verstehen!

SIR GIRFLET Nein, Sir, so ist das nicht. Sie können mich zwar verstehen, aber Sie können mich trotzdem nicht verstehen.

SIR TURQUINE *zu Blasius:* Schreib das auf: »Sir Girflet ist verrückt geworden.«

SIR GIRFLET *lacht freundlich:* Nein, nein, Sie verstehen mich nicht.

SIR TURQUINE Blasius, gib mir eine Antwort! Warum sind wir in der ganzen Welt herumgeirrt? Was haben wir denn nur gesucht?

DER CHRONIST BLASIUS Früher hast du nicht gefragt, jetzt fragst du. Warum hast du früher nicht gefragt?

SIR TURQUINE Du sollst mir eine Antwort geben!

DER CHRONIST BLASIUS Ich bin der Chronist, ich schreibe nur auf, was geschieht. Eine Antwort mag dir Gott geben. *Schreibt auf:* Sir Nabon ist zurückgekehrt, krank; Sir Orilus ist zurückgekehrt, verstört. Behauptet, im Feuer der Erde gewesen zu sein. Sir Girflet ist zurückgekehrt, spricht verwirrt. Ad te attollo animam meam, Domine, Deus meus. In te confido: ne confundar! Ne exsultent de me inimici mei! Etenim universi, qui sperant in te, non confundentur; confundentur, qui fidem temere frangunt. Vias tuas, Domine, ostende mihi et semitas tuas edoce me. Dirige me in veritate tua et doce me, quia tu es Deus salvator meus: et in te spero semper. – Sir Segwarides ist zurückgekehrt, blind; Sir Mador de la Porte ist zurückgekehrt; Sir Mordred ist zurückgekehrt.

KÖNIG ARTUS Sir Lancelot ist nicht zurückgekommen?

SIR ORILUS Doch, er ist zurückgekommen, er war sehr bedrückt, er wollte mit niemandem sprechen.

KÖNIG ARTUS Er hätte ihn finden müssen!

DER CHRONIST BLASIUS Sir Ironside ist zurückgekehrt, hat die Erinnerung verloren; Sir Frol ist zurückgekommen, berichtet von einer Meerfahrt an eine unbekannte Küste. Sir Gawain ist zurückgekehrt.

SIR TURQUINE Hat ihn auch nicht gefunden!

SIR ORILUS Er hat ihn ja gar nicht mehr gesucht.

DER KRANKE SIR NABON Aber eine schöne Frau hat er gefun-

Die Ritter kehren von der Gralsuche zurück

den, und ist reich.

DER CHRONIST BLASIUS Sir Lucas ist zurückgekehrt. Ihm ist, als sei er nicht fortgewesen. Sir Segramur ist als erster fortgegangen, er hörte einen schönen Ton und er hat ihn nachgesungen, so ging er singend davon, er ist nicht zurückgekehrt.

Sir Dodinas ist hereingekommen.

SIR TURQUINE Sir Dodinas kommt zurück! Hast du den Gral gefunden?

SIR DODINAS Nein. Aber den Hund habe ich mitgebracht.

DER CHRONIST BLASIUS Einen Hund?

SIR DODINAS Ja, den Hund von Sir Galahad. Er stand winselnd im Schnee. Wo vorher Sir Galahad gestanden hatte, da war der Schnee ringsum geschmolzen und es blühten Rosen.

SIR TURQUINE Ist das ein Beweis? Wo ist denn Sir Galahad?

SIR DODINAS Er ist verschwunden.

DER CHRONIST BLASIUS Ein Rosenfeld im Schnee. Ich schreibe es auf.

SIR TURQUINE Soll das heißen, er hat den Gral gefunden?

SIR GIRFLET Ja, das soll es wohl heißen.

SIR TURQUINE Dann frage ich wohl am besten den Hund. Sprich, Hund! Antworte mir! *Er schüttelt den Hund:* Soll das heißen, daß dein Herr den Gral gefunden hat? *Schlägt ihn:* Oder hat er ihn nicht gefunden? Hat er sich einfach davongemacht? Und das Rosenfeld ist da entstanden, wo du hingepinkelt hast in den Schnee?

SIR PERSANT

Always in the quiet house I heard
clear as a lark, high o'er me as a lark,
a sweet voice, singing in the topmost tower
to the eastward: up I climbed a thousand steps
with pain: as in a dream I seemed to climb
for ever: at the last I reached a door,
a light was in the crannies, and I heard
»Glory and joy and honour to our Lord
and to the Holy Vessel of the Grail«.
Than in my madness I essayed the door;
it gave; and thro' a stormy glare, a heat

as from a seventimes-heated furnace I,
blasted and burnt, and blinded as I was,
with such a fierceness that I swooned away –
o, yet me thought I saw the Holy Grail,
all palled in crimson samite, and around
great angels, awful shapes, and wings and eyes.

SIR TURQUINE Alles Schwindel! Alles Schwindel! Warum
schreibst du denn das auf! Du kannst gar nicht wissen, was
die Wahrheit ist –, jeder erzählt dir etwas anderes.

DER CHRONIST BLASIUS Alles ist wahr. Auch die Lügen sind
wahr.

SIR ASTAMOR Ich bin gegangen bis zu einem klaren See, und
als ich mich bückte, um daraus zu trinken, merkte ich, daß
mir die Finger von den Händen abgefallen waren, und ich
konnte kein Wasser schöpfen. Als ich mein Gesicht dicht
über das spiegelnde Wasser hielt, sah ich ein Gesicht, das
ich nicht kannte. *Andere Ritter kommen, zerschlagen, verwundet, erschöpft.*

SIR TURQUINE Wir sind betrogen worden.

SIR LAVAINE Ich habe Zeichen am Himmel gesehen! Es war
eine riesige Schale, die schwebte leuchtend unter dem
Sternenhimmel.

SIR TURQUINE Schwindel! Du hast geträumt.

SIR LADINAS Es hat Blut geregnet vom klaren Himmel herunter. Das Blut Christi.

SIR DODINAS Was bedeutet das? Was bedeutet das?

SIR BLEOBERIS Merlin weiß es! Merlin soll es erklären!

SIR OZANNA Wo ist denn Merlin?

RUFE Merlin! Merlin! Merlin! Merlin!

KÖNIG ARTUS Merlin hört uns nicht. Ich habe oft nach ihm
gerufen, Merlin hat nicht gehört.

SIR BLEOBERIS Merlin! Merlin! Erkläre uns die Zeichen!

RUFE Merlin! Merlin! Merlin!

KÖNIG ARTUS Sir Gawain ist der letzte gewesen, zu dem er
gesprochen hat.

DER CHRONIST BLASIUS Domine, Domine noster, quam admi-
rabile est nomen tuum in universa terra, qui extulisti
maiestatem tuam super caelos. Ex ore infantium et lacen-
tium parasti laudem contra adversarios tuos, ut compescas
inimicum et hostem. Cum video caelos tuos, opus digito-

rum tuorum, lunam et stellas quae tu fundasti: qui est
homo, quod nemor est eius? aut filius hominis, quod curas
de eo? Et fecisti eum paulo minorem Angelis, gloria et
honore coronasti eum.

RUFE Merlin! Merlin! Merlin!

KÖNIG ARTUS Im Wald von Broceliande hat Gawain seine
Stimme gehört.

RUFE Merlin! Merlin!

KÖNIG ARTUS Er hat Gawain gesagt, daß er nie mehr zurückkehren wird. Viviane hat ihm sein Geheimnis entlockt, sie
hat ihn in die Weißdornhecke gebannt.

RUFE Merlin! Merlin! Merlin!

74

Merlin, in der Weißdornhecke verzaubert. Seine Füße sind
wie Wurzeln in die Erde geflochten, seine Hände und Arme
schlingen sich in die Zweige, sein Kopf sieht unter den Blüten heraus.

VIVIANE *singt:*
Merlin mein Liebster
in Blüte und Dorn
schon kommen die Schnitter
sie gehn durch das Korn

Zaubermann Merlin
mein Vogel im Nest
die Zweige die Wurzeln
sie halten dich fest.

Laß rufen die Stimmen
sie rufen von weit
was soll dich noch kümmern
der Tod und die Zeit.

Untergang

*»Was ist der Mensch? konnt ich beginnen; wie kommt es,
daß so etwas in der Welt ist, das, wie ein Chaos, gährt,
oder modert, wie ein fauler Baum, und nie zu einer Reife
gedeiht? Wie duldet diesen Heerling die Natur bei ihren
süßen Trauben? Zu den Pflanzen spricht er, ich war
auch einmal, wie ihr! und zu den reinen Sternen, ich will
werden, wie ihr, in einer andren Welt! inzwischen bricht
er auseinander und treibt hin und wieder seine Künste
mit sich selbst, als könnte er, wenn es einmal sich aufgelöst, Lebendiges zusammensetzen, wie ein Mauerwerk;
aber es macht ihn auch nicht irre, wenn nichts gebessert
wird durch all sein Thun; es bleibt doch immerhin ein
Kunststück, was es treibt.*

*O ihr Armen, die ihr das fühlt, die ihr auch nicht spre-
chen mögt von menschlicher Bestimmung, die ihr auch
so durch und durch ergriffen seyd vom Nichts, das über
uns waltet, so gründlich einseht, daß wir geboren werden
für Nichts, daß wir lieben ein Nichts, glauben ans Nichts,
uns abarbeiten für Nichts, um mählich überzugehen ins
Nichts – was kann ich dafür, daß euch die Knie brechen, wenn ihr es ernstlich bedenkt? Bin ich doch auch
schon manchmal hingesunken in diesen Gedanken, und
habe gerufen, was legst du die Axt mir an die Wurzel,
grausamer Geist? und bin noch da.«*

Auf der linken Seite der Halle werden, unabhängig von den
folgenden Szenen, die die Handlung weiterführen, Vorbereitungen für die letzte große Schlacht getroffen. Aus dem
Halbdunkel blitzt hin und wieder ein Metallteil auf, Schild
oder Panzer, ein Helm. Man sieht dunkle Bewegungen, Umrisse und Schatten, die sich zusammenfügen, auftürmen, ins
Schwarze verdichten, sich wieder auflösen und neu zusam-
menfließen. Klirren, Scharren, dumpfes Rollen von weit her,
das unendlich langsam näherzukommen scheint. Gleichmä-
ßig dumpfes Gebrodel von Menschenstimmen, aus dem wie
Blasen in einem giftigen Sumpf einzelne Laute emporsteigen
und sich platzend befreien. Befehlsrufe, Namen, Paro-
len.

76

Sir Mordred, Sir Agrawain, Sir Gaheris, Sir Gareth das
Kind.

*Die vier Brüder stehen beieinander, sie scheinen auf jemand
zu warten. Sir Gaheris geht ein Stück weg, hält Ausschau.
Plötzlich gibt er den Brüdern ein Zeichen, kehrt rasch zu der
Gruppe zurück. Sie tun so, als ob sie heftig über etwas debat-
tieren würden. König Artus kommt.
Sir Agrawain, scheinbar überrascht, gibt den anderen ein Zei-
chen. Alle verstummen, drehen sich scheinbar verlegen zu
Artus um und lächeln.*

KÖNIG ARTUS Was redet ihr da?
SIR MORDRED Wer?
KÖNIG ARTUS Ihr da!
SIR GAHERIS Wir?
SIR AGRAWAIN Wir haben nur von Sir Lancelot –
SIR GAHERIS *gibt ihm einen Stoß.*
KÖNIG ARTUS Von Ritter Lancelot – Das ist gut. *Er geht wei-
ter.*
SIR MORDRED *ruft ihm nach:* Wir haben gewettet.

KÖNIG ARTUS *dreht sich um:* Du willst mich ärgern.

SIR GAHERIS Wir haben gewettet, daß . . .

SIR AGRAWAIN Wir haben gewettet, daß Sir Lancelot . . .

SIR GAHERIS Nein, daß die Königin Ginevra . . .

SIR AGRAWAIN Daß Ginevra und Lancelot . . .

KÖNIG ARTUS Wetten und Glücksspiele und Sport! Das ist
eure Beschäftigung!

SIR GARETH DAS KIND Es war ja keine richtige Wette.

SIR MORDRED Doch, es war eine! Und ich sehe mich schon
gewinnen.

SIR AGRAWAIN Nein, i c h gewinne!

KÖNIG ARTUS Ich verbiete es euch!

SIR MORDRED Am Wetten geht das große Artus-Reich nicht
zugrunde.

KÖNIG ARTUS Es wird bleiben! Es wird bleiben! *Er winkt ab,
geht weg. Sir Mordred gibt Sir Gareth einen Stoß, so daß er
vor König Artus hinfällt.*

SIR GARETH DAS KIND *schreit auf.*

KÖNIG ARTUS Steh auf! *Er hilft ihm.*

SIR GARETH DAS KIND Er hat mich gestochen. Er hat mich mit
dem Messer geritzt.

KÖNIG ARTUS *wischt ihm das Blut ab:* Schrei nicht!

SIR GARETH DAS KIND *geniert sich, daß er geschrien hat:* Das
macht mir gar nichts aus.

KÖNIG ARTUS *zu Sir Mordred:* Warum bist du so grausam zu
deinem jungen Bruder, Mordred? *Sir Mordred antwortet
nicht.*

SIR AGRAWAIN Er hat seinen Grund.

SIR GAHERIS Gareth ist f ü r Sir Lancelot.

SIR GARETH DAS KIND Ja! Ja!

SIR MORDRED Und wir haben doch gewettet . . .

KÖNIG ARTUS *zu Sir Gareth:* Sag mir jetzt, was habt ihr gewettet, Sir Gareth!

SIR GARETH DAS KIND *schweigt angstvoll. Schweigen.*

KÖNIG ARTUS *sieht die Brüder an.*

SIR MORDRED Wir haben gewettet, daß König Artus gerecht
ist, daß er niemand schont, wenn es um die Wahrheit geht,
nicht einmal sich selbst.

KÖNIG ARTUS So ist es.

SIR MORDRED Nicht einmal die Königin, die er doch über alles liebt.

KÖNIG ARTUS Ja. Ja. Warum wettet ihr da?

SIR MORDRED Außer: er weiß es nicht.

KÖNIG ARTUS Was?

SIR MORDRED Sir Agrawain behauptet, du weißt es nicht. Ich aber behaupte, du weißt es schon lange, aber du willst es nicht wissen, deshalb läßt du es geschehen.

KÖNIG ARTUS Was? Was?

SIR MORDRED Weil ich mir nicht vorstellen kann, daß der König nicht weiß, was alle wissen, worüber seit Jahren geredet und gelacht wird. *Einen Augenblick ist es nun ganz still, dann plötzlich springt König Artus auf Sir Mordred zu, packt ihn am Hals und schüttelt ihn.*

KÖNIG ARTUS *außer sich:* Du hinterhältiges Schwein! Du dreckiger Kerl!

SIR MORDRED *zappelt und schreit.*

SIR AGRAWAIN UND SIR GAHERIS *schreien nach allen Seiten:* Helft! Helft! – Der König erwürgt Sir Mordred! Der König erwürgt seinen Sohn! *Leute kommen gerannt.*

SIR AGRAWAIN Die Königin betrügt den König mit Sir Lancelot! Die Königin betrügt den König mit Sir Lancelot! Der König will es nicht glauben! Die Königin betrügt den König mit Sir Lancelot! *Sir Kay ist gekommen, er hat König Artus von Sir Mordred getrennt. König Artus setzt sich erschöpft nieder. Sir Mordred steht auf, klopft sich den Staub ab. Sir Kay drängt die neugierigen Leute weg.*

SIR MORDRED *zupft an seinem Hemd:* Der teure Kragen ist zerrissen. Wie ärgerlich! Ich habe ihn extra aus Burgund kommen lassen. Wer stickt mir denn in England einen solchen Kragen!

SIR KAY Ihr schlimmen Brüder! Euch ist nicht wohl, wenn ihr nicht Böses stiften könnt!

KÖNIG ARTUS Gareth! Komm her zu mir.

SIR KAY So oft hat man die Königin schon verleumdet.

KÖNIG ARTUS Ja. – Es ist nicht wahr, Gareth.

SIR AGRAWAIN Wir beweisen es! Wir beweisen es!

SIR KAY Beweist das erst mal, dann werdet ihr schon sehen, wie der König Gericht hält! Aufs Lügenmaul wird er euch schlagen!

SIR AGRAWAIN Wir beweisen es! Heute nacht!

Die bösen Brüder provozieren König Artus   223

SIR KAY *ärgert sich über Sir Mordred, der unaufhörlich mit seinem Anzug beschäftigt ist:* Modeaffe!

SIR MORDRED Die Königin muß verbrannt werden. *Er klopft sich noch immer die Kleider aus.*

Schlafzimmer der Königin.

Königin Ginevra liegt im Bett.
Klopfen an der Tür.

KÖNIGIN GINEVRA Wer ist es?

KÖNIG ARTUS *kommt herein:* Warum fragst du? Wer soll es sein? Wen erwartest du?

KÖNIGIN GINEVRA Ich erwartete die Kammerfrau, Fräulein Ohnelüge, sie wollte mir ein Pulver bringen, damit ich schlafen kann.

KÖNIG ARTUS Das Fräulein Ohnelüge ist mir begegnet. Sie ist schon schlafen gegangen.

KÖNIGIN GINEVRA Ach! Immer vergißt sie, was man ihr sagt!

KÖNIG ARTUS Warum brennt das Feuer so hell?

KÖNIGIN GINEVRA Mir war so frostig kalt, ehe ich zu Bett ging. Da glimmt es noch.

KÖNIG ARTUS Es sind aber zwei neue Scheite aufgelegt worden.

KÖNIGIN GINEVRA Ach ja.

Schweigen.

KÖNIG ARTUS Ich bitte dich, steh auf und geh mit mir.

KÖNIGIN GINEVRA Wohin soll ich denn jetzt in der Nacht mit dir gehen?

KÖNIG ARTUS Ich will zur Jungfrau Maria auf dem Berge gehen. Und du sollst mit mir gehen und die Nacht dort mit mir liegen und beten.

KÖNIGIN GINEVRA Warum willst du heute nacht dorthin gehen?

KÖNIG ARTUS Ich will dorthin.

KÖNIGIN GINEVRA Warum willst du gerade heute nacht dorthin?

König Artus will Ginevra mit zur Kapelle nehmen

KÖNIG ARTUS Vor zehn Jahren hat mir die Heilige Jungfrau geholfen, als wir alle in sehr großer Not waren, erinnerst du dich nicht?

KÖNIGIN GINEVRA *in ihren Gedanken verloren:* War es die große Schlacht von Arestuel?

KÖNIG ARTUS Oh Königin Ginevra, wie wenig liebst du mich!

Königin Ginevra fängt an zu weinen, sie steht von ihrem Bett auf und läuft zu König Artus hin, fällt vor ihm nieder, umfaßt seine Füße. So liegt sie lange und beide schweigen.

KÖNIG ARTUS Hast du es denn vergessen? Viele meiner Ritter lagen tot auf dem Schlachtfeld. Sie hatten mich gefangen und in einen eisernen Käfig gesetzt. Verloren schien alles. Auf den Bergen brannten schon die Siegesfeuer der Feinde. Da kam Lancelot, die Heilige Jungfrau hatte unsere Gebete erhört.

KÖNIGIN GINEVRA Ja, König Artus! Und er trug deinen goldenen Helm!

KÖNIG ARTUS Du mußt diese Nacht mit mir gehen und beten.

KÖNIGIN GINEVRA Ich habe ein Täfelchen mit dem Bild der Heiligen Jungfrau hier bei mir, vor dem werde ich beten.

KÖNIG ARTUS Wo ist es?

KÖNIGIN GINEVRA In dem Schränkchen.

KÖNIG ARTUS *sucht:* Ich finde es nicht.

KÖNIGIN GINEVRA Nein! In der Kommode ist es.

KÖNIG ARTUS *reißt die Schublade heraus:* Wo ist es, ich sehe es nicht.

KÖNIGIN GINEVRA Ach, es ist hinter dem Paravent auf dem Fenstersims. Da habe ich es gestern abend stehen lassen.

KÖNIG ARTUS *findet das Täfelchen:* Ich habe es gefunden.

KÖNIGIN GINEVRA Der Papst hat es geweiht. Es ist ein Geschenk von König Marke von Cornwall.

KÖNIG ARTUS *läßt das Holztäfelchen fallen:* Jetzt ist es mir heruntergefallen, es ist zerbrochen.

KÖNIGIN GINEVRA *weint.*

KÖNIG ARTUS Du brauchst nicht zu jammern, ich bringe es

dem Schreiner, der wird die Stücke wieder zusammenlei-
men. – Es ist jetzt Zeit. Komm!

KÖNIGIN GINEVRA Ich kann nicht.

KÖNIG ARTUS Ginevra, ich bitte dich darum.

KÖNIGIN GINEVRA Ich kann nicht, ich kann nicht! *Sie liegt un-
beweglich auf dem Boden.*

KÖNIG ARTUS *wartet eine Weile, dann geht er hinaus.*

*König Artus steigt in die Galerie hinauf zur Marienkapelle.
Man sieht ihn dort während der folgenden Szene mit betend
aneinandergelegten Händen knien.*

KÖNIG ARTUS
Maria du leuchtender Meerstern
Ora pro nobis
Du Rose ohne Dornen
Ora pro nobis
Du Gefäß der Weisheit
Ora pro nobis
Du Trösterin der Leidenden
Ora pro nobis
Du edler Blumengarten
Ora pro nobis
Du, der Engel Königin
Ora pro nobis
Mutter der Barmherzigkeit
Ora pro nobis
Du himmlische Zier
Ora pro nobis
Des Lebens Süßigkeit
Ora pro nobis
Du süßer Brunnen
Ora pro nobis
Maria du Lust und Ehre
Ora pro nobis
Du Morgenröte
Ora pro nobis
Du Trösterin der Welt
Ora pro nobis
Du Tor des Lichts

König Artus betet. Lancelot in Ginevras Bett

Ora pro nobis
Du Wurzel, der das Heil entsprießt
Ora pro nobis
Du Quelle aller Freuden
Ora pro nobis
Du Lilie ohnegleichen
Ora pro nobis

Königin Ginevra liegt lange Zeit am Boden.

SIR LANCELOTS STIMME Ginevra! Ginevra!

KÖNIGIN GINEVRA Lancelot!

SIR LANCELOT Komm an das Fenster, Ginevra, damit ich dich sehen kann.

KÖNIGIN GINEVRA Ich kann nicht an das Fenster kommen. Ich liege am Boden und weine.

SIR LANCELOT Warum weinst du denn, Ginevra?

KÖNIGIN GINEVRA Der König ist hiergewesen, er wollte, daß ich mit ihm in dieser Nacht zur Kapelle gehe.

SIR LANCELOT Ja, ich habe ihn im Mondlicht fortgehen sehen. Er hatte den Mantel über den Kopf geschlagen. Heute nacht kommt er nicht mehr zurück.

KÖNIGIN GINEVRA Komm lieber nicht herein! Ich fürchte mich!

SIR LANCELOT Wenn ich bei dir bin, brauchst du dich nicht zu fürchten.

KÖNIGIN GINEVRA Komm nicht an der Mauer herauf! Ich glaube, hinter den Steinen hat er Spione versteckt.

SIR LANCELOT Ich habe aufgepaßt. Ich habe keinen gesehen.

KÖNIGIN GINEVRA Ich habe gehört, daß draußen in den Gängen Eisen klirrt. Sie wollen uns heute fangen und töten.

SIR LANCELOT Noch nie haben sie uns gefangen! Ginevra, laß mich hinein. Hilf mir, daß ich nicht falle!

KÖNIGIN GINEVRA *geht zum Fenster und läßt Sir Lancelot hereinsteigen. Sir Lancelot ist von einem Kampf verwundet, der ganze Körper blutig.*

KÖNIGIN GINEVRA Ich fürchte mich.

SIR LANCELOT Ich liebe dich.

KÖNIGIN GINEVRA Du hast gesagt, du hast niemand gesehen, warum bist du so blutig?

SIR LANCELOT Die Dornenhecke an der Mauer hat mich geritzt.

KÖNIGIN GINEVRA Du hast die Wächter erschlagen, sie haben dir aufgelauert.

SIR LANCELOT Dein Gesicht ist eine Flamme.

KÖNIGIN GINEVRA Ja. Als ob ich brennen würde.

SIR LANCELOT Es ist das helle Kaminfeuer.

KÖNIGIN GINEVRA Er hat es gesehen. Er hat gesehen, daß das Kaminfeuer brannte.

SIR LANCELOT Hilf mir die Schnalle aufmachen.

KÖNIGIN GINEVRA *zieht ihm den Gürtel auf. Er legt das Schwert fort.*

SIR LANCELOT Das Kettenhemd. Ach, Ginevra, schnell! Ich will zu dir in dein Bett. Warum sagst du nichts? *Er küßt sie. Sie ziehen sich aus, sie umarmen sich.*

SIR LANCELOT UND KÖNIGIN GINEVRA *singen:*
Sie legten sich in Ginevras Bett
und schliefen miteinander.
Großer Lärm vor der Tür, Rütteln, schwere Schläge gegen die Tür, Waffenklirren!

SIR AGRAWAINS STIMME Königin! Mach die Tür auf! Wir müssen sehen, wer da drin ist, der König will es wissen!

SIR LANCELOT *ist aufgesprungen, rennt zum Fenster:* Da unten stehen welche! Ich kann nicht rausspringen!

SIR AGRAWAINS STIMME Königin, wir schlagen die Tür ein.

Sir Lancelot reißt die Tür zum Ankleideraum auf, verschwindet darin.

Königin Ginevra schiebt seine Kleidungsstücke unter das Bett. Sie greift nach einem Tuch, um sich damit zu bedekken, wirft es dann aber ab. Sie legt sich nackt auf das Bett.

Die Tür bricht krachend auf, gepanzerte Männer stürmen herein, als erster Sir Agrawain, dann Sir Gaheris, Sir Mordred. Sie sehen Königin Ginevra nackt auf dem Bett liegen und bleiben stehen.

SIR AGRAWAIN *nach einer Stille:* Steh auf, Königin! Wo hast du Lancelot versteckt? – Wo hast du ihn versteckt?

KÖNIGIN GINEVRA *antwortet nicht. Sie steht vom Bett auf; die nackte Königin steht hoheitsvoll vor den gepanzerten Män-*

nern. Sie wagen nicht näherzukommen.

SIR AGRAWAIN *läuft suchend im Zimmer herum. Hebt das Bettuch hoch:* Es ist Blut auf dem Kopfkissen.

KÖNIGIN GINEVRA Ich habe oft Nasenbluten. Mir hat die Nase geblutet.

SIR AGRAWAIN Das ganze Bettuch ist naß von Blut.

KÖNIGIN GINEVRA Das ist mein Blut.

SIR GAHERIS Da muß ich mal nachsehen, Madame! Das muß jemand untersuchen –.

SIR AGRAWAIN Hier sind Blutstropfen am Boden, vom Fenster her.

KÖNIGIN GINEVRA Ich bin aufgestanden und an das Fenster gegangen.

SIR GAHERIS *geht um die nackte Königin herum:* Da sind Flecken auf ihrem Schenkel, das ist der Abdruck einer blutigen Hand.

SIR AGRAWAIN *zu den Gepanzerten:* Sucht nach ihm! Nehmt das Feuer und leuchtet in alle Ecken! *Die Gepanzerten nehmen brennende Scheite aus dem Kamin und suchen.* Auch hier sehe ich Blutstropfen am Boden, die führen zu dieser Kammertür. Wo kommen die her, Königin?

KÖNIGIN GINEVRA Ich wollte an die Kleiderkammer, aber die Tür ist verschlossen.

SIR AGRAWAIN *rüttelt an der Tür:* Wo ist der Schlüssel?

KÖNIGIN GINEVRA Ich habe den Schlüssel verloren.

SIR AGRAWAIN Wie schade. Dann müssen wir sie aufbrechen.

KÖNIGIN GINEVRA *schreit entsetzt:* Nein! Ich will nicht!

Die Tür springt auf. Sir Lancelot läuft heraus, er hat sich Kleider und Tücher von Königin Ginevra übergeworfen und sich damit umwickelt, er sieht aus wie ein grotesker, phantastischer Dämon. Er stößt Sir Agrawain beiseite, reißt einem der Männer das Holzscheit aus der Hand, stößt das brennende Ende Sir Agrawain ins Gesicht. Der schreit und fällt hin. Sir Lancelot geht, das Feuerscheit schwingend, in einer Wolke von Funken und Rauch gegen die anderen los, schlägt auf sie ein, entkommt schließlich in dem Durcheinander, obwohl Sir Mordred und Sir Gaheris und ihre Leute ihm von der Tür her entgegendrängen. Zwei Kammerfrauen Königin Ginevras

zwängen sich schreiend zwischen den Männern durch. Sie be-
decken die Königin mit einem Mantel. Während Sir Mordred
mitten im Durcheinander scheinbar unbeteiligt dasteht und die
Königin betrachtet, entdeckt Sir Gaheris den erschlagenen
Bruder Sir Agrawain.

SIR GAHERIS Agrawain ist tot! Lancelot hat Agrawain erschlagen! – Mordred, da liegt unser Bruder Agrawain!

SIR MORDRED *sieht Königin Ginevra an:* Ich habe die Königin
noch nie so schön gesehen. Wie schade, daß mein Vater
Sie morgen verbrennen muß, Madame.

ZWEI KNECHTE *halten das Bettuch mit dem blutigen Abdruck*
Sir Lancelots hoch; sie rufen: Ein Kopf! Eine Schulter!
Ein Bein! Das andere Bein! Ein Arm, der andere Arm!
Eine Hand! Man sieht Finger!

SIR MORDRED *immer Königin Ginevra ansehend:* Es ist die
blutige Hand von Sir Lancelot, die den schönen Leib der
Königin betastet hat.

RUFE König Artus! König Artus!

In der Kapelle.
Der noch immer betende König Artus fällt vornüber, fällt auf
sein Gesicht, bleibt liegen.

Die Leute aus dem Schlafzimmer haben sich zu einem Zug
geordnet und ziehen über Galerie und Treppe zu König Artus
hinauf. Die Königin wird am Schluß mitgeführt. Ihr voraus
gehen zwei Knechte, die das Bettuch mit dem blutigen Körper-
abdruck aufgespannt tragen, so daß dem König Artus, der
sich jetzt aufgerichtet hat und den Zug erwartet, der Blick auf
die Königin verdeckt ist.

KÖNIG ARTUS Wo ist Sir Lancelot?

SIR GAHERIS *schreit:* Er hat meinen Bruder Agrawain erschlagen! Er ist entkommen!

EIN KNECHT Wir haben ihn im Zimmer der Königin vorgefun-
den, und die Königin war nackt.

SIR MORDRED Willst du sie sehen, Vater? Auf ihrer Haut sind
die Abdrücke blutiger Finger.

KÖNIG ARTUS Schafft sie weg. *Die Männer werfen das Lein-*

tuch über sie und schleifen sie weg.
KÖNIG ARTUS Morgen will ich Gericht halten.

78

Dunkelheit und Stille.
Dann Geflüster überall. Einzelne Lichtpunkte.
STIMMEN
– Der König hält Gericht!
– Die Königin wird verurteilt!
– Die Königin wird verbrannt!
– Die Königin wird verbrannt?
– Ja, sie wird verbrannt!
– Verbrannt! Verbrannt! Verbrannt!
– Sie errichten schon den Scheiterhaufen.
– Mitten in der Nacht?
– Wo? Wo denn?
– Auf der großen Wiese vor Camelot.
– Einen Scheiterhaufen?
– Ja, die Königin wird verbrannt!
– Der König hat sie verurteilt.
– Der König hat sie verurteilt?
– Sie wird verbrannt, verbrannt, verbrannt!
Es wird langsam hell.
Man sieht überall Frauen herumhuschen, auf den Treppen
und Galerien, man sieht sie beieinanderstehen und tuscheln,
sich bekreuzigen.
STIMMEN
– Ich will sie sehen!
– Die schöne Königin wird verbrannt!
– Die gute Königin!
– Sie wird unschuldig verbrannt!
– Sie ist unschuldig und wird verbrannt!
– Schuldig oder nicht schuldig!
– Schuldig oder nicht schuldig, es ist eine Schande, daß sie
verbrannt wird!
– Die schöne Königin wird verbrannt!
– Ich sehe sie! Ich sehe sie kommen!
– Wer? Wo?

– Ich sehe sie vom Fenster aus. Sie geht in einem scharlach-
roten Kleid. Die Tränen schießen aus ihren Augen!
– Ich sehe sie!
Die Frauen hängen in den Fenstern und starren hinaus.

79

Morgendämmerung.

*Der Zug, der Ginevra zum Scheiterhaufen geleitet – Geistli-
che, der Scharfrichter, Mönche, Gefängnisbeamte – bahnt
sich einen Weg durch die Zuschauer, um zu der geöffneten
Eingangstür und ins Freie zu kommen.*

Auf der Galerie König Artus, Sir Kay, Sir Gawain, Sir Mordred, Sir Gaheris und Sir Gareth das Kind.

KÖNIG ARTUS *zu Sir Kay, der hinuntersieht:* Sind viele gekom-
men?
SIR KAY Ja, König, eine ganz schöne Menge Leute, mehr
Frauen als Männer, das ist ja immer so.
KÖNIG ARTUS Was sagen sie denn?
SIR GAWAIN *böse:* Sie sind unzufrieden. Sie haben recht, daß
sie unzufrieden sind!
SIR KAY Kann ich nich' sagen, hab' nich' so genau hinge-
hört.
SIR MORDRED Was höre ich denn da von meinem Stiefbruder
Sir Gawain? Er ist doch wohl noch immer königstreu,
hoffe ich? Und für Recht und Gesetz?
SIR GAWAIN Jawohl, bin ich! Aber was jetzt geschieht, das
hätte nicht geschehen dürfen, ich sehe das nicht ein, ich
kriege das nicht in meinen Kopf rein.
KÖNIG ARTUS Sind denn Ritter meiner Tafelrunde mit hinaus
zum Richtplatz gegangen?
SIR KAY Ein paar sind hingegangen, aber die meisten haben
sich entschuldigt.
SIR ARTUS Sie m ü s s e n dabei sein! Was gibt es da für Ent-
schuldigungen?
SIR KAY Sir Girflet sagte, er muß dringend verreisen, Sir

Dodinas verheiratet heute seine Schwester, Sir Orilus mußte wegen Erbschaftsangelegenheiten nach Hause, und Sir Mador de la Porte –

SIR GAWAIN Und ich bin auch nicht dort! Und meine Entschuldigung ist, daß mir der ganze Zirkus nicht gefällt! *Zu den Brüdern:* Warum steht ihr hier herum? Ihr gehört da unten hin! Ihr habt es ja angezettelt!

SIR GARETH DAS KIND Ich nicht!

SIR GAWAIN Aber du warst dabei! Ihr habt auch den Kleinen da reingezogen! Da könnt ihr euch jetzt hinstellen und euch ansehen, was ihr angerichtet habt! I c h will die Königin nicht brennen sehen!

SIR MORDRED Wir gehn, wir gehn! Ich wollte mir den Aufzug nur von hier oben ansehen.

SIR KAY Wenn du ernsthaft der Meinung bist, Sir Gawain, daß da was nicht in Ordnung ist mit dem Urteil, dann hättest du es ja im Prozeß verkünden können.

SIR GAWAIN Was sollte ich denn sagen, ich weiß nichts, ich war ja nicht dabei, wie ihr das gedreht habt.

SIR MORDRED Gedreht?

SIR KAY *am Fenster, sieht hinunter:* Jetzt ist die ganze Meute auf dem Platz angekommen. Jetzt kommt einer mit so 'nem Wisch und liest.

SIR GAWAIN Ich geh' zu meinen Hunden, da ist mir wohler. *Er geht.*

SIR MORDRED *bellt ihm nach.*

SIR KAY *am Fenster, sieht hinunter:* Der kann ja wohl gar nich' lesen, so wie der da rummacht. Fummelt mit seinem Wisch vorm Gesicht rum. Der soll sich doch mal die Brille putzen. Da geben die einem Kerl so'n hohen Posten und nu' steht er da und kann nich' mal 'ne simple Bekanntmachung lesen.

SIR MORDRED Es handelt sich um das Todesurteil.

SIR KAY *am Fenster, sieht hinunter.* Ja ja, und jetzt fangen sie an und wedeln mit den Pinseln rum und spritzen die Zuschauer naß und weichen sie ein mit ihrem Weihwasser. Die wollen wohl 'ne Überschwemmung machen auf dem Platz! Hat ja auch wenig geregnet in diesem Jahr. Die sind ja imstande und spritzen alles so naß, daß nachher das Feuer nich' mehr ordentlich zum Brennen kommt. Das darf doch wohl nich' passieren, das wär ja 'ne Blamage, nich' wiedergutzumachen! Das Feuer ist ja doch das wichtigste! Deshalb sind die ja alle gekommen!

SIR MORDRED Und siehst du die Königin?

SIR KAY *am Fenster, sieht hinunter:* Nee, ich seh' se nich'. Krieg' ich nich' zu sehn. Will se auch gar nich' sehn.

SIR MORDRED Die mußt du doch sehen können! Mit dem blonden Haar!

SIR KAY *am Fenster, sieht hinunter:* Bin froh, daß ich das blonde Haar nich' sehn muß . . . Und jetzt ist auf einmal ein furchtbares Gedränge entstanden . . . da will ja wohl keiner was versäumen, damit sie ja alles mitkriegen von der Darbietung, damit sie später 'n interessantes Thema haben, wenn sie zu Hause sitzen und nicht wissen, wie sie ihre Stunden verbringen sollen. Sieht man ja nich' alle Tage . . . is' ja geradezu wie Weihnachten und Pfingsten an einem Tag! So'n schönes Fest!

KÖNIG ARTUS Kay!

SIR KAY *weint:* Wie soll ich's denn anders sagen, König! Soll ich denn vielleicht 'n Gedicht drüber verfassen?

SIR MORDRED So spricht man nicht über das Ende einer Königin, selbst wenn sie ein Verbrechen begangen hat.

SIR KAY Seid ihr denn immer noch da? Jetzt ist aber Schluß hier oben! Jetzt verlaßt ihr aber die Galerie! Da ist nur der König zugelassen, und vielleicht bin ich noch da, falls er mich brauchen sollte.

SIR MORDRED Der König muß aber doch auch auf den Richtplatz gehen!

SIR KAY Muß er nicht, muß er nicht! Das ist nach'm Gesetz nich' nötig. Lehr du den König, was seine Pflicht ist! *Er drängt die drei Brüder von der Galerie hinunter, Sir Gareth das Kind entwischt ihm und versteckt sich.* Er wird sich dann schon zeigen!

KÖNIG ARTUS Ich brauche dich nicht, Kay.

SIR KAY Vielleicht brauchst du mich ja doch, König. Ein König in so einer Situation! Da ist man vielleicht froh, wenn noch ein fühlender Mensch in der Nähe ist.

KÖNIG ARTUS Geh nur!

SIR KAY Jetzt kann ich es ja mal aussprechen: an so einem schwarzen Tag wie heute bin ich mal wieder froh, daß ich

damals das Schwert nich' rausgezogen habe, daß ich's drin-
gelassen habe. Da hab' ich schon den richtigen Riecher
gehabt.

KÖNIG ARTUS Geh nur, geh nur.

SIR KAY Na, dann geh' ich mal. Ich mal mal 'nen Spähtrupp
und horche mal, was die Leute sagen. *Er geht hinunter.*

An einer anderen Stelle der Galerie ist heimlich Sir Mordred
wieder aufgetaucht. Jetzt, wo er keine Zeugen mehr hat und
sich nicht zusammennehmen muß, merkt man ihm die fieb-
rige Erregung an. Er beobachtet durch das Fenster die
Vorbereitungen zur Hinrichtung der Königin Ginevra.

> *Der König ist allein. Er wirft angstvoll einen Blick hinunter
> zur Richtstätte; er kann den Anblick nicht ertragen, reißt am
> Vorhang, um das Fenster zu bedecken.*

SIR GARETH DAS KIND *fällt hinter dem Vorhang heraus.*

KÖNIG ARTUS Was machst du denn noch hier?

SIR GARETH DAS KIND Ich kann nicht da runter.

KÖNIG ARTUS *wütend:* Ich habe befohlen, daß ihr hingeht. Ich
habe es befohlen, daß ihr dabei seid.

SIR GARETH DAS KIND Ja, König, aber ich kann nicht.

KÖNIG ARTUS »Ich kann nicht«! – Meinst du, ich habe sie
nicht gerecht verurteilt?

SIR GARETH DAS KIND Doch. Meine Brüder waren ja dabei,
als die Untreue der Königin entdeckt wurde.

KÖNIG ARTUS Dann weißt du es also!

SIR GARETH DAS KIND Gesehen habe ich es nicht. Mich nehmen sie ja am Schluß doch nicht mit, wenn sie etwas
vorhaben. Dann sagen sie, ich petze. Und dabei verrate
ich nie etwas, wenn ich das Ehrenwort gebe.

KÖNIG ARTUS *schreit ihn an:* Wenn du findest, daß sie zu
Recht verurteilt worden ist, dann mußt du es auch ertragen, daß man sie verbrennt!

SIR GARETH DAS KIND Das kann ich nicht! Das ist zu gräßlich!

KÖNIG ARTUS Du willst aber doch ein Ritter werden.

SIR GARETH DAS KIND Ja, das will ich.

KÖNIG ARTUS Dann mußt du auch lernen, andere zu töten.

SIR GARETH DAS KIND Natürlich! Das ist etwas anderes.

KÖNIG ARTUS Warum ist das etwas anderes?

SIR GARETH DAS KIND Weil das ein Kampf ist, und weil ich dann bereit bin, auch selber zu sterben.

KÖNIG ARTUS Wenn du aber stark bist, und der andere ist schwächer als du?

SIR GARETH DAS KIND Dann kämpfe ich nicht gegen ihn. Das wäre unfair.

KÖNIG ARTUS Wenn der andere aber schwächer ist als du, jedoch ein Verräter oder ein Lumpenkerl, der Leuten, die schwächer sind als e r , Schaden zufügt?

SIR GARETH DAS KIND Dann müßte ich wohl gegen ihn kämpfen.

KÖNIG ARTUS *aufgeregt, will sich vor sich selber rechtfertigen:* Siehst du! Es kommt nicht darauf an, ob der andere schwach oder gleich stark ist wie du, das ist nur dummes Zeug, Sportgeist nennen die das –, es kommt darauf an, ob deine Sache gerecht ist.

SIR GARETH DAS KIND *klagt, weint:* Ich kann aber da nicht hingehen! Ich habe Mitleid!

KÖNIG ARTUS Ich verstehe, daß du nicht gerne hingehst, Gareth. Wenn du gern hingehen und dir das ansehen würdest, wie die Königin verbrannt wird, dann wärst du ein schlechter Mensch. Es ist eine schreckliche Sache, ein schrecklicher Anblick für jeden Menschen, der Gefühl hat . . . Du mußt erwachsen werden. Wie alt bist du denn, Gareth?

SIR GARETH DAS KIND Ich werde fünfzehn.

KÖNIG ARTUS Dann wird man dich vielleicht im nächsten Jahr zum Ritter schlagen.

SIR GARETH DAS KIND Sir Lancelot hat es mir versprochen, wenn ich tapfer bin.

KÖNIG ARTUS Oder möchtest du nicht lieber einen anderen Beruf haben?

SIR GARETH DAS KIND Nein! Ich bin sicher, daß ich tapfer genug bin!

KÖNIG ARTUS Man kann auch in anderen Berufen seine Tapferkeit beweisen.

SIR GARETH DAS KIND Nein, das glaube ich nicht.

KÖNIG ARTUS Zum Beispiel als Eremit.

SIR GARETH DAS KIND Nein! Eremiten fliehen ja das Leben. Die gehen ja gerade den Schwierigkeiten aus dem Weg.

KÖNIG ARTUS Ja, aber ich glaube, manchmal gehört auch Tapferkeit dazu, auf das abenteuerliche Leben zu verzichten. – Oder Kaufmann?

SIR GARETH DAS KIND Nein. Die denken nur an ihren eigenen Gewinn. Ich will für andere da sein und sie beschützen.

KÖNIG ARTUS Oder Künstler? Wenn ein Troubadour an den Hof kommt, hören doch alle gern zu, wie er von Helden und Abenteuern singt. Manchmal singt ein Ritter oder eine Dame eins von diesen Liedern der Troubadoure vor sich hin . . . Ginevra konnte so schön singen . . .

SIR GARETH DAS KIND Ich kann auch einige Lieder.

KÖNIG ARTUS Kannst du denn auch »Can vei la lauzeta mover . . .«?

SIR GARETH DAS KIND Davon kann ich einen Vers.

Singt:
»Can vei la lauzeta mover
de joi sas alas contra l rai
que s'oblid'e s laissa chazer
per la doussor c'al cor li vai, ailas!«
Das hat mir Sir Lancelot beigebracht.

KÖNIG ARTUS Ein sehr schönes Lied. Ginevra konnte es auch singen.

SIR GARETH DAS KIND Ich will aber kein Troubadour werden!

KÖNIG ARTUS Warum denn nicht? Wenn du so schöne Empfindungen hast, hast du auch sicherlich Talent.

SIR GARETH DAS KIND Ich möchte lieber alles selber erleben! Deshalb möchte ich lieber Ritter werden. Das ist doch selbstverständlich! – Warum fragst du mich das alles?

KÖNIG ARTUS Weil ich so alt war wie du, als ich das Schwert aus dem Stein gezogen habe. Ich war damals vierzehn Jahre alt.

SIR GARETH DAS KIND Ach ja, die berühmte Geschichte!

KÖNIG ARTUS Du kennst die Geschichte?

SIR GARETH DAS KIND Natürlich! Die kennt doch jeder! Die steht doch im Lesebuch.

KÖNIG ARTUS Gefällt dir die Geschichte?

SIR GARETH DAS KIND Ja, sehr.

KÖNIG ARTUS Was hast du dir dabei gedacht, als du sie gelesen hast?

SIR GARETH DAS KIND Ich habe gedacht, ich möchte auch ein berühmter Ritter werden und am Hof von König Artus sein, wie mein Bruder Gawain.

KÖNIG ARTUS Und wie Sir Lancelot.

SIR GARETH DAS KIND Ja, auch wie Sir Lancelot! Den finde ich . . .
Er sucht nach einem Wort in der Sprache junger Leute.

KÖNIG ARTUS *leise, vorsichtig:* Super?

SIR GARETH DAS KIND Super, ja!

KÖNIG ARTUS Ich sage dir jetzt, warum ich dich das alles frage. Ich weiß nämlich nicht, ob ich alles richtig gemacht habe.

SIR GARETH DAS KIND *lacht.*

KÖNIG ARTUS Jetzt lachst du mich aus.

SIR GARETH DAS KIND Nein, ich lache, weil du dich verstellst.

KÖNIG ARTUS Warum sollte ich mich denn vor dir verstellen, Gareth?

SIR GARETH DAS KIND Ganz klar: damit ich darauf reinfalle, natürlich! Ich falle aber nicht darauf rein.

KÖNIG ARTUS Erkläre mir das, Gareth.

SIR GARETH DAS KIND Der König macht doch alles richtig, sonst wäre er doch nicht der König. Der kann gar nicht zweifeln.

KÖNIG ARTUS Ach so.

SIR GARETH DAS KIND *triumphierend:* Sonst hättest du ja das Schwert Excalibor nicht aus dem Stein ziehen können! Sonst hätte es ja jeder rausziehen können!

KÖNIG ARTUS Dann geh jetzt.

SIR GARETH DAS KIND *zögert:* Na gut, ich gehe.

KÖNIG ARTUS Du hast dein Schwert vergessen! *Will ihm das Schwert zuwerfen.*

SIR GARETH DAS KIND Das Schwert nehme ich nicht mit. Ich möchte nämlich nicht . . . ich meine, wenn er doch kommen sollte . . .

KÖNIG ARTUS Du meinst, daß Sir Lancelot kommt und Königin Ginevra befreit?

SIR GARETH DAS KIND Wenn ich Sir Lancelot wäre, würde ich kommen und Königin Ginevra befreien.

KÖNIG ARTUS *in großer Aufregung:* Wenn er käme! Wenn er

käme! – Ich habe das auch schon gedacht! *Packt Sir Gareth, will ihn an sich ziehen, ihn umarmen.*

SIR GARETH DAS KIND *verwirrt, ruft:* Es lebe der König! *Rennt zur Treppe.*

KÖNIG ARTUS Paß auf, du fällst die Treppe runter!

SIR GARETH DAS KIND *rennt weg.*

Gebete

Bei dem Scheiterhaufen weinen und beten die Menschen. Ihre Gebete schwirren herum und steigen empor zu Gott in den Himmel, ein Schwarm weißer Tauben, und verschwinden im weit geöffneten Ohr Gottes.

Nun reißt König Artus entschlossen den Vorhang weg und stellt sich ans Fenster. Er wagt aber nicht hinunterzusehen. Er steht da mit abgewandtem Kopf.
Sir Kay kommt zurück.

SIR KAY Ich bin da unten rumgelaufen und hab rumgehorcht; die einen haben gesagt . . . und an der andern Ecke ist gesagt worden . . . na, jetzt hab ich's vergessen, was die gesagt haben! Ich hab es mir extra gemerkt, die ganze lange Treppe rauf, und jetzt ist es mir entfallen, jetzt ist es mir doch tatsächlich aus dem Kopf geschwunden. Hätt's aufschreiben sollen! Nun kann ich dir also gar nichts sagen, König, verdammt nochmal! . . . Na ja, es ist ja vielleicht auch nicht nötig, noch was zu sagen.

KÖNIG ARTUS Jaja. *Draußen ist es still geworden.* Was machen die jetzt?

SIR KAY Sie beten.

KÖNIG ARTUS Wir müssen auch beten! Was beten wir denn?

SIR KAY Weiß nicht! Mir ist so 'ne Sache auch neu.

KÖNIG ARTUS Ich bete das Vaterunser.

SIR KAY Jetzt sieht sie herauf!

KÖNIG ARTUS Ach Gott! Sieht sie mich? *Er duckt sich.*

SIR KAY Du bist doch nicht am Fenster, du kniest ja. Da kann sie dich doch nich' wahrnehmen.

KÖNIG ARTUS Ich kann nicht stehen. Mir tun die Knie weh.

SIR KAY Soll ich dir helfen, König? – Sie sieht immer noch herauf. Sie binden sie gerade am Pfahl fest.

KÖNIG ARTUS Ach, ich kann nicht stehen. *Er versucht aufzustehen, fällt wieder. Sir Kay hebt ihn hoch, nun muß der König hinaussehen.* Ich konnte es doch nicht anders machen, Kay! Ich mußte sie doch verurteilen! Die Gerechtigkeit, verstehst du, Kay!

SIR KAY Verstehe.

KÖNIG ARTUS Das Gesetz muß erfüllt werden, verstehst du? Das Prinzip!

SIR KAY Verstehe.

KÖNIG ARTUS Auf mich persönlich kommt es doch gar nicht an. – Kannst du mich denn noch halten?

SIR KAY Ja, ja.

KÖNIG ARTUS Dahinten sehe ich einen Staubwirbel am Himmel. Siehst du, Kay?

SIR KAY Nee, ich seh' nichts.

KÖNIG ARTUS Ist es Staub oder ist es eine Kugel? – Ja, es ist eine Kugel, die vom Berg heranrollt. Eine goldene Kugel!

SIR KAY Was siehst du denn bloß?

KÖNIG ARTUS Jetzt ist eine ganze Wolke außen herum, die goldene Kugel rollt über die Baumspitzen weg, siehst du, Kay?

SIR KAY Nein. Ich brauch wohl eine Brille.

SIR MORDRED *an seinem Fenster, schrill:* Jetzt stößt der Henker die brennende Fackel hinein! Sie brennt! Sie brennt!

KÖNIG ARTUS Lancelot! – Kay, es ist Lancelot!

SIR KAY Glaub' ich nicht.

KÖNIG ARTUS Es ist Lancelot! Ich habe es gewußt!

SIR KAY *rennt fort:* Da muß ich hin!

KÖNIG ARTUS Gareth, wir haben recht gehabt!

Sir Mordred rennt schreiend vor Aufregung, das Schwert mit beiden Händen vor sich haltend, die Treppen hinunter.

Geschrei. Kampflärm.

Lancelot kommt

Da hat der Ritter Lancelot
entführt die wunderschöne Frau
Da schrie im Schlaf das kranke Kind
da weht ihr Feuerhaar im Wind
ihr Kleid so leuchtend blau.

Und eine halbe Stunde lang
verhielt die Sonne ihren Lauf
Da blieb im Dämmerlicht die Welt
da ging der Gärtner übers Feld
und las sechs Tote auf.

Stille.

Als der Kampf vorüber war, sprangen die Tore auf, die Toten wurden hereingetragen.
König Artus stand oben und hörte die Namen. Auch Sir Gaheris war dabei. Er sah ihn tot auf der Bahre liegen. Unten
stand die Menschenmenge und sah herauf, aber König Artus
sagte kein Wort. Dann kam noch Sir Mordred herein. Er trug
ein Bündel auf seinen Armen, darüber hatte er seinen Mantel geschlagen. Er ging durch die ganze Halle, und die
Menschenmenge wich vor ihm zurück. Als er unten unter
den Augen des Königs stand, blieb er da stehen. Er schlug
den Mantel zurück. – Auch Gareth! stöhnte König Artus. Er
starrte über das Geländer auf die Leiche des Knaben hinunter, die Sir Mordred ihm mit vor Anstrengung verzerrtem
Gesicht entgegenhielt. König Artus konnte seine Augen
nicht abwenden, und Sir Mordred blieb stehen, hielt die Leiche, obwohl er nur schwache Kräfte hatte, mit seinen Händen starr in die Höhe, eine Stunde lang.

80
Joyeuse Garde

Im Schloß Joyeuse Garde. Ein zugemauertes Fenster.
Königin Ginevra, Sir Lancelot.

KÖNIGIN GINEVRA Warum ist das Fenster zugemauert?

SIR LANCELOT Dort unten ist der Hof, wo die beiden Riesen standen.

KÖNIGIN GINEVRA Aber du hast sie doch besiegt!

SIR LANCELOT Ja. Aber auch als sie fort waren, habe ich sie immer noch dort unten gesehen. Da ließ ich das Fenster zumauern.

KÖNIGIN GINEVRA Aha, dann ist dies also das Angstzimmer.

SIR LANCELOT In Joyeuse Garde gibt es keine Angst.

KÖNIGIN GINEVRA Damals, als du Douloureuse Garde von den furchtbaren Riesen befreit hattest, hörte ich zum ersten Mal sagen: Sir Lancelot ist der größte Ritter der Welt.

SIR LANCELOT *singt leise vor sich hin:*
Qui donc la vevez dancar – eya
e son gent curs deportar – eya
beb pogra dir de vertat – eya

KÖNIGIN GINEVRA Ich muß Französisch lernen.

SIR LANCELOT Ja, denn wir werden Soiréen geben und die Troubadoure werden ein und aus gehen und überall wird Gelächter und Geschwätz sein, und man wird französisch reden, wenn Schauspieler und Stoffhändler kommen, wenn du Seidenstoffe probierst, wenn du mit den Damen und mit den Gästen aus Frankreich über Literatur redest – du glaubst nicht daran!

KÖNIGIN GINEVRA Alles, was ich auf französisch sagen kann, ist: je ne mange pas des escargots.

SIR LANCELOT Bist du schon in allen Zimmern gewesen?

KÖNIGIN GINEVRA Nicht in allen. Ich habe heute wieder drei neue entdeckt.

SIR LANCELOT Welche?

KÖNIGIN GINEVRA Sie sehen doch alle gleich aus. Es sind alles leere schwarze Zimmer.

SIR LANCELOT Sie sind leer, weil du nicht hier warst.

KÖNIGIN GINEVRA Aber d u warst doch hier.

SIR LANCELOT *schweigt.*

KÖNIGIN GINEVRA Ich gebe jetzt allen Zimmern Namen. Ich gehe herum und probiere aus, welche Schlüssel passen, und schließe sie auf, und in jedes lege ich etwas hinein. Das Pfauenzimmer. Da liegt die Pfauenfeder, die du mir

gestern mitgebracht hast. Das Knopfzimmer. Ich habe mir
einen Knopf abgeschnitten und ihn hineingelegt. Das Ap-
felzimmer. Da liegt ein Apfel drin. Das Uhrenzimmer, –
weil man dort am Sonnenstrahl die Zeit ablesen kann; ich
bin gestern den ganzen Tag drin gewesen und habe den
Sonnenstrahl über den Fußboden wandern sehen. Das Vo-
gelzimmer – aber das muß ich umnennen, der Stieglitz ist
tot. Als ich heute morgen hinkam, lag er tot auf dem Boden.

SIR LANCELOT Wir geben dem Zimmer einen anderen Namen! Wir gehen zusammen hinein und das erste Wort, das
einem von uns einfällt – so nennen wir es!

KÖNIGIN GINEVRA Und wenn uns nichts einfällt?

SIR LANCELOT Dann nennen wir es das Zimmer Namenlos.

KÖNIGIN GINEVRA In Camelot waren alle Zimmer und Ni-
schen ausgefüllt mit unserer Geschichte.

SIR LANCELOT Ach Ginevra, hier gefällt es dir nicht!

KÖNIGIN GINEVRA Die Bibliothek, wo das Schachspiel auf
dem Fensterbrett stand . . .

SIR LANCELOT Das Schachspiel von Morgane le Fay . . .

KÖNIGIN GINEVRA Von dem es hieß, daß nur der gewinnt, der
noch nie eine Frau geliebt hat . . .

SIR LANCELOT Und ich verlor!

KÖNIGIN GINEVRA Sir Agrawain stand hinter dir und sah
zu . . .

SIR LANCELOT Beinahe hätte er alles entdeckt!

KÖNIGIN GINEVRA Das Fenster, wo man hinuntersieht auf die
Wiese am Fluß, wo du unter den Weiden standest . . .

SIR LANCELOT Und die Tafel, der runde Tisch . . .

KÖNIGIN GINEVRA An dem habe ich nie gesessen.

SIR LANCELOT Aber ich habe dein Zeichen hineinge-
schnitzt.

KÖNIGIN GINEVRA *lacht:* Ein verliebtes Kind warst du damals!

SIR LANCELOT Und auf der Treppe zum Turm . . .

KÖNIGIN GINEVRA Und unser Platz auf der Galerie, wo ich
immer zwischen dir und König Artus saß, wenn es ein Fest
gab . . .

SIR LANCELOT Und Artus . . .

KÖNIGIN GINEVRA Ach, du denkst immer an Artus . . .

SIR LANCELOT *lenkt ab:* Wie schön, daß du den leeren Zimmern hier in Joyeuse Garde Namen gibst. Hier habe ich nicht gelebt, auch wenn ich mich hier aufhielt. Mein Herz und meine Gedanken waren nie hier.

KÖNIGIN GINEVRA Eins der Zimmer soll das Tintenfaßzimmer heißen, weil ich schon ein Tintenfaß hineingestellt habe.

SIR LANCELOT Wem willst du schreiben?

KÖNIGIN GINEVRA Dir brauche ich ja nicht mehr zu schreiben, du bist ja immer da. *Schweigen.*

SIR LANCELOT An König Artus . . . *Schweigen.* Ist es nicht gut, daß die Zimmer leer sind? So ist nichts darin, das dir mißfallen könnte.

KÖNIGIN GINEVRA Und nichts, was mich fürchten macht. *Schweigen.* Heute früh standen Fremde unten im Hof. Ich hörte sie über Camelot sprechen.

SIR LANCELOT Ja.

KÖNIGIN GINEVRA Du hast mir nichts davon gesagt.

SIR LANCELOT Ich habe es vergessen.

KÖNIGIN GINEVRA Nein, du hast es nicht vergessen, ich weiß es.

SIR LANCELOT Nein, ich habe es nicht vergessen. *Schweigen.* Der Orkney-Clan hetzt zum Krieg auf gegen mich.

KÖNIGIN GINEVRA Auch Sir Gawain, der dein guter Freund war?

SIR LANCELOT Ja. Weil ich Gareth getötet habe.

KÖNIGIN GINEVRA Aber du hast ihn doch gar nicht getötet! Es war doch nicht deine Schuld! Jeden Tag klagst du dich deswegen an! . . . Wie verhält sich Artus?

SIR LANCELOT Oh Ginevra! *Schweigen.*

KÖNIGIN GINEVRA Wie glücklich sind wir! Endlich lauscht niemand mehr hinter den Türen, keine mißtrauischen Blicke . . . du mußt dich nicht mehr die halbe Nacht im Schrank verstecken . . . keine verschlüsselten Botschaften . . . nicht mehr lügen . . . ich muß keine Dienstboten mehr bestechen . . . Ich muß nicht wachliegen und vergeblich warten, muß mich nicht ängstigen um dich! . . . Wir können miteinander reden, den ganzen Tag bis in den Abend und am nächsten Morgen immer noch, niemand hindert uns, niemand ist mißtrauisch . . . keine Küsse mehr, die einen anderen kränken . . . *Sie stockt.*

SIR LANCELOT Warum sprichst du nicht weiter?

KÖNIGIN GINEVRA Ach, Lancelot!

SIR LANCELOT Woran denkst du?

KÖNIGIN GINEVRA *schweigt.*

SIR LANCELOT Du denkst an König Artus.

KÖNIGIN GINEVRA Ja.

SIR LANCELOT Du denkst an ihn, du denkst, du willst zu ihm zurück.

KÖNIGIN GINEVRA Ja. – *Leise:* Wenn er mich noch will.

SIR LANCELOT Du liebst mich nicht mehr?

KÖNIGIN GINEVRA Weil ich dich liebe, habe ich das gedacht.

SIR LANCELOT *schreit:* Du kannst doch gar nicht zurück!

KÖNIGIN GINEVRA Siehst du! Du hast dasselbe gedacht!

SIR LANCELOT *lügt:* Nein, Ginevra, nein, nein! Nein! Nein! Nein!

81

Auf der obersten Galerie wird blitzschnell ein schmaler Teppich über die Brüstung geworfen, die lange rote Zunge schlappt bis hinunter in die Halle. Oben an der Brüstung erscheint der vergoldete blinde Papst mit der Tiara auf dem Kopf.

DER PAPST Wir, der Stellvertreter Christi auf Erden, der Nachfolger Petri, das Oberhaupt der Christenheit haben die Versicherung unseres ergebenen Sohnes Lancelot angenommen, daß seine Liebe und Verehrung für die Königin Ginevra, die Gemahlin des Königs Artus, nicht die Grenze überschritten hat, die zwischen der gottgefälligen und der sündhaften Liebe gezogen ist, schenken ihr Glauben und sprechen unsere Tochter Ginevra vom Vorwurf der Untreue gegen ihren Gemahl frei.

Der Papst verschwindet, der Teppich wird wieder eingerollt.

82

Auf der Galerie. König Artus auf dem Thron neben dem Reichsteppich; Sir Kay, Ritter. Auf der anderen Seite Sir Mordred, Sir Gawain.

Nervöse Vorkehrungen in Erwartung Königin Ginevras und Sir Lancelots.

SIR GAWAIN Sind sie schon da?

SIR MORDRED Ja, ja, sie sind schon vor der Tür. Sie warten auf ihren Auftritt. Sie soll angeblich einen Ölzweig in der Hand halten, es fehlen nur die Flügel, dann wäre der Unschuldsengel perfekt.

SIR GAWAIN Ich bin froh, daß sie wiederkommt, muß ich ehrlich sagen.

SIR MORDRED Und Agrawain? Und Gaheris? Und Gareth?

SIR GAWAIN Ja, verdammt nochmal! Ich weiß nicht, wie ich das ertragen soll, wenn der reinkommt, der meine Brüder umgebracht hat!

SIR MORDRED Er hat freies Geleit, das hat ihm der König garantiert. Du darfst ihm nichts tun, du mußt ganz ruhig sein und ein frommes Gesicht machen.

SIR GAWAIN *wütend:* Ein frommes Gesicht!

SIR MORDRED Allerdings, auf dem Rückweg nach Dover . . .

SIR GAWAIN Was ist auf dem Weg nach Dover?

SIR MORDRED Ich dachte nur . . .

SIR GAWAIN Du tückisches, hinterhältiges Schwein!

SIR MORDRED Na gut, dann steigt er aufs Schiff und segelt ab nach Frankreich.

SIR GAWAIN Er ist so viele Jahre mein guter Freund gewesen! Es geht nicht in meinen Kopf, daß so ein Unglück über uns kommen muß!

SIR MORDRED Er haßt uns! Er haßt unsere ganze Familie! Und dich haßt er auch. Er kann es nicht vertragen, daß König Artus dich ebenso liebt wie ihn.

SIR GAWAIN *sieht zum Eingang hinunter, will das Thema beenden:* Wann geht es denn los? Wer gibt denn das Zeichen?

SIR MORDRED Der König natürlich.

Lancelot bringt Ginevra zurück

SIR GAWAIN Warum gibt er es noch nicht?

SIR MORDRED Der König ist unentschlossen geworden in der letzten Zeit. Das ist nicht gut für den Staat.

SIR GAWAIN *ruft zu König Artus hinüber:* König! Gib das Zeichen!

KÖNIG ARTUS Macht das Tor auf!

Das Tor wird geöffnet. Zunächst kommt nur der päpstliche Nuntius herein. Er ist mit kleinen klappernden Schritten schon fast bis zur Mitte der Halle gegangen, als Sir Lancelot und Königin Ginevra endlich erscheinen. Die beiden wirken wie Laienschauspieler, die dem Auftritt, den sie jetzt spielen müssen, nicht gewachsen sind. Königin Ginevra hält einen Ölzweig in der Hand wie ein Requisit, das man ihr in den Kulissen noch rasch aufgedrängt hat, ohne ihr zu sagen, wie sie damit umgehen soll. Sie versucht zu lächeln. Sir Lancelot führt Königin Ginevra an der Hand. Seine Anstrengung, zu verbergen, daß dies ein tragischer und zugleich peinlicher Augenblick für ihn ist, macht seine Bewegungen starr und übertrieben feierlich. Sie verbeugen sich beide vor dem König.

KÖNIGIN GINEVRA *steif, wie einstudiert:* Mein gefürchteter, erhabener König!

SIR MORDRED *ruft hinunter:* Charmant!

KÖNIG ARTUS *steht auf, tritt an das Geländer.*

SIR LANCELOT *steif, wie einstudiert:* Ich habe in aller Demut die Königin Ginevra nach dem Willen des Papstes und nach dem Wunsch des Königs hierher an den Hof zurückgeleitet. Was mich betrifft, so wünsche ich nichts in der Welt so sehr, als daß auch ich vom König in Gnaden wieder aufgenommen werde.

SIR MORDRED *ruft dazwischen:* Wo ist mein kleiner Bruder Gareth? Wo sind meine Brüder, Sir Lancelot?

SIR LANCELOT Ich versichere bei meinem Leben und bei meiner Ehre, daß ich wissentlich keine Schuld auf mich geladen habe.

SIR GAWAIN *schreit:* Du falscher heuchlerischer Ritter!

SIR LANCELOT *zu Sir Gawain hinauf:* Es schmerzt mich, daß du so denken kannst, Gawain! Ich bin immer dein Freund gewesen.

SIR MORDRED Du hast freies Geleit, weil du die Königin bringst, aber wir haben nicht vergessen, daß du ein Mörder bist.

KÖNIG ARTUS *zu Ginevra:* Königin, komm herauf zu mir! Du sollst wieder neben mir sitzen, wo du früher gesessen hast.

Königin Ginevra wird von Sir Lancelot bis an den Fuß der Treppe geführt, dann geht sie allein die schmale Treppe hinauf. In dem Moment, wo König Artus sie oben empfängt und an der Hand nimmt, beginnen vier Mönche das extra für diese Gelegenheit einstudierte Musikstück zu singen: Sederunt principes, – lang gehaltene, schwebende Töne, die sich ineinander verschlingen zu immer neuen harmonischen Klanggebilden. König Artus führt Königin Ginevra in ihre Zimmer.

SIR LANCELOT *ruft hinauf:* Hör mich an, Gawain! Du da oben! Du sollst mich nicht Mörder nennen! Es gibt niemand, der mich einen Mörder nennen darf!

SIR GAWAIN Habe ich Mörder gesagt?

SIR MORDRED I c h habe es gesagt. Gareth war unbewaffnet wie ein Kind, das zum Spielen auf die Wiese hinausläuft.

SIR GAWAIN Gareth! Gareth!

SIR LANCELOT Jeder Mensch weiß, daß ich nicht Unbewaffnete töte, auch du weißt es, Gawain!

SIR GAWAIN Gareth ist tot!

SIR LANCELOT Ja, Gareth ist tot, aber ich . . . er hat . . .

SIR MORDRED Du stotterst ja!

SIR LANCELOT Ja, ich . . . ich habe ihn geliebt! . . . Er kam . . . Er hat so oft in meinem Zelt geschlafen . . . er wollte mein Schwert tragen . . . neben mir herreiten und neben mir sitzen . . . mir zuhören . . . Ich liebte ihn sehr . . .

SIR MORDRED Was murmelst du? Verstehst du, was er sagt, Gawain?

SIR GAWAIN *zu Sir Lancelot:* Du hast ihn erschlagen!

SIR LANCELOT *immer aufgeregter:* Ich weiß es nicht . . . ich weiß es nicht . . . ich habe meinen Arm nicht gegen ihn aufgehoben . . .

SIR MORDRED Wie? – Aus Rache hast du das Kind erschlagen,

Lancelot bringt Ginevra zurück

weil wir dich entdeckt haben, als du den König verraten
hast.

NUNTIUS Friede! Friede! Friede!

SIR GAWAIN Der Papst kann seinen Frieden machen, wir machen unseren eigenen.

SIR LANCELOT Ich? . . . Nicht ich . . . ich sah ihn! . . . Er stand
da vor dem Pferd . . . Das Pferd, das Pferd hat ihn . . .

SIR MORDRED Ich höre »Pferd«, Gawain! Der Mörder ist ein
Pferd. Wir müssen uns an einem Pferd rächen!

NUNTIUS Friede! Friede! Friede!

SIR GAWAIN Geh du fort, Lancelot! Geh nach Dover, geh
ohne Waffen, du hast ja freies Geleit!
König Artus kommt zurück.

SIR MORDRED Ja, geh ohne Waffen! Gawain tötet keinen, der
waffenlos ist!

SIR LANCELOT Ach Gawain . . .

SIR GAWAIN Ich höre nicht!

SIR LANCELOT Erinnere dich, Gawain, in wieviel Schlachten
haben wir nebeneinander gekämpft! Du hast die Schläge
abgewehrt, die meinen Kopf treffen sollten, und ich habe
die Schläge abgewehrt, die auf deinen Kopf gerichtet waren . . .

SIR MORDRED Hast du keine Stimme mehr?

SIR LANCELOT Und wie viele, die ich hier stehen sehe, verdanken mir ihr Leben! Denke an die Schlacht bei Arestuel, als ihr in Todesnot gefangen wart . . .

SIR MORDRED Wie bitte?

SIR LANCELOT . . . und als ich euch befreite, und als ich die
Niederlage in einen Sieg gewendet habe . . .

SIR MORDRED Sprich lauter! Wir verstehen hier oben kein
Wort!

SIR LANCELOT Erinnerst du dich nicht, Gawain?

SIR GAWAIN Ja, ja.

SIR MORDRED Gott will wahrscheinlich nicht, daß deine Lü-
genstimme hier oben zu hören ist! Wir verstehen kein
Wort.

SIR LANCELOT Gawain!

SIR GAWAIN Du hast viel für den König getan, aber jetzt will
der König, daß du sein Land verläßt.

SIR LANCELOT König, willst du das?

KÖNIG ARTUS Versöhnt euch! Versöhnt euch!

SIR GAWAIN Ich versöhne mich nicht. Wenn du ihn wieder aufnehmen willst, dann bin ich morgen fort, komme nicht wieder. Aber ich werde nicht ruhen, bis meine Brüder gerächt sind!

SIR LANCELOT Willst du, daß ich dein Land verlassen muß?

KÖNIG ARTUS *wendet sich ab.*

SIR LANCELOT Du wendest dich ab. Dann werde ich meine Rüstung ausziehen und mein Schwert gebe ich dir und meinen Schild, sie sollen in Camelot hängen, da wo in der Runde mein Platz war, und ich will dein Land verlassen. Zu Fuß gehe ich nach Dover, fahre zurück in mein Land und komme nicht wieder, außer du bist in Not und du rufst mich.

SIR GAWAIN Keiner wird dich rufen! Der König braucht dich nicht, solang ich noch da bin. Verstecke dich in Frankreich. Ich finde dich! Und wenn du dich mit Ketten an den Himmel hängst! Ich reiße dich herunter!

Sir Lancelot hat Rüstung, Schwert und Schild abgelegt, er verläßt die Halle. Der König bricht in wilde Klagen und Schreie aus, reißt den Reichsteppich von der Wand herunter und wirft ihn über sich.

83

SÄNGER

Gawain aber auf der Mauer
schrie nach Rache und nach Tod
oh es schwieg dazu der König
und der Himmel färbt sich rot

Gawain schrie den langen Sommer
im August fiel roter Schnee
oh es stand der König Artus
an dem zugefrornen See

Zieh nach Frankreich König Artus
Auf! Ich werde mit dir ziehn
oh es konnte König Artus
Gawains Schreien nicht entfliehn

Lancelot bringt Ginevra zurück

Zieh mit deinem Ritterheere
nach Sir Lancelots Stadt Gannes
oh man sah wie König Artus
eine Trän vom Auge rann

Leere Stühle leere Tafel
und die Halle schwarz und leer
Es entschloß sich König Artus
doch der Morgen ward ihm schwer

84

*Sir Mordred sitzt vor dem Teppich, in den sich König Artus
eingewickelt hat.*

KÖNIG ARTUS *schreit im Teppich:* Merlin! Merlin!

SIR MORDRED Du mußt doch in den Krieg nach Frankreich.
Wer vertritt dich denn in dieser Zeit?

KÖNIG ARTUS *im Teppich:* Merlin! Merlin!

SIR MORDRED Das ganze Königreich wartet darauf, du mußt
es heute noch entscheiden.

KÖNIG ARTUS *kriecht aus dem Teppich heraus:* Ach, du bist
es!

SIR MORDRED Ich kam eben vorbei, da hörte ich dich rufen.

KÖNIG ARTUS So –, du hast mich rufen hören? Ich habe Merlin gerufen. Ich wünschte mir so sehr, daß Merlin da wäre.
Ich lag im Dunkeln und schrie. Wenn wir in einer Krise
waren, wußte Merlin immer Bescheid. Zwar konnte er
meistens das Unglück nicht abwenden, wenn es uns bestimmt war, aber man war wenigstens auf das Schlimme
gefaßt, man konnte sich darauf einstellen. Jetzt tappe ich
herum und strenge mich an, vielleicht strenge ich mich an
für etwas, was mir gar nicht bestimmt ist, oder ich versuche
mit großer Anstrengung etwas zu verhindern, was sowieso
nicht eintritt. Wie lächerlich ist der Mensch, der seine Bestimmung nicht kennt.

SIR MORDRED Wetten, daß . . .

KÖNIG ARTUS *schreit ihn an:* Du sollst nicht wetten!

SIR MORDRED Entschuldige.

Schweigen

KÖNIG ARTUS *mürrisch:* Was wolltest du denn sagen?

SIR MORDRED Ach nichts. Ich höre dir nur zu.

KÖNIG ARTUS Nein, nein! Du hast etwas sagen wollen.

SIR MORDRED Ich bin gespannt, was du machen wirst.

KÖNIG ARTUS Dieser Krieg! Dieser Krieg! Ich renne hin und her, grüble die Nächte durch. Dieser Krieg in Frankreich ist garantiert eine Dummheit.

SIR MORDRED Aber immerhin eine vorbestimmte Dummheit.

KÖNIG ARTUS Das gibt es nicht, Sohn! Es gibt entweder das Vorherbestimmte oder die menschliche Dummheit, die blind herumtappt. Wenn ich die Bestimmung nicht in mir fühle und also meinen Weg nicht kenne, werde ich unsicher, und alles was ich tue sind Dummheiten, wie sehr ich auch meinen Geist anstrenge.

SIR MORDRED Ach, König! – Vorbestimmung! Von Vorbestimmung halte ich nichts.

KÖNIG ARTUS So seid ihr! So seid ihr!

SIR MORDRED Das ist so ein altmodischer Begriff. Heute ist man doch viel weiter. Von ökonomischen Gesetzmäßigkeiten will ich gar nicht reden. Aber es gibt doch die Psychologie! Die Erfahrungen der Kindheit, die Schrecken der Kindheit! Die Mütter, die einen beherrschen wollen, die man ein ganzes Leben nicht los wird . . .

KÖNIG ARTUS Du hast deine umgebracht!

SIR MORDRED *ohne darauf einzugehen:* . . . der Vater, der einen nicht akzeptiert! Ein schwächlicher Körper, der mir immerzu Grenzen setzt in einer Gesellschaft, die von mir verlangt, ein großer Held und Ritter zu sein wie mein berühmter Halbbruder Gawain!

KÖNIG ARTUS Ach, Psychologie! Mit den Psychologen hat sich Merlin schon immer herumgestritten. Er sagte: neue komplizierte Begriffe, aber keine neuen Inhalte.

Schweigen.

Was denkst du?

SIR MORDRED Ich bin gespannt, wem du die Macht geben wirst, solange du im Ausland bist.

KÖNIG ARTUS *denkt nach:* Sir Kay kann ich sie nicht geben, er hat keine Autorität, er läßt sich zu sehr mit den Leuten ein, macht Späße, weiß die Grenze nicht einzuhalten. Wie findest du Sir Kay?

SIR MORDRED Wie ich Sir Kay finde?

KÖNIG ARTUS Sir Dodinas ist zu unrealistisch, ihm geht es immer nur um das Prinzip. »Lebe so, als ob die Maxime deines Handelns . . .« und so weiter. Schön und gut. Aber er übertreibt das, er übertreibt das. Nur immer nach dem Prinzip handeln, das ist vom Teufel. Nicht wahr?

SIR MORDRED Vom Teufel?

KÖNIG ARTUS Und Sir Bedivere bevorzugt seine schottischen Verwandten. Was hältst du von Sir Turquine?

SIR MORDRED Was ich von Sir Turquine halte?

KÖNIG ARTUS Er ist ein Hysteriker. Seine Stimme überschlägt sich.

SIR MORDRED Und Sir Mordred kannst du nicht vertrauen.

KÖNIG ARTUS Dir?

SIR MORDRED Du hast mir ja nie getraut.

KÖNIG ARTUS Habe ich dich jemals benachteiligt, seit du am Hofe bist?

SIR MORDRED Und das Schiff?

KÖNIG ARTUS Ich habe dir im Gegenteil soviel nachgesehn, daß man mir deswegen Vorwürfe gemacht hat. Wie oft hast du es mir schwergemacht mit deinen Extravaganzen, Mordred! Und mit deinen fragwürdigen Freundschaften, deinen Launen . . .

SIR MORDRED Das Schiff!

KÖNIG ARTUS Ja ja, das Schiff! Ich bereue es, es ist eine Sünde gewesen.

SIR MORDRED Weil es angeblich vorbestimmt war, daß ich das Reich zugrunde richte, hast du tausend Kinder ersäufen lassen, in der Hoffnung, ich sei darunter.

KÖNIG ARTUS Ich weiß, ich weiß. Ich bereue es auch mein Leben lang.

SIR MORDRED Es ist doch verständlich, daß ich etwas gegen Vorbestimmung habe, findest du nicht?

KÖNIG ARTUS Du bist ja gerettet worden, mein Sohn. Und dafür danke ich Gott! Ich könnte sonst vor schlechtem Gewissen nicht leben.

Schweigen

SIR MORDRED Oh wie schwer ist es, die Liebe des Vaters zu erringen, der seinen Sohn einmal so gehaßt hat, daß er ihn ersäufen wollte.

KÖNIG ARTUS Ach mein lieber Sohn . . .

SIR MORDRED Immer wird ihn das schlechte Gewissen mißtrauisch machen.

KÖNIG ARTUS Es war unrecht.

SIR MORDRED Wenn der Sohn sagt, ich habe es vergessen, wird er denken, wieso kann er das denn vergessen, er kann es nicht vergessen: Mein Sohn ist ein Heuchler!

KÖNIG ARTUS Denke ich so? Ich habe dir Unrecht getan, Mordred.

SIR MORDRED Wenn der Sohn sagt: ich tue alles, um deine Aufmerksamkeit und deine Liebe zu erringen –, wenn mir auch manches mißlungen ist, weil ich in meiner Anstrengung so ungeschickt war, so wird der Vater denken: der Sohn ist hinterhältig und lügt. Und wenn er seinem Vater zu Füßen fällt – *Sir Mordred fällt vor König Artus nieder und umklammert seine Füße:* – wie kannst du anders denken, als daß ich mich einschmeicheln will, um mich dann für deinen Mordversuch zu rächen!

KÖNIG ARTUS *nun sehr gerührt:* Steh auf, Mordred. Ich vertraue dir, ich vertraue dir. – Du sollst es sein, der mich vertritt, solange ich diesen Krieg in Frankreich führe. *Er hebt ihn auf und umarmt ihn.*

SIR MORDRED Aber Vater! Ich warne dich! Ich warne dich vor mir! Es heißt doch, daß durch mich das Artusreich zugrunde geht.

KÖNIG ARTUS Ja, so heißt es.

SIR MORDRED Du hast es nicht vergessen?

KÖNIG ARTUS Nein, ich habe daran gedacht, Mordred. Du unterschätzt mich! Für so dumm mußt du mich nicht halten. Ich habe mir gesagt: während ich weg bin, könntest du in die Versuchung kommen, gegen das Reich zu konspirieren. Gebe ich dir aber die Macht in die Hände, dann wirst du sie auch erhalten wollen – und so dem Reich nützen.

Sir Mordred allein.
Er richtet sich auf dem Thron ein.
SIR MORDRED Ich! Ich! Ich! Ich! Ich! Ich! *Er probiert auf dem Thron verschiedene Haltungen aus.*

Das Artus-Heer vor Lancelots Stadt Gannes in Frankreich.
Nacht, es wird langsam hell.

SIR GAWAIN *ruft:* Der Himmel wird hell, Sir Lancelot, heute hauen wir deine Stadt in Stücke! *Auf der Mauer erscheint Sir Lancelot mit Sir Lionel und Sir Bohort.*
SIR GAWAIN *ruft hinauf:* Seit zwei Monaten belagern wir deine Stadt, Lancelot. So viele Ritter sind schon tot in den Sand gefallen, keine Seite hat gesiegt. Heute wollen wir ein Ende machen. Komm herunter und kämpfe mit mir. Wir beide wollen so lange miteinander kämpfen, bis einer von uns beiden tot ist!
SIR LANCELOT Ich will nicht mit dir kämpfen, Gawain.
SIR GAWAIN Ich muß mit dir kämpfen, ich kann nicht mehr schlafen, ich kann nicht mehr essen, ich habe keinen anderen Gedanken mehr. Komm herunter!
SIR LANCELOT Ich will nicht mit dir kämpfen, du weißt es!
SIR GAWAIN Du räuberischer Hund, du hast Agrawain erschlagen! Du hast Gaheris erschlagen! Du hast meinen kleinen Bruder Gareth erschlagen, als er waffenlos war! Ich muß meine Brüder rächen!
SIR LANCELOT Ich wollte es nicht, Gawain.
SIR GAWAIN Ich muß mit dir kämpfen, bis ich dich getötet habe oder bis ich selbst tot bin!
SIR LANCELOT Die Trauer hat dich um den Verstand gebracht. Komm doch zu dir! Nie würdest du gegen deinen liebsten Freund kämpfen, wenn du bei Verstand wärst.
SIR GAWAIN Ich bin nicht dein Freund! Komm runter! Ich muß dich töten!

Mordred auf dem Thron. Ich!

SIR LANCELOT Auch wenn ich dich besiegen würde, ich könnte dich nicht töten.

SIR GAWAIN Komm runter! Ich töte dich! Ich töte dich!

SIR LANCELOT Ich will es jetzt sagen, denn es ist nur noch ein Schritt zwischen uns und dem Tod: so tief kannst du mich nicht hassen, wie ich dich liebe.

Sir Lancelot verschwindet von der Mauer. Ein Platz wird für den Zweikampf abgesteckt. König Artus kommt, setzt sich auf einen Stuhl.

SIR KAY Auf zum Kampf! Mit Publikum! Hier gibt's noch gute Plätze, beste Sicht und garantiert im Schatten, auch wenn's den ganzen Tag dauert. Und wenn's nachts weitergeht: Festbeleuchtung. Wenn es übermorgen regnet, spannen wir einen Schirm darüber. Nur wenn's bis zum Winter dauert, und wenn's zu dick schneien sollte, machen die Herren mal 'ne Pause!

SIR LANCELOT *kommt gerüstet aus der Stadt. Er grüßt König Artus.*

KÖNIG ARTUS *wendet sich ab.*

SIR LANCELOT Du wendest dein Gesicht von mir ab, König Artus, das schmerzt mich. In so vielen Kriegen haben wir zusammen gekämpft und so oft habe ich an deiner Tafelrunde gesessen.

SIR KAY *hat den Platz abgesteckt, wo der Kampf stattfinden soll:* Der Platz ist abgesteckt! Alles genau nach Vorschrift! Es kann losgehen!

SIR LANCELOT König Artus, ich bitte dich, sprich du mit Gawain! Mich will er nicht anhören.

KÖNIG ARTUS *wendet sich wieder ab.*

SIR LANCELOT Auf dich wird er hören, denn er liebt dich, wie ich dich liebe.

KÖNIG ARTUS *schweigt.*

SIR LANCELOT Frage ihn, warum er mich so haßt? Gareths Tod kann diesen Haß nicht allein hervorgerufen haben. Frage ihn! Vielleicht glaubt er, daß du mich mehr liebtest als ihn, daß ich ihm seinen Anteil an deinem Herzen gestohlen habe. Frage ihn!

KÖNIG ARTUS *schweigt.*

SIR LANCELOT Wenn es das war, sage ihm, er braucht mich nicht zu hassen, ich habe deine Liebe verloren. Es gibt niemand in der Welt, der mich um mein Leben noch beneiden könnte.

KÖNIG ARTUS *schweigt.*

SIR LANCELOT Ich bin aus England fortgegangen, weil er es wollte. Sage ihm, ich werde sogar meine Stadt Gannes verlassen und in die Berge gehen und zehn Jahre lang nicht zurückkommen. Will er es?

KÖNIG ARTUS *schweigt.*

SIR LANCELOT Frage ihn doch! Frage ihn!

KÖNIG ARTUS Oh Lancelot –

SIR LANCELOT Wenn ich dann in zehn Jahren noch lebe, dann laß mich noch einmal an den Hof kommen und in deiner Gesellschaft an der Tafelrunde sein.

SIR GAWAIN Hör auf zu brabbeln, komm her und laß uns unsere Herzen erleichtern.

SIR LANCELOT *kniet nieder, betet.*

Nun beginnt der Kampf. Sir Kay läuft hin und her, ein wichtigtuerischer Schiedsrichter. Sie kämpfen den ganzen Tag und hören auch in der Nacht nicht auf, als es dunkel ist. Die Funken sprühen so hell von ihren Schwertern, daß sie sich trotz der nächtlichen Finsternis sehen können. Sie kämpfen noch am folgenden Tag. Sir Kay, der Schiedsrichter, wird müde und schläft ein, aber Sir Lancelot und Sir Gawain kämpfen weiter. Sie sind die beiden besten Ritter der Welt, und noch nie hat man einen so gewaltigen Kampf gesehen.

87

Sir Mordred sitzt auf dem Thron.
Er klatscht in die Hände. Sir Girflet kommt herein.

SIR MORDRED Was gibt es für Nachrichten vom Kriegsschauplatz in Frankreich?

SIR GIRFLET Noch keine, Sir Mordred.

SIR MORDRED *kreischt:* Protektor! Protektor heißt das! Ich beschütze euch alle, merk dir das.

SIR GIRFLET Ja, Sir Mordred.

SIR MORDRED Protektor! Protektor! – Wo ist die Königin?

SIR GIRFLET Die Königin hat König Artus und sein Heer in einer Sänfte bis nach Dover begleitet, und als sich das Heer dort einschiffte, haben sie rührenden Abschied genommen. Und König Artus sagte . . .

SIR MORDRED Weiß ich! Weiß ich! Keine Balladen! Ich will wissen, ob sie wieder im Haus ist.

SIR GIRFLET Sie ist vor einer Stunde zurückgekehrt. Von der Reise erschöpft, nimmt sie ein Bad.

SIR MORDRED Bring sie her.

SIR GIRFLET Sobald ich höre, daß sie das Badezimmer verläßt, werde ich . . .

SIR MORDRED Ich schicke jemand anders! *Er pfeift, Sir Girflet zuckt zusammen.* Habe ich dich erschreckt? Das tut mir leid, alter Herr. *Auf das Pfeifen ist hinter den Vorhängen und unter dem Thron Sir Mordreds unwürdiger Anhang hervorgekommen: der einäugige Catcher, der grobschlächtige Clown, der tätowierte Matrose, die beiden geschminkten Strichjungen, die affenähnliche Mißgeburt, die dicke, zahnlose, kahlköpfige Hanne, die elfjährige Nutte.*

SIR MORDRED *zum Catcher:* Du, hol die Königin her! – Warte, geh nicht allein! Es muß eine Dame mitgehen – *Er winkt der kahlköpfigen Hanne:* sonst erschrickt sie. *Die beiden gehen weg.*

SIR MORDRED *zu Sir Girflet:* Ich will, daß die Goldkammern des Königs aufgemacht werden. Gib den Schlüssel her.

SIR GIRFLET Den Schlüssel zu den Goldkammern?

SIR MORDRED Ja, ja! Gib ihn her!

SIR GIRFLET Das kann ich nicht allein, ich habe zwar den Schlüssel in Verwahrung, aber nach der Vorschrift müssen Sir Lucas und Sir Nador dabei sein, wenn die Kammern geöffnet werden sollen. Sir Lucas ist aber erkrankt und Sir Nador ist mit dem König nach Frankreich gezogen.

SIR MORDRED Na also! Dann machen wir das allein!

SIR GIRFLET Ja aber . . .

SIR MORDRED Hast du dem König geschworen, daß du mir, dem Protektor, in allem gehorchst, oder nicht?

SIR GIRFLET Ja, aber in diesem Fall . . .

SIR MORDRED *gibt dem Matrosen einen Wink, der haut Sir Girflet ins Genick, daß er umfällt.*

SIR MORDRED Macht ihr die Kammern auf! Und alles herbrin-

gen. Stapelt es hier auf!
Die Kerle gehen ab. Dann hört man Axtschläge, krachende Türen. Nach einiger Zeit werden von den Kerlen Ballen und Kisten hereingeschleppt und entlang der Galerie gestapelt.

In der Halle kommen immer mehr Leute zusammen, auch Könige darunter, sie stehen in Gruppen, sehen zur Galerie hinauf, grüßen Sir Mordred, der am Geländer steht; einer applaudiert, andere wirken ablehnend, andere deuten hinauf mit ausgestrecktem Finger, eine Frau zeigt ihrem Kind den Protektor: Das ist er! Allgemeine Erwartungsstimmung. Würstchen werden verkauft. Jemand macht Musik.

Oben hüpft die kahlköpfige Hanne triumphierend herein, hinter ihr kommt der Catcher, er zerrt Ginevra, in Badelaken gewickelt und mit naß herunterhängenden Haaren.

SIR MORDRED Bist du verrückt? So geht man doch nicht mit einer Königin um! Und in Badetüchern! *Er schlägt den Catcher mit seinem Stöckchen:* Hat man Sie einfach aus der Badewanne gezogen, Madame? Wie unangenehm! Daß so etwas passieren konnte! Entsetzlich! Ich werde es mir immerwährend zum Vorwurf machen! Wo sind denn die Kammerfrauen? Der grobe, widerwärtige, schwarze Kerl hat Sie einfach angefaßt? Wie unverzeihlich! Sie standen ganz nackt da, und er hat sie eingewickelt und hierher geschleppt? Als ob Sie gar nicht die Königin wären! – Sie schweigen zu diesen brutalen Manieren, wie ein Engel! Gut, schweigen Sie, Engel, aber ich kann das nicht dulden! *Er schlägt den Catcher mit der Gerte.* Ich bitte Sie, Madame, machen Sie Toilette, damit wir uns in anständiger Weise der Bevölkerung zeigen können. *Zu der Kahlköpfigen:* Geh! Bring sie zurück! *Zu Königin Ginevra:* Sie war mal Friseuse, ehe sie Nonne wurde. Sie kann Ihnen sehr gut zur Hand gehen, Madame.
Die Kahlköpfige schüttelt sich vor Lachen, geht mit Königin Ginevra ab.
SIR MORDRED *sieht zu den Leuten hinunter:* Nun müssen wir wieder warten! *Zu den Strichjungen:* Macht doch mal was zur Unterhaltung der Leute! Erzählt doch mal einen Witz!

Mordred öffnet die Schatzkammern und zwingt Ginevra zu lächeln   259

Die beiden Strichjungen raffen sich widerwillig dazu auf, ein bißchen Tango miteinander zu tanzen. Die Elfjährige lutscht Bonbons, macht teilnahmslos und mechanisch obszöne Gesten, die man ihr beigebracht hat.

DER CATCHER *singt:*

There was an old woman in Yorkshire,
in Yorkshire she did dwell;
she loved her husband dearly,
and the lodger twice as well.
    Tiddly-whack, come diddle-um-day,
    tooral-looral-day.

She sent for the doctor
and ask him, oh, so kind,
which was the narrowest way
to send her old husband blind.
    Tiddly-whack, come diddle-um-day,
    tooral-looral-day.

He told her to get some marrowbones
and scrape it fine and small,
rub it in the old man's eyes
till he can't see at all.
    Tiddly-whack, come diddle-um-day,
    tooral-looral-day.

The old man said: »I'll go drown myself,
for I can't see one mite.«
The old woman said: »Then I'll go with you,
'fraid you shouldn't go right.«
    Tiddly-whack, come diddle-um-day,
    tooral-looral-day.

So, arm in arm they went
until they came to the brim,
the old man put his foot to one side,
popped the old woman in.
    Tiddly-whack, come diddle-um-day,
    tooral-looral-day.

Mordred öffnet die Schatzkammern und zwingt Ginevra zu lächeln

How the old woman did scream!
How the old woman did bawl!
The old man said: »I can't help you,
for I can'ts see at all.«
  Tiddly-whack, come diddle-um-day,
  tooral-looral-day.

She swam around and swam around
until she came to the brim,
the old man got the linen prop
and pushed her further in.
  Tiddly-whack, come diddle-um-day,
  tooral-looral-day.

So, now my song is ended
and I can't sing no more.
My old woman is drowned
and I am safe on shore.
  Tiddly-whack, come diddle-um-day,
  tooral-looral-day.

*Königin Ginevra kommt, angekleidet und frisiert, mit der
Kahlköpfigen zurück. Sir Mordred empfängt sie mit einem
Handkuß.*
SIR MORDRED *gibt dem Catcher einen Tritt:* Schluß! Hört auf
  mit dem Quatsch!
  *Der Catcher, das nackte Kind und die Strichjungen ver-
  drücken sich.*
SIR MORDRED Ich habe mir den Stuhl hier an die Balustrade
  geschoben. Ich sitze hier als Vertreter von König Artus,
  Ihrem Ehemann. Ich bitte Sie, auf dem anderen Stuhl
  Platz zu nehmen, und ich fände es hinreißend, wenn Sie
  jetzt ein bißchen lächeln würden. Es steht Ihnen sehr gut,
  wie man weiß, und wie Sie ja selber wissen – ich erinnere
  mich an Ihr Lächeln, wenn Sir Lancelot von einem Abenteuer zurückkam, und selbst meine Mutter Morgause, die
  Sie ja begreiflicherweise nicht leiden konnte, wie Sie wissen, und die mich ja leider in der Vorstellung aufgezogen
  hat, daß Sie tückisch und berechnend sind, fand Ihr Lächeln unwiderstehlich. Sie hat mich davor gewarnt, als ich

hierher an den Hof meines Vaters ging, so, als könnten Sie
mich armen Bastard mit diesem Lächeln zugrunde richten.
Bitte lächeln Sie! Ich möchte es sehen! Es wäre mir auch
angenehm wegen der Leute, wenn Sie hier zusammen mit
mir sitzen und lächeln würden. Es verschafft mir Sympathie, die ich notwendig brauche, um in der Abwesenheit
des Königs, meines berühmten und sehr beliebten Vaters,
das Land zu verwalten. Wenn Sie dazu noch »lieber Mordred« sagen würden, nur ein einziges Mal und meinetwegen nur pro forma, wüßte ich mich vor Freude nicht zu
lassen, ich würde Ihnen um den Hals fallen. *Er wartet, sieht*
sie an.
Sie schweigen. Und auch Ihr Lächeln hat nicht die Unge-
zwungenheit, die ich mir wünschte, so daß ich mich fragen
muß, ob es nicht vielleicht sogar Verachtung ist, die Sie
mir mit diesem gezwungenen Lächeln zeigen. Das wäre
mir schrecklich. Sie wissen ja, wie ich mein Leben lang
unter Verachtung gelitten habe, und wie die Verachtung
meinen Charakter, dessen Anlagen nicht schlecht waren
vom Vater her, geradezu deformiert hat –, so sehr, daß ich
schon spüre, wie sich das in meinen Gesichtszügen ungün-
stig ausprägt. Ich werde häßlich –, die Mundpartie!
KÖNIGIN GINEVRA Dein Vater verachtet dich nicht.
SIR MORDRED Ich habe immer einen kleinen Taschenspiegel
bei mir und sehe oft hinein.
KÖNIGIN GENEVRA Dein Vater war immer gerecht zu dir, er
hat dich nicht benachteiligt.
SIR MORDRED *kreischt:* Gerecht, gerecht – was geht mich Gerechtigkeit an! Ich will geliebt sein!
Schweigen.
SIR MORDRED Ich brauche Sympathie! Ich setze Ihr Einver-
ständnis voraus, wenn ich sie mir jetzt verschaffe. *Zu den*
Kerlen: Macht die Säcke auf! *Die Ballen werden aufgebun-*
den, Schätze kommen zum Vorschein. König Artus' Ver-
mögen! Es sind wunderbare Stücke darunter, numismati-
sche Seltenheiten! Sehen Sie her! *Er läßt sich ein Geldstück*
geben. Aus Palästina! Dafür ist ein Heer ins Morgenland
gezogen und zugrunde gegangen. Es sind Kronen darunter, die Könige, die sie getragen haben, liegen auf dem
Schlachtfeld verscharrt. Ringe und Ketten und diaman-

tene Broschen. – Ich habe ein Faible für Preziosen. Das alles ließ König Artus in finsteren Kammern liegen, was für ein unpopulärer Puritanismus! Ich möchte, daß es unter die Leute kommt! *Er wirft die Münze hinunter:* Gebt es den Leuten!

Die Kerle fangen zögernd an, einige Stücke hinunterzuwerfen, dann immer mehr, schließlich schütten sie die Kostbarkeiten kistenweise hinunter, und ein Strom von gleißendem Licht und Gold und Perlen ergießt sich über das Geländer auf die Leute, die unten stehen und an sich raffen, was sie kriegen können.

SIR MORDRED *ist aufgestanden und sieht hinunter:* Sehen Sie nur, wie sie raffen. Sehen Sie den König da! Er bückt sich so schnell, daß ihm die Krone vom Kopf fällt! Und ein anderer hat sie schon aufgehoben und in seinen Sack gesteckt! Wie spaßig! Wie sie sich freuen! Wie sie heraufblicken! Wie sie uns lieben werden, wie sie uns lieben werden!

KÖNIGIN GINEVRA *hat die Hände vor die Augen gelegt.*

SIR MORDRED *dreht sich zu ihr um:* Es macht Ihnen keine Freude? Sie können es nicht mitansehen? Sie wollen in Ihr Zimmer gehen?

KÖNIGIN GINEVRA *steht auf:* Oh König Artus! *Sie geht weg.*

Die Leute unten, mit den Schätzen behangen, zerstreuen sich allmählich.

Sir Mordred bleibt während der folgenden Szene allein oben sitzen.

88

Vor Sir Lancelots Stadt Gannes in Frankreich.
Sir Gawain und Sir Lancelot kämpfen.
Sir Gawain fällt. Sir Lancelot steht da, rührt sich nicht.

SIR GAWAIN *schreit:* Gib mir den Todesstoß, Lancelot! Ich will nicht von dir geschont werden! *Sir Lancelot rührt sich nicht.*

SIR KAY *bemüht sich um Sir Gawain:* Dich bringen wir schon

wieder auf die Beine, so schnell sind wir nicht am Ende. Sir Lancelot will dich nicht umbringen, das hat er ja abgelehnt, da mußt du schon noch mal ran und für ein gutes Ende sorgen!

SIR GAWAIN *kämpft weiter.*

89

Vorzimmer der Königin Ginevra.

> *Sir Mordred kommt mit Baronen und dem Bischof von Irland. Alle in Schwarz. Sir Mordred hat sich ein schwarzes Tuch umgelegt. Die Fenster werden von Dienern schwarz verhängt.*

SIR MORDRED *geht allein zu ihrer Schlafzimmertür, pocht dagegen:* Ist Königin Ginevra in ihrem Schlafzimmer?
Keine Antwort.

SIR MORDRED *bückt sich, späht durchs Schlüsselloch:* Kommen Sie heraus! Es ist eine Nachricht aus Frankreich gekommen. Deshalb bin ich mit vierzig Baronen und mit dem Bischof von Irland in Ihrem Vorzimmer erschienen. Es sind lauter angesehene Herren.
Keine Antwort.

SIR MORDRED *späht wieder durch das Schlüsselloch:* Seit zehn Tagen haben Sie sich in Ihrem Schlafzimmer eingeschlossen. Das ist allen unbegreiflich. Hat man Ihnen etwa nicht die nötige Achtung entgegengebracht? *Keine Antwort.* Die Nachricht ist so wichtig, daß wir sie Ihnen mitteilen müssen, auch wenn sie die Türe nicht öffnen. Der ehrwürdige Bischof von Irland wird sie Ihnen vorlesen. *Zum Bischof, einem uralten Mann:* Lesen Sie! *Späht durch das Schlüsselloch, um die Wirkung der Nachricht auf Königin Ginevra zu beobachten.*

BISCHOF *liest mit fadendünner Stimme:* »Ich, König Artus, bin zum Tode verwundet durch Lancelots Hand« –

SIR MORDRED *gibt dem Bischof ein Zeichen innezuhalten und ruft durch das Schlüsselloch:* Haben Sie gehört? »Ich, König Artus, bin zum Tode verwundet durch Lancelots Hand . . .« *Er gibt dem Bischof ein Zeichen weiterzulesen.*

Mordred bringt Ginevra falsche Nachricht und verführt sie

BISCHOF *mit fadendünner Stimme:* . . . »und befehle euch mit meinem letzten Willen . . .«

SIR MORDRED *am Schlüsselloch, unterbricht den Bischof:* . . . »befehle euch mit meinem letzten Willen . . .« Der Brief ist an die treuen Barone des Reiches gerichtet. *Gibt dem Bischof einen Wink weiterzulesen.*

BISCHOF *liest mit fadendünner Stimme:* . . . »daß Ihr Sir Mordred, den ich als meinen rechtmäßigen und einzigen Sohn anerkenne, und dem nicht genug Liebe zugewendet zu haben ich jetzt in meiner Todesstunde bereue, zum König über das Reich setzt.«

SIR MORDRED *am Schlüsselloch:* Hören Sie zu?

BISCHOF *mit fadendünner Stimme:* »Meine Ehefrau Ginevra bitte ich bei dem Gelöbnis der Treue, das sie mir gegeben und das sie immer gehalten hat . . .«

SIR MORDRED *winkt dem Bischof innezuhalten, späht wieder durch das Schlüsselloch.*

BISCHOF *nach einer Pause, mit fadendünner Stimme:* ». . . die Gemahlin des neuen Königs zu werden.« *Alle horchen vorgebeugt. Sir Mordred am Schlüsselloch. Stille.*

SIR MORDRED Ich sehe Sie! Sie meinen, ich sehe Sie nicht! Aber ich sehe Sie! Ich sehe Sie durch das Schlüsselloch. *Dreht sich um, sieht, daß die Barone und der Bischof mit vorgestreckten Hälsen lauschend hinter ihm stehen. Er verscheucht sie.*

SIR MORDRED *nachdem er allein ist, beugt er sich wieder zum Schlüsselloch:* Du bist hingefallen, ich sehe dich da liegen! Du bist ohnmächtig geworden, nein, du bist gar nicht ohnmächtig, du bewegst ja die Augen. Ganz still liegst du, aber du bewegst die Augen. Jetzt hebst du den Kopf, ich sehe durch das Schlüsselloch alles, was du machst: Daß du jetzt in die Ecke kriechst, nützt dir nichts, dort sehe ich dich auch! Aus deiner Nase rinnt Blut, es tropft auf die Fliesen, tatsächlich, du hast Nasenbluten, das bekannte Nasenbluten! Fräulein Ohnelüge läuft ja schon weg und holt ein Taschentuch. Ich kann nicht genau sehen, ob du weinst. Weinst du? – Ich bin gierig auf dich, wie du da herumkriechst, am Boden kriechst, und wie du blutest und weinst. Ich kann es kaum erwarten, meine Liebste – meine Ehefrau! Ich muß die Tür aufbrechen. Ich breche die Tür

Mordred bringt Ginevra falsche Nachricht und verführt sie   265 auf! *Er wirft sich gegen die Tür:* Ich bin nicht stark genug, ich vergesse immer wieder, daß ich schwächlich bin. *Er späht wieder durchs Schlüsselloch:* Ich sehe nichts mehr! Das Biest hat ein Taschentuch ins Schlüsselloch gestopft. Ich muß meine Freunde holen, daß sie mir die Tür aufbrechen, damit ich zu meiner Liebsten komme! *Sir Mordred pfeift auf zwei Fingern und wartet. Nach einiger Zeit geht die Schlafzimmertür auf, Königin Ginevra erscheint.*

KÖNIGIN GINEVRA Ich komme nur, weil ich nicht möchte, daß diese Tiere in mein Schlafzimmer einbrechen.

SIR MORDRED Sie müssen ab heute Trauer tragen, wenn Sie unter die Leute gehen, Madame. Sie sind Witwe. Tragen Sie Schleier! Tragen Sie Schwarz!
Der Catcher, der Clown, der Matrose, die Strichjungen, die Mißgeburt, das nackte Kind, die kahlköpfige Hanne sind hereingekommen.

KÖNIGIN GINEVRA Schicken Sie die Tiere weg! *Mordred macht ein Zeichen, die Gestalten verdrücken sich im Hintergrund.*

SIR MORDRED Auch ich trage Trauer, denn ich habe einen Vater verloren, der mich liebte.

KÖNIGIN GINEVRA *sieht ihn an und lacht.*

SIR MORDRED Er hat mich geliebt!

KÖNIGIN GINEVRA Ich lache, weil Sie mit dem schwarzen Tuch so komisch aussehen wie mein Marabu, den mir der Botschafter aus Ägypten mitgebracht hat.

SIR MORDRED *kreischt:* So zynisch sind Sie!

KÖNIGIN GINEVRA Ich glaube Ihnen kein Wort.

SIR MORDRED König Artus ist tot.

KÖNIGIN GINEVRA Ich bin ganz sicher, daß der Brief eine Fälschung ist.

SIR MORDRED Aber eben sah ich, wie Sie auf den Boden gefallen sind, und die Nase blutete Ihnen . . . Sie haben ja noch das blutige Taschentuch in der Hand!

KÖNIGIN GINEVRA Ja, im ersten Moment war ich erschrocken. Ich habe Ihr Gesicht nicht gesehen. Jetzt sehe ich es, jetzt weiß ich es ganz genau, daß der Brief gefälscht ist.

SIR MORDRED Der Bischof von Irland hat ihn verlesen. Ich habe ihn extra vom Bischof von Irland lesen lassen, weil er jeden Tag die Messe für Sie liest. Eine würdige Stimme

Mordred bringt Ginevra falsche Nachricht und verführt sie

und ein unbestechlicher Charakter.

KÖNIGIN GINEVRA Eine Fälschung.

SIR MORDRED Alle Barone laufen in schwarzen Mänteln herum, alle Fenster sind zugehängt, in der ganzen Stadt! In den Kirchen murmeln sie die Nacht hindurch Gebete.

KÖNIGIN GINEVRA *beunruhigt:* Es ist nicht wahr! Es ist nicht wahr!

SIR MORDRED Aber alle glauben es. Wenn Sie nicht schwarze Kleider anziehen, Madame, schaden Sie Ihrem Ruf und enttäuschen die Leute. Man erwartet Verzweiflung und Tränen von Ihnen. Man wird Sie verachten, wenn Sie die nicht zeigen. Man könnte auf die Idee kommen, daß Sie den König doch nicht so geliebt haben, wie es in den schönen Liedern heißt, und wie es mein armer Vater glaubte. Das wollen Sie doch nicht! Wo doch Ihr guter Ruf mit Hilfe des blinden Papstes gerade noch notdürftig gerettet worden ist.

KÖNIGIN GINEVRA *leise:* König Artus vertraute dir so sehr.

SIR MORDRED Es ist sehr wichtig, daß die Witwe Trauer zeigt, schwarze Schleier, Tränenspuren – König Artus ist tot! – zusammengepreßte Lippen, – ja, so! Blaß, blaß, so ist es richtig! Zumal in der etwas heiklen Situation, in der wir uns beide befinden. Tragen Sie Schwarz! *Er reißt ein schwarzes Tuch vom Fenster – dahinter hat sich der Matrose versteckt, der springt weg – und bedeckt damit ihr Gesicht.*

KÖNIGIN GINEVRA *schiebt das Tuch weg:* Ich bin nicht in einer heiklen Situation, Sie irren sich!

SIR MORDRED O doch, Madame! Sie wissen es noch nicht. In dieser Stunde bereits tagt der Staatsrat, und der Staatsrat wird beschließen, daß Sie meine Frau werden.

KÖNIGIN GINEVRA Ich werde nicht Ihre Frau!

SIR MORDRED Das war gut! Das war der richtige Tonfall! »Ich werde nicht Ihre Frau!« Vielleicht sollten Sie noch hinzufügen: »Niemals!« und eine Geste dazu. *Macht es vor:* Aber nicht übertrieben, nicht für die große Menge. Eine kleine Geste, die nur den Umstehenden verraten soll, daß Sie mich verabscheuen. Die werden es dann flüsternd und voller Mitleid verbreiten. Viel wirkungsvoller.

KÖNIGIN GINEVRA *schüttelt den Kopf.*

SIR MORDRED Ja, und dann diese Geste der Resignation. Das überzeugt! Es könnte sonst die Meinung entstehen, Sie opferten sich gar nicht, Madame. Sie tun es gar nicht aus Staatsraison, sondern Sie wollen einfach mit mir ins Bett gehen. Die alternde Dame, von ihrem Mann gelangweilt und von ihrem halbherzigen Galan wieder nach Hause geschickt, benutzt die Gelegenheit, sich noch einmal mit einem jungen Liebhaber zu vergnügen. *Er posiert.* Ist er nicht schön? Ist er nicht ein schöner Todesengel, dessen weiße Lenden dem genußsüchtigen Schoß alle Exzesse der Wollust versprechen, ehe der berühmte Leib verwelkt und verwest. Nein, nein, von Lust sollen die andern nichts wissen! Unsere wahren Empfindungen wollen wir nicht zeigen!

KÖNIGIN GINEVRA *starrt ihn lange wortlos an:* Mein Todfeind, der mich verbrennen wollte . . .

SIR MORDRED Ja, ich wollte dich brennen sehen! Da ich dich nicht haben konnte, solltest du lieber auf dem Scheiterhaufen brennen als in den Armen Lancelots liegen. So sehr liebe ich dich. Ich war vor Entsetzen und vor Entzücken wahnsinnig, ich konnte nicht unter der Menge auf dem Platz stehen, ich hätte mich verraten. So bin ich hinaufgerannt und stand versteckt hinter dem Fenster, als der Henker die brennende Fackel in den Scheiterhaufen hineinstieß, die Flamme sah ich an deinem Körper hochschlagen! Da schrie ich auf und wurde ohnmächtig.

KÖNIGIN GINEVRA Ich habe den Schrei gehört . . .

SIR MORDRED Du hast heraufgesehen, ich habe in deine Augen gesehen.

KÖNIGIN GINEVRA Nein.

SIR MORDRED Über die Menschenmenge hinweg hast du in meine Augen gesehen.

KÖNIGIN GINEVRA Nein.

SIR MORDRED Du hast an mich gedacht! An mich!

KÖNIGIN GINEVRA Ich hasse dich!

SIR MORDRED Deinen Todesaugenblick hast du vergessen, als du mich schreien hörtest.

KÖNIGIN GINEVRA Ja.

SIR MORDRED Ich liebe dich schon so lange. Ich liebe dich, seitdem ich dreizehn bin. Meine Mutter sprach so oft von dir. Sie sprach von der Frau, die sie am meisten haßte, sie sprach von dir abends, wenn ich im Bett lag; da saß sie an meinem Bett und ich machte die Augen zu und stellte mir vor, wie du aussahst . . . Eine schöne Frau, mit dem Lächeln der Engel, die in Wirklichkeit eine Hexe war. – Ich sah dich vor mir auf den Kissen liegen, wenn ich onanierte . . . und ich stellte mir vor, wie ich dich eines Tages foltern und töten würde.

KÖNIGIN GINEVRA Geh weg! Ich habe Angst.

SIR MORDRED Nicht vor mir hast du Angst, Ginevra! Du fürchtest dich vor deinen eigenen Begierden! Du weißt es ganz genau! Du weißt, daß du mir nicht widerstehen wirst, daß du in wenigen Augenblicken niederfallen wirst, damit ich dich aufnehme und umarme und auf das Bett lege. So wie ich dich eben habe fallen sehen, als ich dir durch das Schlüsselloch zusah. Du hast es auf jeder Stelle deiner Haut gespürt, daß ich dir zusah, Ginevra. Du weißt, daß ich dich haben will. Daß ich dich will, wie keiner dich gewollt hat, mein Vater nicht und der berühmte Lancelot auch nicht, der zwanzig Jahre seufzte und nur seine wehleidigen Gefühle liebte, nicht dich! Und der dir nichts anderes erlaubt hat, als seine schöne Vorstellung zu sein. I c h aber liebe dich! Deine Anstandsregeln und Manieren und Damen-Salon-Gefühle und Zierlichkeiten –, schmeiß sie doch weg! Befreie dich davon! Das ist es, was du in Wahrheit willst! Gesteh es dir doch ein! Du bist mir verfallen, du wirst dich nicht wehren –, sogar wenn ich dir jetzt sagen würde, daß der Brief gefälscht ist, daß Artus nicht tot ist, daß er vielleicht zurückkommt . . . Du hörst gar nicht mehr hin, wenn ich das sage. Ja, ich habe den Brief gefälscht! Du hörst gar nicht hin. Ich habe den Brief gefälscht, du hörst gar nicht hin. Du hörst nicht hin. – Du willst es nicht wissen. Du bist froh, daß ich dich zwinge, mit mir im Hochzeitsbett zu liegen.

Königin Ginevra ist vor ihm niedergefallen.
Sir Mordred hebt sie auf, trägt sie weg.

90

SÄNGER
Doch hörte ich auch sagen
sie trotzte der Gefahr
treu blieb sie König Artus
bis das Jahr zu Ende war
So ist es überliefert:
so ist es wahr

91
Der grüne Ritter

Vor Sir Lancelots Stadt Gannes in Frankreich.

Am vierten Tag des Kampfes fiel Sir Gawain wieder. Er war
so schwer getroffen, daß er nicht mehr aufstehen konnte.
Wieder weigerte sich Sir Lancelot, ihm den Todesstoß zu
geben. Sir Gawain saß da mit gespaltenem Kopf und schrie
nach dem Tod. Er schrie so gräßlich, daß alle wegliefen und
sich verkrochen. Keiner wollte ihn töten.
Er schrie: Ihr hockt alle in den Löchern und wollt nicht her-
sehen! Seht ihr nicht, wie Gawain herumrennt und schreit?
Der Grüne Ritter hat ihm den Schädel gespalten! Zieh das
Eisen aus seinem Kopf, König!
Sir Gawain stand jetzt da, reckte sich, stolzierte auf und ab,
wiegte sich in den Hüften und machte behende Sprünge.
– Wo ist der Tod, wo hat er sich versteckt? Wo bist du, Tod?
Er klatschte auffordernd in die Hände und sah sich um. Der
Grüne Ritter mit seiner Axt stand an der Mauer und bewegte
sich nicht.
Gawain hörte eine heitere Musik und tanzte danach, machte
Hüpfschritte. Über die Düne kam eine schöne Frau auf ihn
zu. – Liebwerte Dame, nehmen Sie den großen Hut ab, damit ich sehen kann, ob Sie meine geliebte Orgelouse sind!
Bitte stören Sie sich nicht daran, daß mir der Kopf gespalten
ist. Wie Sie sicher wissen, habe ich dem Grünen Ritter
furchtlos meinen schönen Kopf hingehalten und er hat ihn
mir gespalten. Die Dame kam näher heran, Sir Gawain sah,

daß sie lächelnd beide Hände hob, um den Hut abzunehmen.
Da erschrak er plötzlich und wehrte aufgeregt ab: ·
– Nein, nicht! Es sind so seltsame Sachen auf Ihrem Hut
aufgetürmt, die könnten herunterfallen! Lieber verzichte ich
darauf, in Ihr schönes Gesicht zu sehen!
Er legte sich auf die Wiese. Sie beugte sich zu ihm hinunter,
um ihn zu umarmen. Da geriet alles, was er auf ihrem Hut
gesehen hatte, ins Rutschen und stürzte auf ihn herab: die
Wälder zersplitterten, die Burgen fielen zusammen, die Seen
schwappten über ihre Ufer, die Felsen von Dover zerbrök-
kelten und fielen polternd über ihn hinweg ins Meer.
Dann war alles leer und still.

92

Vor Sir Lancelots Stadt Gannes in Frankreich.

EIN BOTE *liest:* »An den König von seiner Frau Ginevra. Ich
schicke dir einen Boten unter großer Gefahr nach Frankreich, um dich wissen zu lassen, daß Mordred die Goldkammern geöffnet und alle Schätze unter die Barone
verteilt hat, um sie für sich zu gewinnen. Er hat verbreiten
lassen, daß du gefallen bist, ich weiß aber, daß du lebst, ich
fühle es mit Gewißheit. Brich den Krieg gegen Lancelot ab
und komme in das bedrängte England zurück.«
KÖNIG ARTUS *prüft den Brief.*

93
Der chinesische Akrobat

– Da ist doch jemand über mich hinweggesprungen, sagte
König Artus und sah sich verwirrt um.

94

Inzwischen ist durch die Kriegsvorbereitungen, das Schmie-
den, Hämmern, Klirren, Durcheinanderlaufen, Trommeln,

Exerzieren, Waffen- und Rüstzeug-Herbeischleppen, Beten
und Segnen, Fahnenweihen, Fahnenschwingen, Komman-
dobrüllen, ein kampfbereites Heer entstanden. Oben auf
dem dunklen, gepanzerten Eisenhaufen taucht Mordred auf,
wie auf dem Gipfel eines Berges.
Mit einem Donnerschlag springen die Tore der Halle auf und
das Heer König Artus' wälzt sich herein, nimmt gegenüber
dem Mordred-Heer am andern Ende der Halle Aufstellung.
Darüber sieht man König Artus mit der Madonna auf den
Schultern. Die beiden Heermassen, deren stachlige Umrisse
sich atmend ausdehnen und zusammenziehen, sehen aus wie
gewaltige, sich belauernde Schuppentiere.

95

*In der Nacht vor der letzten Schlacht liegt König Artus schla-
fend in seinem Zelt.*

KÖNIG ARTUS *schreit im Schlaf:* Merlin! Merlin!
    *Aus undeutlichen Linien und verschwommenen Farben ge-
    rinnt allmählich und mit zunehmender Deutlichkeit eine
    Gestalt: Merlin steht da.*
MERLIN Ja, König Artus.
KÖNIG ARTUS *macht die Augen auf:* Merlin! Da bist du ja! Ich
    dachte, ich hätte geträumt.
MERLIN Das hast du auch, König Artus.
KÖNIG ARTUS Dann bilde ich mir nur ein, daß du da bist?
MERLIN Natürlich. Aber es ist dasselbe, als ob ich da wäre.
    Du machst immer noch diesen dummen Unterschied.
KÖNIG ARTUS Du warst so lang verschwunden. Und oft hätte
    ich dich nötig gebraucht, weil ich nicht weiterwußte.
MERLIN Es ist aber immer weitergegangen, wie du siehst.
KÖNIG ARTUS Es wäre sicher besser weitergegangen, wenn du
    dagewesen wärst. So habe ich immer nur für mich allein
    gegrübelt, und ich bin doch ein schlechter Denker, Merlin!
    Ich denke doch nur so aus Pflichtgefühl. Immer nur das
    nächste und dann wieder das nächste . . . ich habe keine
    Phantasie.
MERLIN Du hast doch die Tafelrunde gegründet und die Zi-

vilisation angefangen, das war doch ein phantasievoller Einfall.

KÖNIG ARTUS Den hast du mir eingegeben.

MERLIN Deine Biographen werden sagen: du hattest eine Inspiration.

KÖNIG ARTUS Aber sag mir, Merlin: war es denn richtig, was wir da gemacht haben?

MERLIN Warum nicht?

KÖNIG ARTUS Weil ich vor Augen sehe, wie jetzt alles zugrunde geht. Unsere Ideen scheinen keine Faszination mehr zu haben. Manchmal, wenn ich mit jüngeren Leuten darüber spreche, sehe ich, daß sie lächeln, fast unmerklich, aber ich merke es doch. Und ich denke: wenn ich mich abwende, sehen mir grinsende Gesichter nach. – Wie haben wir auf den Gral gehofft, du auch!

MERLIN Jaja.

KÖNIG ARTUS Was hast du alles angestellt in dieser Zeit, als alle den Gral suchten!

MERLIN Naja . . .

KÖNIG ARTUS Es war wirklich eine Zeit der Erneuerung. Aber jetzt, Merlin – Streit, Rache, Mord! Gawain ist tot, ich habe Lancelot verloren und morgen habe ich eine Schlacht vor, die schwerste meines Lebens, gegen meinen Sohn Mordred. – Sogar Mordred schien sich damals zu verändern, jedenfalls muß er eine Sehnsucht danach gehabt haben, sonst hätte er doch nicht –

MERLIN *abwehrend:* Ich weiß, ich weiß.

KÖNIG ARTUS Entschuldige! Mordred hat so lange mein Gewissen belastet, deshalb rede ich immerzu über ihn, um mich zu rechtfertigen, und vielleicht sogar auch ihn. Eigentlich, Merlin, bist du ja mitschuldig.

MERLIN Ich?

KÖNIG ARTUS Na, deine Prophezeiung! Sonst hätte ich das Kind doch nicht ersäufen wollen damals.

MERLIN Die Prophezeiung scheint ja einzutreffen, er will dich vom Thron stürzen!

KÖNIG ARTUS Ja, weil er mich haßt. Und er haßt mich, weil ich ihn damals töten wollte. Und daran bist du schuld.

MERLIN Dumme Sache!

KÖNIG ARTUS Siege ich morgen, Merlin?

MERLIN Worum kämpfst du denn, Artus?

KÖNIG ARTUS Gerade als ich eben im Traum war, hatte ich es vergessen, ich schrie nach dir, um dich danach zu fragen.

MERLIN Jetzt aber weißt du es?

KÖNIG ARTUS Weil ich muß! . . . Ich bin der König . . . ich habe die Verpflichtung, mein Reich zurückzuerobern . . . das mein Sohn mir streitig macht . . .

MERLIN Und wenn du nicht kämpfen würdest . . .?

KÖNIG ARTUS *aufgeregt:* Ich muß doch! Ich muß doch!

MERLIN Die Frage war nur ein Versuch, dich auf neue Gedanken zu bringen.

KÖNIG ARTUS Du siehst, ich habe keine eigenen Gedanken. Sie folgen bloß der Geschichte, die mir aufgezwungen wird. – Von wem eigentlich wird sie mir aufgezwungen? Und kann es nicht sein, daß der historische Ablauf ganz dumm ist –, vielleicht sogar dümmer als ich es bin?

MERLIN Was sollen denn da die andern sagen?

KÖNIG ARTUS Welche andern?

MERLIN Die hunderttausend, die mit dir in die Schlacht ziehn und darin umkommen werden.

KÖNIG ARTUS Ach so. Warum fragst du?

MERLIN Die Frage ist nur ein Versuch, dich auf neue Gedanken zu bringen.

KÖNIG ARTUS Ja, ich muß denken! Aber es ist so verflucht schwer, und es macht mich unsicher.

MERLIN Ist das so schlimm?

KÖNIG ARTUS Ja! Natürlich ist es schlimm, wegen der andern. Wenn ich unsicher bin, darf ich sie nicht in den Krieg schicken, wo sie sterben müssen. Das wäre ja ein Verbrechen.

MERLIN Fang doch mal von vorn an: was war deine Idee?

KÖNIG ARTUS D e i n e Idee, Merlin!

MERLIN *streng:* Die Tafelrunde.

KÖNIG ARTUS Ja, die Tafelrunde. Ich wollte eine bessere Welt als die barbarische, in der wir lebten. Der Geist sollte über das Chaos herrschen.

MERLIN Der Geist von ein paar Privilegierten.

KÖNIG ARTUS Ja, natürlich. Welcher denn sonst? Warum fragst du?

MERLIN Es war nur eine Frage, um dich auf neue Gedanken zu bringen.

KÖNIG ARTUS Und wir haben eine Ordnung gegründet und verteidigt, damit sind wir weltberühmt geworden. Es hat zwar noch Kriege gegeben, aber wenigstens sinnvolle. Und einmal sollte Frieden sein für immer. – Unsere ganze schöne Utopie von der Tafelrunde wird vielleicht morgen in der Schlacht zugrunde gehen.

MERLIN Du meinst, die Geschichte widerlegt die Utopie?

KÖNIG ARTUS Ich habe zu lange gelebt! *Schreit:* Aber Mordred ist ein Verbrecher!

MERLIN Was meinst du damit?

KÖNIG ARTUS Er ist kein Ritter.

MERLIN Was meinst du damit?

KÖNIG ARTUS Er hat keine höheren Prinzipien. Wenn er siegt, bricht die alte Barbarei wieder aus, wo jeder nach seiner Laune und nach seinem Vorteil den andern totschlagen darf.

MERLIN Deshalb also kämpfst du gegen ihn, Artus?

KÖNIG ARTUS Ja! Aber es kommt mir trotzdem dumm vor. Durch irgendeine Dummheit bin ich in dieses Dilemma hineingeraten, aus dem ich nicht mehr herauskomme. Du hattest manchmal Tricks, und wenn man hellhörig war, konnte man deine Sprüche verstehen und deuten und sich dann entsprechend verhalten. »Der rote Drache wird den weißen besiegen...« Anhaltspunkte, wenigstens das! Jetzt bin ich ganz in der Finsternis, ohne dich!

MERLIN Bitte kein Selbstmitleid!

KÖNIG ARTUS Warum sind überhaupt Kriege in der Welt? Liegt es an mir? Verführe ich, der König, zehntausend vernünftige Menschen dazu, sich gegenseitig umzubringen? Oder Mordred? Oder ist es etwas anderes? Ist es vielleicht die Eigentumsfrage? Das behaupten ja auch einige. Oder ist vielleicht in den Menschen eine dunkle, unergründbare Phantasiebewegung, die sie mit unaufhaltsamer Gewalt in den Tod treibt?

– Wenn ich noch einmal zur Welt käme... sagte König Artus kleinlaut:

– Rede nur!

- Das ist mir gerade so eingefallen, nicht weiter bemerkens-
  wert.
- Was denn?
- Das verstehst du doch nicht.
- Wird sich herausstellen.
- Ich dachte, sagte König Artus, wenn ich noch einmal ge-
  boren würde, dann möchte ich ein Einsiedler sein: nur
  Gott und ich, ein Mensch ohne Geschichte.
  Merlin:
  – Aha.

KÖNIG ARTUS Werden wir siegen? Siege ich?

MERLIN Ja, du wirst siegen, Artus! Verhandle mit Mordred
so lange wie möglich, mache Zugeständnisse. Schenke ihm
Cornwall, schenke ihm Wales . . . Zögere die Verhandlung hinaus, bis Lancelot kommt. Mache Versprechun-
gen . . .

KÖNIG ARTUS *aufgeregt:* Kommt Lancelot?

MERLIN Er ist schon unterwegs.

KÖNIG ARTUS *jubelnd:* Lancelot! Wir werden siegen! Wir werden siegen! Und wir werden stark sein wie früher!

MERLIN Wofür willst du so stark sein, Artus?

KÖNIG ARTUS *aufgeregt, freudig:* Was für eine dumme Frage,
Merlin! Wir siegen! Wir siegen! Wir siegen!

MERLIN Aber du mußt dich vor dem Schlänglein hüten.

KÖNIG ARTUS Welches Schlänglein?

MERLIN *verschwindet.*

KÖNIG ARTUS *sieht sich suchend nach Merlin um:* Welches
Schlänglein denn? Welches Schlänglein?

96
Die Schlacht

Das Artus-Heer singt vor der Schlacht.

Es sungen drei Engel ein süßen Gesang
der in dem hohen Himmel klang.
Sie sungen, sie sungen alles so wohl,
den lieben Gott wir loben solln.

Wir heben an, wir loben Gott,
wir rufen ihn an, es tut uns not.

Sir Galahad, der wahnsinnige Tänzer, tanzt hoch oben über
ein Schneefeld.

STIMME AUS DEM ARTUS-HEER
– König Artus ist aus Frankreich zurückgekehrt und fordert
von seinem Sohn Sir Mordred das Reich zurück.
STIMME AUS DEM MORDRED-HEER
– Sir Mordred, jetzt Beherrscher des Landes, ist mit zwanzig
Baronen und Königen, die ihm Treue geschworen haben,
erschienen, um das Reich gegen den früheren König Artus
zu verteidigen.
STIMME AUS DEM ARTUS-HEER
– König Artus will keinen Krieg in seinem eigenen Land.
STIMME AUS DEM MORDRED-HEER
– Wenn Artus nicht kämpfen will, dann soll er Unterhändler
schicken, Sir Mordred wird ihnen seine Forderungen mit-
teilen.
STIMME AUS DEM ARTUS-HEER
– Während die Unterhändler miteinander verhandeln, soll
kein Schwert gezogen werden, solange wir nicht auf der
anderen Seite ein Schwert blitzen sehen.
STIMME AUS DEM MORDRED-HEER
– Während die Unterhändler miteinander verhandeln, soll
kein Schwert gezogen werden, solange wir nicht auf der
anderen Seite ein Schwert blitzen sehen.
*Zwei Unterhändler von König Artus und zwei Unterhändler
von Sir Mordred steigen die Treppe hinauf und treffen sich
oben auf der Galerie.*

Der wahnsinnige Tänzer, Sir Galahad, hüpft zwischen den
Heeren. Er ist nackt, trägt eine Dornenkrone auf dem Kopf,
er hat blutige Wundmale.

SIR GALAHAD Ich bin über das Schneefeld gegangen, ich
fühlte keinerlei Leiden, und da ich von großer Liebe zur
Menschheit erfüllt war, fühlte ich ein tiefes Bedürfnis in
mir wachsen zu reden. Ach, meinen Schrei hören zu las-

sen! Die Stimme, die sich in mir erhob, war so mächtig, daß ich nur schreien konnte. Ich schreie: Ich liebe euch alle, ich möchte euch alle glücklich sehen! Ich bin wahnsinnig, ich bin Gott, ich bin die Liebe! Als ich mich einem Baum näherte, hörte ich ihn sprechen, er sagte: es ist vergeblich, in dieser Gegend zu reden, denn hier ist das Gefühl den Menschen unbekannt. Ich liebe Rußland, ich liebe Frankreich, England, Amerika, die Schweiz, Spanien, Italien, Japan, ich liebe Australien, China, Afrika, Transvaal. Da ich die ganze Welt liebe, werde ich Gott werden. Ach mein kleines Mädchen, komm her, meine kleine Tochter, ich höre dich singen. Was singst du? *Er singt mit hoher Kinderstimme:* La – la – la – la. – Was kann das wohl heißen? Ich fühle, meine kleine Tochter, was es bedeutet: *singt:* la-la-la-la-la . . . Nichts ist schrecklich, alles ist nur Freude.

Die Unterhändler auf der Galerie verhandeln halblaut, man hört nur einzelne Worte, Namen von Provinzen und Ländereien.
Die Unterhändler von König Artus scheinen immer mehr Zugeständnisse zu machen. Sie besprechen sich zu zweit, zu dritt, gehen abseits, scheinen abzulehnen, dann zuzustimmen, entfalten Landkarten. Die Verhandlung zieht sich über Tage hin, es wird dunkel und wieder hell. Schließlich scheinen die Unterhändler einig geworden zu sein, sie wollen auseinandergehen, da schreit einer von ihnen plötzlich auf:
– Eine Natter! Sir Ironside, eine giftige Natter sticht Sie in den Fuß!
Sir Ironside zieht blitzschnell sein Schwert und tötet die Natter an seiner Ferse.
In diesem Augenblick werden tausend Schwerter gezückt, die beiden Heere, die schwarzeisernen Ungeheuer, starren plötzlich von blitzenden Schwertern und Lanzen. Sie schieben sich unaufhaltsam langsam aufeinander zu.

Die Schlacht beginnt.
Die beiden Heere treffen aufeinander. Sie zermalmen den wahnsinnigen Tänzer Sir Galahad. Sie schieben sich mit einem fürchterlichen, krachenden, malmenden Geräusch, das

die Halle erschüttert, ineinander: die eisernen Panzer der beiden Urtiere bersten und brechen.
Finsternis fällt über sie hin.

Über die Galerien hinauf zieht eine Prozession dünner, staubgrauer Nonnen. Sie haben die winzigen Köpfe gesenkt. Die Hände sind betend gefaltet, weiß leuchtende Rosenkränze sind darum geschlungen. Sie singen mit dünnen, hohen Stimmen lateinische Sühnegebete. Die Nonnen begleiten Königin Ginevra, über deren prächtig-rotes Königinnenkleid ein dünner grauer Schleier geworfen ist, ins Kloster. Sie ziehen hinauf bis in die höchste Höhe, wo sie schließlich im Licht stehen.

Das Schlachtfeld.
Früher Morgen.
Im Nebel ein riesiger Haufen aus Eisen und Blut. Alle Ritter sind tot. Nur noch Sir Mordred lehnt bleich an der Mauer; auf der anderen Seite hilft Sir Kay dem schwerverwundeten König Artus, sich aufzurichten. Die Madonna über seinem Haupt ist geborsten. Die Rüstung ist zerfetzt, die zerbrochenen Flügel eines Käfers. Aus einer Wunde am Hals schießt Blut.

KÖNIG ARTUS Kay! Ist das dort mein Sohn Mordred?
SIR KAY Ja, König.
KÖNIG ARTUS Ich will zu meinem Sohn Mordred.
SIR KAY Das geht nicht, König. Deine Beine sind gebrochen, wie willst du denn da hingehen.
KÖNIG ARTUS Ist das mein Sohn Mordred?
SIR KAY Ja, König, scheint so.
KÖNIG ARTUS Hilf mir nicht! Ich muß allein zu meinem Sohn. *Er kriecht langsam mit großer Anstrengung über das Schlachtfeld, über den Haufen aus Eisen und Blut, zu Mordred hinüber.* Ich will zu meinem Sohn Mordred . . . ich will zu meinem Sohn Mordred . . . ich will zu meinem Sohn Mordred . . . *Als er fast bei Sir Mordred angelangt ist, richtet er sich auf. Sir Mordred steht totenblaß an der Mauer, er hat sich die ganze Zeit nicht bewegt.*
Ohne ein Wort zu sagen, hebt König Artus sein Schwert auf

und erschlägt seinen Sohn. Sir Mordred fällt. König Artus
fällt wie tot über ihn.

SIR KAY *singt:*

In der Schlacht bei Salisbury,
in der blutigen Schlacht,
da haben wir Sir Mordred
endlich zur Raison gebracht.
Das war im Mai, im schönen Mai
ich hört' einen Vogel und eine Schalmei.

KÖNIG ARTUS Kay! Kay!

SIR KAY Ja, König! Ich bin da! Ich lebe noch!

KÖNIG ARTUS Du mußt kommen und mich tragen.

SIR KAY Ich komm' ja schon, König Artus. Ich bring' dich
nach Camelot.

KÖNIG ARTUS Nicht nach Camelot! Du mußt mich zum Meer
tragen.

SIR KAY Was sollen wir denn am Meer, König!

KÖNIG ARTUS Du mußt mich zum Meer tragen. Sonst kann ich
nicht sterben.

SIR KAY Ich komm' schon, ich komm' schon. Ich trage dich.
Er schleppt König Artus weg.

Ein Summen über dem Schlachtfeld. Schmeißfliegen-
schwärme.

Auf dem Weg zur Küste.

KÖNIG ARTUS Kay, siehst du das Meer?

SIR KAY Nein, König, ich seh' es noch nicht.

KÖNIG ARTUS Dann trage mich weiter. Trage mich, bis du das
Meer siehst. Ich muß zum Meer, sonst kann ich nicht ster-
ben.
Mühselig schleppt Sir Kay den sterbenden König weiter.

Jetzt erst erreicht Sir Lancelot das Schlachtfeld. Er sieht, daß
alles zu Ende ist. Er legt seine Rüstung ab und bedeckt sich
mit einer blutigen Fahne.

Auf dem Weg zur Küste.

KÖNIG ARTUS Siehst du das Meer, Kay?

SIR KAY Ja, jetzt kann ich es sehen.

KÖNIG ARTUS Dann laß mich hier auf dem Stein niedersitzen und nimm mein Schwert Excalibor, trage es bis an die Klippe und wirf es hinab! Wirst du das tun?

SIR KAY Schade um das Schwert, wenn ich das sagen darf. Ist doch 'ne schöne Arbeit, hat doch seinen Wert.

KÖNIG ARTUS Wirf es hinunter, sonst kann ich nicht sterben.

SIR KAY *nimmt das Schwert und geht damit weg.*

KÖNIG ARTUS *sitzt auf dem Stein.*

Ganz oben im Licht ist Königin Ginevra inzwischen als Nonne eingekleidet. Sie wird in eine Zelle geleitet. Dort betet sie. Nur das Fräulein Ohnelüge ist bei ihr und bedient sie wie zuvor am Hof. Bringt ein Tablett mit einer Tasse Kaffee.

König Artus sitzt auf dem Stein.
Sir Kay kommt ohne Schwert zurück.

KÖNIG ARTUS Hast du das Schwert ins Meer geworfen, Kay?

SIR KAY Ja, ich hab's reingeworfen. Mit 'nem großen Schwung.

KÖNIG ARTUS Was hat das Meer gesagt?

SIR KAY *stottert:* Das Meer . . . das Meer . . . es hat gerauscht, König.

KÖNIG ARTUS Oh Kay, du lügst!

SIR KAY Ich hab's nicht fertiggebracht, König. Das schöne Schwert . . . Hab's versteckt . . .

KÖNIG ARTUS Du mußt das Schwert ins Meer werfen, sonst kann ich nicht sterben.

SIR KAY *geht wieder weg.*

SIR LANCELOT *rennt über die Treppen hinauf und ruft:* Ginevra! Ginevra!

Königin Ginevra in der Zelle.

KÖNIGIN GINEVRA Hat er nach mir gerufen, Fräulein Ohnelüge? Hast du gehört, daß er nach mir gerufen hat?
SIR LANCELOTS STIMME Ginevra! Ginevra! Ginevra!
FRÄULEIN OHNELÜGE *schüttelt den Kopf.*
KÖNIGIN GINEVRA Du schüttelst den Kopf. Aber ich dachte, ich hätte ihn rufen hören, als ich einen Augenblick aufhörte zu beten.

Der Clown streunt über das Schlachtfeld. Die Fliegen stechen ihn. Er erschlägt Fliegen auf seinem Gesicht.

König Artus sitzt auf dem Stein.
Sir Kay kommt zurück.

KÖNIG ARTUS Was hat das Meer gesagt?
SIR KAY Es hat gebrüllt, am Felsen ist es heraufgesprungen, ich hab' nasse Füße bekommen.
KÖNIG ARTUS Oh Kay, du lügst! Du verdammter Lügner!
SIR KAY Ach, König, es fällt mir so schwer. Ich habe mein eigenes hinuntergeworfen. Aber jetzt tu' ich's. *Er geht wieder weg.*

In den Galerien.

SIR LANCELOT *rennt in den Galerien herum, schreit:* Ginevra! Ginevra!

Königin Ginevra in der Zelle. Fräulein Ohnelüge.

KÖNIGIN GINEVRA Ich bete . . . ich bete, daß Lancelot erst kommt, wenn ich nicht mehr lebe. Ich liebe ihn mehr als alles, was ich in der Welt geliebt habe, und ich hätte nicht die Kraft, ihn noch einmal mit meinen irdischen Augen anzusehen.

Der Clown stochert in den Leichenhaufen herum. Er findet zwei Brillen, die ineinander verkrallt sind wie zwei Insekten. Er zerrt die Drahtgestelle auseinander. Er setzt die Brillen auf, erst die eine, dann die andere darüber; er sieht nichts. Er knackt die Bügel ab, er wirft sie weg.

SIR LANCELOT *ruft:* Ginevra! Ginevra!

Jetzt ist er an dem Kloster angelangt, die Pforte ist geschlossen. Das Fräulein Ohnelüge läßt ihn ein, führt ihn zu Königin Ginevra, die tot auf ihrem Bett liegt. Nonnen mit Kerzen stehen um die Tote herum.

– Der erloschene Zwergplanet, der zu einem flach elliptischen, das galaktische Zentrum der Milchstraße in 30 000 Lichtjahren Entfernung umkreisenden Sonnensystem gehörte, hatte nur einen Mond, geringen Durchmesser, hohe Dichte und feste Oberfläche. Darin glich er dem kleineren Schwesterplanetoiden seines Sonnensystems. Die langen Rotationsperioden veränderten zyklisch den Einfall des Sonnenlichtes, so daß helle und dunkle Perioden, warme und kalte Perioden einander abwechselten.
Auf seiner erstarrten Außenhaut aus Gestein und Metall bildete sich unter der schützenden Umhüllung einer feuchten Aura aus Sauerstoff und Stickstoff, in der sich das Licht brach und sie blau färbte, durch organisch-chemische Vorgänge eine planetarische Flora von großer Vielfalt. Sie überzog die Oberfläche des Planetenballs wie ein grüner Flaum. Später entwickelten sich auch verschiedene vielzellige Lebensformen. Sie konnten sich frei bewegen und paßten sich in Form und Färbung den Gegebenheiten ihrer Umwelt an. Kurz vor dem Ende des Sterns entstand aus den mehrzelligen Organismen eine Vielzahl verschieden pigmentierter androgyner Wesen. Sie waren zweigeschlechtlich angelegt und pflanzten sich mit lebend geborenen Nachkommen fort, die sich aus Samen im weiblichen Wirtskörper bildeten. Diese Lebensform von niedriger Intelligenz war jedoch mit rudimentären Erkenntnissen über ihr Entstehen und minimalen Einsichten in die Zusammenhänge ihres Sonnensystems ausgestattet. Sie entwickelten vermutlich eine gewisse Kultur mit primitiven Religions- und Gesellschaftsformen und erreichten wohl zu gewissen Zeiten ein schwaches Bewußtsein ihrer Vergänglichkeit. Es ist nicht erwiesen, inwieweit sie das Ende des Planeten voraussahen oder sogar herbeiführten. Die wenigen Spuren ihrer Existenz bleiben rätselhaft.

König Artus auf dem Stein.
Sir Kay kommt zurück.

KÖNIG ARTUS Was hat das Meer gesagt?
SIR KAY Jetzt hab' ich's reingeworfen, König. Ein weißer
    Arm hat sich aus dem Meer gereckt und hat es gepackt.
KÖNIG ARTUS Jetzt ist die Zeit gekommen, wo du mich ver-
    lassen mußt. Du mußt fortgehen, Kay.
SIR KAY Ich mach' mich doch nicht einfach aus dem Staub,
    König! Ich laß dich doch nicht hier liegen!
KÖNIG ARTUS *streng:* Du mußt fortgehen, Kay!
SIR KAY Wo soll ich denn hin?
KÖNIG ARTUS *gibt ihm keine Antwort.*
SIR KAY Ich weiß doch nicht, wo ich hin soll! Du kannst mich
    doch nicht einfach wegschicken!
KÖNIG ARTUS *steht auf, geht auf das Meer zu.*
SIR KAY *verzweifelt, ruft hinter ihm her:* Wir waren doch so
    lange zusammen . . . schon immer . . .! Das geht doch
    nicht, das geht doch nicht . . . wo soll ich denn hin! . . . Sag
    doch! . . . Was soll ich denn machen, verdammt noch-
    mal! . . . Was wird denn aus mir? . . .

Im Morgengrauen erscheint nun eine schwarze venezianische
Gondel, blumengeschmückt, darin stehen drei schöne Königinnen, Morgane le Fay, Morgause, Ginevra. Sie steigen aus
und gehen zu König Artus. Sie führen den Sterbenden zu der
Gondel, sie betten ihn dort und rudern mit ihm davon über
das dunkle Meer, nach Avalon.

Die heidnischen Götter kehren zurück. Sie streichen um das
Schlachtfeld.

97

Merlin im Weißdornbusch gefangen.

MERLIN *singt mit einer hohen wunderbaren Stimme:*
    I attempt from Love's sickness to fly in vain,
    since I am myself my own fever and pain.

No more now, found heart,
with pride no more swell
thou canst not raise forces enough to rebel
for Love has more pow'r and less mercy than fate
to make us seek ruin and love those that hate.

Anmerkungen,
Ergänzungen, Varianten

S. 26, 27, 38, 41, 42

Die Verszitate sind aus
»Die Geburt des Merlin«, Schauspiel von W. Rowley, aus: Shakespeares
Vorschule, hrsg. v. Ludwig Tieck, Leipzig 1823

S. 121

Nicht weil ich hoffe,
Herrin, daß du mich belohnst,
folge ich dir, nein,
weil ich glaube,
Amor will, daß ich
dir ergeben sei, weshalb
es mir zu tun beliebt
was ihm gefällt.
Und wie ein Diener
seinem Herrn ergeben ist,
bin ich der Diener, der
ihm seine Freiheit hingibt.
            Lorenzo Masini, 14. Jahrhundert

S. 172

Das Gedicht ist von Clemens von Brentano

S. 181, 182

Merlin, wohin in früher Stund?
Wohin mit deinem schwarzen Hund?

»Es ward des Mittels Kunde mir
das rote Ei zu finden hier,

der Meerschlang rotes Ei am Strand,
in einer Höhl der Felsenwand.

Ich forsch, ob nicht mein Aug erschaut
die Kresse grün, das goldne Kraut,

den hohen Ast der Eiche dort,
im Walde an der Quelle Bord.«

Merlin! Merlin! Zurück nur kehr!
Den Ast der Eiche nicht begehr!

Die grüne Kresse laß im Tal
und auch das goldne Kraut zumal,

der Meerschlang rotes Ei am Strand,
im Schaum, in hohler Felsenwand.

Merlin! Merlin! Zurücke kehr!
Denn Zaubrer ist nur Gott der Herr.
            Aus: Die Sagen von Merlin, Halle 1853

S. 190

Canon de Béthune, Zeit der Kreuzzüge
Ah, Liebe, wie schwer wird es mir zu scheiden von der besten Dame, die
jemals geliebt wurde. Gott möge mich in seiner Güte zu ihr zurückbringen
so sicher wie ich sie mit großem Kummer liebe. Ach, was habe ich gesagt?
Ich verlasse sie nicht: selbst wenn mein Körper Gott unserm Herrn dient,
mein Herz bleibt ganz zu ihrem Dienst.

Ach! Bitterlich weinend gehe ich zu dem Ort, wo Gott mich haben will,
damit ich mein Herz reinige. Ich weiß, daß ich auf dieser Reise an die beste
Dame denke, die auf Erden lebt, sie ist besser, als ich sagen kann.

S. 205

Der erzählende Text von Nummer 65 wurde in der Düsseldorfer Inszenie-
rung durch diese Szene ersetzt:

Der Sohn
Nacht. Sternenhimmel.
Sir Lancelot sitzt auf einer Lichtung im Wald. Er hat den Helm abge-
nommen.
Am Waldrand erscheint ein Ritter in weißer Rüstung.
Der weisse Ritter *ruft:* Bitte, Ritter, verlasse diesen Platz, setze dich
    woanders nieder! Ich möchte auf dieser Lichtung stehen, an dieser

Stelle geben die Bäume den Himmel frei. Ich kann von hier aus, wenn ich auf der Wiese stehe, den Stern betrachten, dem ich verbunden bin.

SIR LANCELOT Hier sitze ich, hier bleibe ich. Oder du vertreibst mich, dann zieh dein Schwert.

DER WEISSE RITTER Ich kämpfe nicht. Alles was ich haben will, soll mir ohne Kampf zufallen.

SIR LANCELOT Aha, du suchst Streit! Komm nur her! Du kannst dir den albernen Vorwand sparen.

DER WEISSE RITTER *lacht:* Du verstehst mich nicht.

SIR LANCELOT *springt auf und schreit:* Du lachst über mich?

DER WEISSE RITTER Ja. Du bist dumm. Ich finde dich komisch.

SIR LANCELOT *setzt den Helm auf, zieht das Schwert.*

DER WEISSE RITTER *lacht:* Warum strengst du dich denn so an?

Das Schwert über dem Kopf rennt Sir Lancelot über die mondbeschienene Wiese zu dem weißen Ritter hin, der am Waldrand steht. Als er ihn erreicht hat und zuschlagen will, fällt er hin. Er will aufstehen und wieder auf den weißen Ritter losschlagen, da fällt ihm das Schwert mitsamt dem eisernen Handschuh aus der Hand.

SIR LANCELOT Was tust du mir an! Noch nie hat mich jemand besiegt! Wer bist du?

DER WEISSE RITTER Ich habe dich nicht zu Boden geschlagen. Ich habe dich nicht besiegt.

SIR LANCELOT *steht auf:* Du lachst mich aus? Ich bin dir den Kampf nicht wert?

DER WEISSE RITTER Du bist mir weder wert noch unwert.

SIR LANCELOT Nimm deinen Helm ab.

DER WEISSE RITTER Ja, ich nehme meinen Helm ab.

Er nimmt seinen Helm ab; es ist Sir Galahad.

SIR LANCELOT Galahad bist du! Mein Sohn Galahad bist du! Verzeih mir!

SIR GALAHAD Ich habe dir nichts zu verzeihen.

SIR LANCELOT *verzweifelt:* Ich habe das Schwert gegen meinen Sohn erhoben! Ich wollte meinen Sohn niederschlagen, ohne zu ahnen, daß du mein Sohn bist! Ich hätte es fühlen müssen! Ich habe dich für einen fremden Ritter gehalten! Welche Stumpfheit! Wie stumpf bin ich geworden! Wie unempfindlich! Deshalb bin ich bisher so blind herumgeirrt wie im Schlaf, und bin meinem Ziel nicht näher gekommen! Mit Recht hast du deinen Vater niedergeschlagen, als er auf dich losging!

SIR GALAHAD Ich habe dich nicht niedergeschlagen, du irrst dich!

SIR LANCELOT Ich war so sehr im Unrecht, daß ich plötzlich keine Kraft hatte, zu schlagen.

SIR GALAHAD Nein, du bist hingefallen.

lacht.

SIR LANCELOT Mein armer Sohn . . . ich habe dich verletzt.

SIR GALAHAD Nein, du bist hingefallen.

SIR LANCELOT Ich sehe, du blutest . . . dein Finger blutet.

SIR GALAHAD Ich habe mich an einem Zweig geritzt.

SIR LANCELOT Gib mir deinen Finger . . . ich verbinde die Wunde mit meinem Taschentuch.

Er verbindet ihn.

Aber ich saß doch im Mondlicht ohne den Helm . . . du mußt mich doch erkannt haben!

SIR GALAHAD Ja, natürlich habe ich dich erkannt.

SIR LANCELOT Du wolltest mich also auf die Probe stellen!

SIR GALAHAD Nein. Es interessiert mich nicht, daß du mein Vater bist.

SIR LANCELOT Du hast recht, Galahad! Aber sei nicht so streng! Eines Tages wirst du auch deine Fehler machen! Wirst du auch schuldig werden, wie ich.

SIR GALAHAD Nein, ich nicht.

SIR LANCELOT Du nicht? Du nicht? Warum bist du so sicher?

SIR GALAHAD Ich kämpfe mit niemand, ich begehre nichts, ich habe keine Aggressionen, ich will nichts, ich habe mein Ich getötet. Deshalb bin ich unverletzlich, ich leide nicht, ich hasse nicht . . .

SIR LANCELOT O mein Sohn Galahad! Dann liebst du auch nichts, dann bist du kein Mensch!

SIR GALAHAD Sir Lancelot, du verstehst einfach nicht, worauf es ankommt.

Da ging Lancelot fort, erfüllt von Schrecken und Kummer über seinen Sohn. Sir Galahad blieb auf der Lichtung und streckte sich unter den Sternen aus.

S. 207 (unten) Einschub

TREVRIZENT Dein Fleisch? Wenn ich mich schlage?
  Wie schwach du schon bist!
  Du bist ja ganz weiß wie Taubenmist!
  Du hast ja schon keine Stimme mehr!
  Dein Kopf! Der wackelt ja hin und her!
  Gleich wirst du erleuchtet sein!

PARZIVAL *plötzlich außer sich:* Oh . . .

S. 215, 216

Das Gedicht ist von Tennyson, The Holy Grail, London 1905

S. 219

Aus: Hölderlin, Hyperion

Szenen, die in die Endfassung nicht aufgenommen wurden:

Das Glück

Eine große Wiese am Stadtrand.
Über ein riesiges Gestell ist eine bemalte Leinwand drapiert: nackte Menschen erheben sich aus ihren offenen Gräbern, winden und stemmen sich aus der geborstenen Erde herauf.
In die Leinwand geschnitten eine schmale Öffnung, durch die sich eine Menschenmenge lärmend hineindrängt. Innen aber ist von den Hineindrängenden niemand zu sehen. Im diffusen Licht, das durch den hellen Zelthimmel sickert, sitzen ein paar einzelne Leute auf verschlissenen Kinosesseln stumm vor einem provisorischen Podium.
Abseits hinter einem Paravent Blanchefleur. Sie scheint sich für einen Auftritt vorzubereiten. Sie sagt mit wechselnder Betonung, mit wechselnden Gesten:
– Ja. – Ja. – Ja. – Ja. – – Ja.
Mister Sunshine und Mistress Moon treten auf, zwei Sänger, die große runde Scheiben halten: die goldene Sonne, der silberne Mond. Sie singen:
– Oh, Mister Sunshine
– Ach, Mistress Moon,
– Wolln wir uns nicht
zusammentun,
– Oh, Mister Sunshine
– Ach, Mistress Moon,
– Gemeinsam über den Himmel gehn,
das wäre schön!
– Sie sagen: Oh!
– Ich sage: Ach!
– Sie gehen schlafen
– Ich werde wach!
– So laufen wir einzeln
und nicht zu zweit
solang, solang
bis stille steht die Zeit.
Der Tod, der chinesische Akrobat, jongliert und übt Sprünge. Dabei stößt er plötzliche schrille Schreie aus.
Ein grüblerischer Schauspieler *memoriert seinen Text:*
    Was ist der Mensch? könnt ich beginnen; wie kommt es, daß so etwas in
    der Welt ist, das, wie ein Chaos, gärt, oder modert, wie ein fauler

                                 Anmerkungen, Ergänzungen, Varianten

Baum, und nie zu einer Reife gedeiht? Wie duldet diesen Heerling die Natur bei ihren süßen Trauben? Zu den Pflanzen spricht er: ich war auch einmal, wie ihr! und zu den reinen Sternen: ich will werden, wie ihr, in einer andren Welt! Inzwischen bricht er auseinander und treibt hin und wieder seine Künste mit sich selbst, als könnt er, wenn es einmal sich aufgelöst, Lebendiges zusammensetzen, wie ein Mauerwerk; aber es macht ihn auch nicht irre, wenn nichts gebessert wird durch all sein Tun; es bleibt doch immerhin ein Kunstwerk, was er treibt.

EINER DER ZUSCHAUER *ruft dazwischen:* Das sagt mir nichts!

EIN ZWEITER ZUSCHAUER Es ist gar nicht Ihre Meinung! Sie tun nur so! Sie haben das nur aufgeschnappt und haben es auswendig gelernt!

EIN DRITTER ZUSCHAUER Sie betrügen uns!

DIE SCHAUSPIELER Wie soll ich denn das Unfaßliche verstehen, als indem ich die Worte immerzu spreche!

EIN VIERTER ZUSCHAUER Nur weiter, nur weiter! Wir hören!

DER SCHAUSPIELER *beginnt von neuem:* Parzival und Blanchefleur liegen jetzt im Licht auf dem Podium. Sie sind nackt.

BLANCHEFLEUR Ich will deine Wunden ansehen, Parzival.

PARZIVAL Ich habe keine.

BLANCHEFLEUR Doch, du hast eine blutige Wunde am Oberschenkel und eine blutige Wunde an der Stirn und noch viele andere Wunden.

PARZIVAL Dann müßte ich Schmerzen haben! Aber ich spüre nichts!

Blanchefleur legt ihre Finger in die frischen Wunden und zeigt ihre blutige Hand. Nun ist auf einmal ein Geflüster und Gemurmel zu hören: Die Hand ist rot ... Die Hand ist blutig ..., und Parzival und Blanchefleur richten sich horchend auf. Es wird ringsherum hell, sie entdecken, daß sie Zuschauer haben, die sie gierig anstarren.

PARZIVAL *beugt sich herunter zu den Zuschauern:* Was erwarten Sie, meine Damen und Herren? Kennen wir uns? Nehmen Sie doch die albernen Guckkästen von den Gesichtern weg!

Die Zuschauer nehmen die flachen Kästen mit den Sehschlitzen von ihren Gesichtern, und nun kann Parzival sie erkennen: es sind die Leute von der Hofgesellschaft, Jeschute, ein sehr altes Ehepaar, eine Dame im Pelzmantel, Sir Gawain, die Dame, die ohnmächtig wurde; und weiter hinten, allein und im Halbdunkel, ein junger Mann mit roten, eisernen Fäusten. Schweigen.

Dann fängt die sehr alte Dame zu reden an:

– Wie ich Paul kennenlernte ...

Ihr alter Ehemann stößt ein höhnisches »Hm!« heraus.

– Er kam an meinen Tisch und verbeugte sich ...

– Hm!

– ... was ist Ihre Lieblingsmelodie? Ich sagte, meine Lieblingsmelodie ... Meine Lieblingsmelodie ist mir in diesem Moment nicht eingefallen! Ist es La Paloma? Oder ist es Solveigs Lied? Oder ist es Frühlingsrauschen von Sinding? *Sie summt und gibt wieder auf, da sie die Melodie nicht findet.* Oder ist es, sagte er, diese Melodie? Er stand vor mir, spitzte den Mund und pfiff. Ich habe die Melodie nicht gleich erkannt. Aber dann ging er pfeifend zu dem Kapellmeister. Spielen Sie das! Und die Kapelle spielte: Benjamin, ich hab nichts anzuziehn! Der Wind blies so furchtbar, der stürmische Wind blies die Melodie von meinem Ohr weg, über den See. Ich konnte gar nichts hören. Ich sah, wie die Geigen strichen und wie der Kapellmeister den Taktstock schwang, aber hören konnte ich nichts. Paul strahlte.

– Hm.
– Ich möchte diese Nacht in Ihren Armen verbringen. Ich möchte heute nacht noch . . . heute . . . in Ihren Armen . . . schöne Frau . . . Und dabei wehte sein Schnurrbart. Dann müssen Sie mich vorher heiraten, mein Herr. So mußte er mich heiraten. Ich habe ihn nie wieder gesehen.
– Hm.

Sir Gawain sieht zu Parzival und Blanchefleur, dem nackten Liebespaar, hinauf und klatscht in die Hände.

– Bravo!

Jeschute kichert schon die ganze Zeit, jetzt zieht sie langsam, als ob es ein Striptease wäre, ihre Fingerhandschuhe ab; der abgebissene Finger ist wieder dran.

Die Dame neben ihr sagt:

– Ich habe meinen Mörder gesehen. Er war so schön, daß ich nur noch an ihn denke . . . An der Wange hatte er ein Zeichen, eine Narbe . . . eine kleine Narbe oder eine Warze, nicht groß . . . wie eine Fliege so groß. Eine Fliege, die aber nicht wegfliegt . . . die nicht über das schöne Gesicht kriecht und in dem schönen Mund verschwinden kann . . .
– Und Sie? *fragt der nackte Parzival von der Bühne herunter einen kahlköpfigen Mann.*

DER KAHLKÖPFIGE – Es war einmal ein Mann, der fand eines Tages eine Gurke, die war so groß . . .

Und er zeigt die Größe der Gurke.

– Ja, und?
– Der Mann war ich!
– So.

Der Kahlköpfige zeigt immer noch die Größe der Gurke. Inzwischen ist die Dame mit dem Pelzmantel zu Wort gekommen:

– . . . this has often come upon me through repeating my own name to myself silently, till, all at once, as it were, out of the intensity of the consciousness of the individuality, the individuality itself seemed to dissolve and fade away into boundless being, and this not a confused state, but the clearest of the clearest, the surest of the surest, utterly beyond words, where death was an almost laughable impossibility, the loss of personality seeming no extinction, but the only true life.

Anmerkungen, Ergänzungen, Varianten

Nun wird der junge Mann im Hintergrund aufgefordert.
- Sie dort hinten!
Alle Zuschauer drehen sich zu ihm um.
- Reden Sie doch! Was meinen Sie dazu! Sprechen Sie über das Glück!
  Halten Sie uns einen schönen, gedankenreichen Vortrag! Sagen Sie ein
  paar erhellende Sätze!
*Der junge gepanzerte Mann – es ist Parzival, das Ebenbild Parzivals auf
dem Podium –, beginnt zu sprechen:*
- Ja! Das will ich! Ich kann etwas dazu sagen!
Aber er gerät ins Stottern:
- Das Glück . . . das Glück . . .
- Sie sind unvorbereitet! schreien die Zuschauer.
*Der junge Mann versteckt seine eisenblutigen Hände, er kann nicht weiter-
sprechen, er steht auf und läuft aus dem Zelt. Draußen ist es inzwischen
Nacht geworden. Parzival rennt. Der Wind reißt an der riesigen Leinwand,
sie flattert hoch, sie weht weg. Da steht Parzivals weißes Pferd.
Er reitet davon.*

Der Wind weht den alten König und die alte Königin ins Nichts

*Vor der Gralsburg, einer pompösen neugotischen Villa auf einem Hügel,
sitzen der alte König und die alte Königin in Frack und Abendkleid.
Kostüm vom Ende des vorigen Jahrhunderts. Beide mit der Krone auf dem
Kopf.
Ein reich gedeckter Tisch. Sie versuchen zu essen. Das ist schwierig wegen
des starken Windes. Der Wind bläst die Bouillon vom Löffel. Der alte
König und die alte Königin tun so, als ob es sie nicht stört. Sie versuchen
unter allen Umständen, Haltung zu bewahren. Beim Weineinschenken
wird der Strahl vom Glas weggeblasen. Eine rote Spur sprüht über Tisch-
tuch und Kleidung. Die Zipfel des Tischtuchs flattern hoch und klatschen
in die Soße.
Weit hinten in der Landschaft reitet Parzival. Er kommt langsam näher.
Das alte Königspaar spricht über eine komplizierte Erbschaftsangelegen-
heit.*
- Der Besitz muß als Ganzes erhalten bleiben.
- Aber den Pflichtteil bekommt er auf jeden Fall.
- Leider.
*Die Königin findet eine Nadel im Essen. Auch der König findet Nadeln in
der Soße. Im Gemüse. Sie reden aber weiter.*
- Generationen haben daran gearbeitet, den Besitz zu schaffen. Er muß
  beieinanderbleiben.
- Aber der Junge wird alles verschleudern.
- Ja. Es ist noch zu früh. Er muß reifer werden.
- Ja, er muß älter und reifer werden.

Der Wind verwüstet den Tisch. Die hohen Weingläser kippen und zerbrechen. Die Servietten flattern weg. Rosenkohl und Erbsen werden von den Tellern gefegt.

An der von Wein und Essenflecken besudelten Kleidung des Königspaares zerrt der Wind. Der Dame fliegt die Krone weg, hoch in die Luft, sie ist aus Papier. Die Brille des Herrn fliegt weg. Die Jacke, die er über die Schultern gehängt hat, fliegt weg. Das Hemd plustert sich auf im Wind und wird langsam aus dem Hosenbund herausgezogen. Schließlich zerreißt es. Die Perücke der Dame fliegt davon. Das alte Königspaar nimmt von all dem keine Notiz. Mit den Moccatäßchen in der Hand spricht es noch weiter, als der Tisch umgestürzt und den Abhang hinuntergeweht ist. Bis schließlich die beiden Alten selbst hinweggeweht werden.

Der unwiederbringliche Augenblick

Großer Saal im neugotischen Stil. Möbel, Wände und Glasfenster dekoriert mit dem Gralssymbol. Nachbildungen des Gralskelches in Stein, in Holz, in Glas, und in allen Größen und Formen: Der Gral als Deckenleuchter, als marmorner Brunnen, als Sitzmöbelstück, als Kaminschmuck, als Stehlampe, der Gral als Aschenbecher, als Obstschale, als Suppenschüssel, als Weingläser.

Ein altes Paar: der Gralskönig Parzival und Blanchefleur. Parzival läuft hastig zwischen den Möbeln und Gegenständen herum, bückt sich, kriecht unter einen Tisch, knipst Lampen an und wieder aus, betrachtet streng und prüfend einige Gegenstände, nimmt sie in die Hand, stellt sie wieder weg. Läuft zum Fenster, will es öffnen.

BLANCHEFLEUR *ruft:* Parzival! Mein Liebster!

PARZIVAL *aufgeregt:* Hell war es! In meinem Kopf waren helle Stimmen!

BLANCHEFLEUR Ich bin immerzu hingefallen ... in den Schnee gefallen. *Sie kichert.* Ich stand jedes Mal wieder auf und sah mich da liegen, als ob es jemand anderes wäre.

PARZIVAL Die Zeit war zersprungen. Ich war durch die Zeit gesprungen.

BLANCHEFLEUR Ach, was du da sagst!

PARZIVAL Doch, so muß es gewesen sein! Warum weißt du es denn nicht?

BLANCHEFLEUR Du weißt es ja selber nicht.

PARZIVAL Ich muß mich erinnern! Ich muß mich erinnern!

BLANCHEFLEUR Ich erinnere mich, daß du geschrien hast.

PARZIVAL Habe ich geschrien?

BLANCHEFLEUR Nein. Du wolltest schreien.

PARZIVAL Warum denn?

BLANCHEFLEUR Weil ich auf dich zulief! Ich glaube du wolltest mich verjagen, aber du konntest nicht schreien. *Sie kichert.* Du warst zu schwach, die Luft war so dünn.

PARZIVAL Ich war nicht schwach!

BLANCHEFLEUR Du konntest nur flüstern, aber das hörte man bis weit über die Berge. Ich stand ja auf dem andern Berg und hörte dich trotzdem.

PARZIVAL Was habe ich denn gesagt?

BLANCHEFLEUR Der ganze Himmel dröhnte von deinem Atmen und Flüstern. »Das unendliche Licht« ... sagtest du.

PARZIVAL Nein, Unsinn! Das nicht! Wie banal sich das anhört.

BLANCHEFLEUR Du hast doch den Gral gesehen! Gletscher und Eis und das wunderbare Licht. Erinnere dich!

PARZIVAL Ja, das Licht! Und wie Galahad sich vor meinen Augen auflöste im Licht.

BLANCHEFLEUR Du hieltest die Schale ...

PARZIVAL Wie sah sie denn aus?

BLANCHEFLEUR Jeder kennt sie! Es gibt Tausende von Nachbildungen! Wir haben sie anfertigen lassen, um uns immer daran zu erinnern. Die berühmtesten Künstler haben sie geschaffen, sieh sie dir doch an! Und draußen werden sie in billiger Ausführung an der Straße verkauft.

PARZIVAL Es war keine Schale!!

BLANCHEFLEUR Doch, jeder weiß es!

PARZIVAL Alles Ramsch und Lüge und vergebliche Anstrengung! Ich kann es nicht mehr nennen und nicht mehr fühlen.

BLANCHEFLEUR Du bist der Gralskönig, du weißt es.

PARZIVAL *tastet mit zitternden Händen nach der Krone auf seinem Kopf, murmelt:* Ich bin der Gralskönig ... ich bin der Gralskönig ...

Der nackte Mann

1.

Die Frau schleift einen Leichnam hinter sich her.

DIE FRAU Sam, Samuel, mein guter Mann, mein Geliebter, du sollst das Feld nicht verlassen! Es ernährt dich, es deckt dich zu, es hält deine Schritte fest – es soll dir an den Füßen kleben, damit du nicht fortgehen kannst! Bleib! Rede mir nicht davon, daß du weggehen willst, – wohin denn? Was sagst du? Ich höre dich nicht! Ich bin wohl taub! Ich kratze den Boden auf, ich grabe dich ein in den Acker, Sam, Samuel, mein Mann! Die ganze Nacht hast du neben mir gelegen, ich habe dich reden hören. Ich habe mich über dich gebeugt ... im Schlaf hast du geredet ... Was? Du bist so schwer zu verstehen! Daß du weggehst ... wohin denn? Ich verstehe dich nicht ... Ah, da habe ich es gehört! Die Engel solln brennen, die Welt soll platzen, und was herauskommt ... ich wußte gar nicht, was in der Erde drin ist ... Feuer und spitze Messer und Totengeschrei, brennende Bäume, gespaltene Köpfe ... bist du oben, bist du unten? – Bleib da, bleib doch da! Bleib auf dem Acker, er ernährt uns, du darfst ihn nicht verlassen! Was redest du? Du mußt auf deinem Stück Land bleiben! Ich setze mich auf das Dach und lauer dir auf, schau auf die Tür hinunter, warte, ob du aufstehst und davongehst

... bis du herauskommst, Sam, Samuel, mein Mann! Da spring ich dir auf die Schulter! Was drückt dich denn? Bleib! Bleib! Er aber will heimlich weg und geht dabei immer gebückter, je weiter er geht. Ja! Weil ich dir auf der Schulter sitze! Er fällt sogar hin. »Ich kann nicht reden!« So? Drückt dir etwas den Hals zu? Rede nicht! Sag nicht, du willst dich davon machen! Du mußt auf deinem Stück Land bleiben! Er bricht ja schon in die Knie auf seinem weiten Weg, er geht gebückt, immer gebückter, und sein Gesicht fällt schon in den Schlamm! Es hat ja geregnet, es regnet immer noch, hörst du? O wie es regnet auf unseren Acker, der Klee wird blühen! Mit dem Gesicht ist er in den Schlamm gefallen, er kriecht mit dem Gesicht im Schlamm weiter, bis es schwarz ist, die Stirn ist schon schwarz, die Augenhöhlen sind schon schwarz verklebt, sein Mund ist schon voll Schlamm. Sprich nicht! Ich hocke dir auf der Schulter, ich reiße dein Gesicht an den Haaren aus dem Schlamm. An den Haaren schleife ich dich zurück auf den Acker, den du verlassen hast. Wie schwer du bist! Die Haarbüschel hab ich jetzt in der Hand, aber wo ist der Mann? Hab ihm die Haare rausgerissen, er ist liegengeblieben! Sam, Samuel, verfluchter Mann, wie schwer bist du! Ich kann dich nicht ganz allein über den Acker ziehen! Dein Sohn muß mir helfen! Da steht er, siehst du ihn? Er darf dich nicht sehen, wie du da tot bist! Ich habe ihm ein Tuch um die Augen gebunden, damit er dich nicht sieht. Komm her, hilf mir!

Das Kind kommt mit verbundenen Augen.

Ich zieh dich am Arm, da bricht der Arm ab, ich zieh dich am andern Arm, am Kopf zieh ich dich und dein Hals wird lang, wird immer länger, es sieht lächerlich aus! Dein Hals ist so lang geworden, Sam, Samuel, mein Mann! Ich schleife dich auf den Acker! Ein Loch hab ich schon ausgehoben für meinen Mann, ich grab ihm ein ... Erde schütte ich über dein Gesicht. So, nun verläßt du mich nicht mehr. Komm, mein Sohn! Hilf mir, tritt die Erde fest! Komm! Tritt sie fest, tritt sie fest! Gib mir deine Hand, so! Wir springen darauf herum ... spring mit mir!

Sie stampfen und springen.

2.

Parzival liegt am Wegrand. Er denkt, außer ihm sei niemand mehr am Leben. Den Vogel hält er für einen Stein. Er sieht die rotblühende Kastanie und glaubt, der Baum verbrenne in einem Feuersturm. Die sprühende Quelle ist ihm wie wirbelnder Staub. Seine Verzweiflung ist so groß, daß er die Dinge nicht mehr mit ihrem Namen benennen kann.

Da taucht ein großer nackter Mann auf, er läuft an ihm vorüber und sagt:

– Verzeih mir, verzeih mir!

– Wofür?

– Ich bin hier vorbeigekommen, da ist ein Staub auf dich gefallen.

– Das ist mir egal, das macht mir nichts aus, sagt Parzival.

– Dir macht es nichts aus, so? Aber mir macht es etwas aus! Ich habe dich
nicht genügend geachtet.
– Das macht mir nichts aus, sagt Parzival noch einmal.
Der nackte Mann verneigt sich vor ihm bis zur Erde und ruft:
– Ich danke dir, ich danke dir! Du machst meine Schuld kleiner!
Dann läuft er weiter.

Parzival läuft dem nackten Mann nach, der nackte Mann dreht sich nicht
um. So laufen sie hintereinander, zuerst durch das wüste Land, wo es nur
Steine und Staub gibt, dann fangen Grashalme an zu wachsen zwischen den
Steinen, dann ist der steinige Grund ganz mit dem weichen Grasteppich
zugedeckt, dann laufen sie durch Felder, die neu angepflanzt worden sind,
am Feldrain hocken Leute in kleinen Gruppen beieinander. Sie laufen
durch eine Stadt, wo Parzival den nackten Mann im Menschengewimmel
fast aus den Augen verloren hätte. Dann durch Wälder und am Fluß entlang auf das Gebirge zu. Weit oben, wo der Fluß schmäler wird, springt der
nackte Mann über die Steine im Wasser zum anderen Ufer hinüber. Parzival folgt ihm und sieht, wie er in einer Lehmhütte verschwindet. Parzival
sieht viele Tiere bei der Hütte, alle scheinen friedlich beieinander zu woh-
nen, obwohl auch gefährliche Raubtiere darunter sind, Löwen und Bären
und Habichte, und große Schlangen von den Bäumen herunterhängen; die
Enten und Hühner und kleinen Vögel scheinen sich nicht vor ihnen zu
fürchten. Das sieht Parzival, legt sich hin und schläft ein.
Am andern Morgen steckt er den Kopf durch das Fensterloch in der Hütte
und sieht neugierig hinein. Da schreit der nackte Mann drinnen:
– Geh weg! Geh weg von mir! Ich bin ein Verbrecher!
PARZIVAL Was hast du denn getan?
DER NACKTE MANN Ich habe gemordet und getötet! Und du, was hast du
verbrochen?
PARZIVAL Ich?
DER NACKTE MANN Ja! Du!
PARZIVAL Ich bin Parzival!
DER NACKTE MANN Wo kommst du her?
PARZIVAL Ich bin dir nachgelaufen.
DER NACKTE MANN Warum denn?
PARZIVAL Aus Neugier. Du hast dich bis zur Erde vor mir verbeugt und
hast mich gebeten, dir zu verzeihen.
DER NACKTE MANN Ja, das habe ich!
PARZIVAL Du hast mir doch gar nichts angetan.
Der nackte Mann verbeugt sich wieder tief und sagt:
– Verzeih mir, daß ich dich neugierig gemacht habe!
PARZIVAL Laß mich zu dir hinein!
DER NACKTE MANN Geh weg! Geh deinen Weg! Ich will mit dir nichts zu
tun haben!

Parzival weiß nicht, was er noch mit ihm reden soll, und geht weg. Er wundert sich, daß der nackte Mann seinen Namen nicht kennt, wohl noch nie von ihm gehört hat, jeder Mensch auf der Welt hat doch von Parzival gehört! Jeder weiß doch, wie er um sich haut! Inzwischen ist es Mittag geworden. Da geht er wieder an das Fensterloch, steckt seinen Kopf hinein und sagt:

– Du hast wohl Angst vor mir?

– Meinetwegen, komm rein! antwortet jetzt der nackte Mann.

– Ich bin Parzival! Ich habe alle meine Feinde erschlagen!

– Du armer Mann! Du arme Seele! Iß eine Rübe, iß von der Suppe!

Parzival geht in die Hütte. Der Boden ist mit Schnecken bedeckt. Parzival sieht vor, daß er keine zertritt.

Sie essen zusammen die Suppe.

PARZIVAL Rede von deinen Verbrechen!

DER NACKTE MANN Rede du lieber von deinen Verbrechen, du Verbrecher!

PARZIVAL Was verstehst denn du? Ich bin ein Ritter! Ich habe Sir Ither umgebracht, mit einem Stecken, damit ich ein Ritter wurde. Dann bin ich in den Ländern herumgezogen, habe um mich geschlagen und habe Gott gesucht.

– So, sagt der nackte Mann, hast du ihn denn gefunden?

– Nein, sagt Parzival, ich bin in eine Wüste geraten.

Da fängt der nackte Mann an zu lachen, er schüttelt sich und biegt sich und schreit vor Lachen.

Parzival deutet auf seinen weit aufgerissenen zahnlosen Mund und sagt:

– Jetzt hast du eine Mücke verschluckt!

Der nackte Mann klappt den Mund zu, starrt Parzival mit roten Augen an und spricht kein Wort mehr mit ihm.

Parzival geht hinaus ins Freie, wirft Steine in den Fluß und treibt sich im Wald herum. Erst am nächsten Tag setzen sie das Gespräch fort.

PARZIVAL Sag mir doch endlich, was das für Verbrechen sind, die du begangen hast!

Der nackte Mann hat sich jetzt ein Tuch um den Mund gebunden, so kann Parzival nur schwer verstehen, was er sagt.

DER NACKTE MANN Ich war Bauer.

PARZIVAL Ein Bauer warst du?

DER NACKTE MANN Ja. Ich hatte einen Acker, ich hatte eine Frau und zwei Söhne.

PARZIVAL Ein Bauer? Ein Bauer führt doch ein friedliches Leben! Er kämpft doch nicht! Oder hast du deine Frau umgebracht und deine Kinder? Das trau ich dir schon zu! Und ich sehe sie ja nicht hier sitzen.

DER NACKTE MANN Meine Frau ist gestorben. Da bin ich mit meinen Kindern zur Witwe meines Bruders gegangen.

– Ja, gut! Aber das Verbrechen! ruft Parzival ungeduldig.

Der nackte Mann Sie saß allein auf dem Acker. Der Mann war wegge-
laufen. Er wollte kein Bauer mehr sein. Er wollte zu den Kanonieren.
Kanonen abfeuern. Wollte töten und morden wie du.
Parzival *lacht gutmütig:* Meinetwegen! Aber du, was hast du getan?
Der nackte Mann Ich habe sie geheiratet. Die Steine habe ich aus ihrem
Acker geklaubt und ihren Pflug habe ich gezogen. Eines Tages habe
ich gesehen, ich bin ein Verbrecher wie er.
Parzival Wie wer?
Der nackte Mann Wie mein Bruder auf der Kanonenkugel!
Parzival Wie hast du das denn gesehen?
Der nackte Mann Ich habe mich über den Pflug gebeugt und habe die
aufgerissene Erde gesehen.
– Was kannst du denn da Schlimmes gesehen haben! lacht Parzival.
Der nackte Mann Daß ich ein wildes Tier bin, ein Räuber, ein Schäd-
ling! Daß ich nicht wert bin, aufrecht über die Erde zu gehen! Ein Töter
von allem was lebt! Das habe ich gesehen, du Dummkopf!
Er ist so aufgeregt, daß ihm die Wörter im Mund durcheinanderfallen und
Parzival sein Schreien und Stammeln kaum verstehen kann.
– Nimm doch das Tuch ab! sagt Parzival.
Der nackte Mann nimmt das Tuch vom Mund und schreit:
– Käfer mit zerbrochenem Flügel! Zerquetschte Maulwürfe! Zerschnit-
tene Würmer! – Ich war nicht besser als mein Bruder, der ein Kanonier
und Mörder geworden ist!
Parzival *lacht:* Würmer und Käfer!
Der nackte Mann Ich habe den Pflug stehen lassen, ich bin wegge-
gangen.
Parzival Ein Wurm ist doch weniger als ein Mensch.
Der nackte Mann Ach du Dummkopf!
Parzival Sag das nochmal!
Der nackte Mann Du Dummkopf! Du Dummkopf!
Parzival *springt auf, holt mit seinem Schwert aus:* Wenn du noch mal
Dummkopf sagst, erschlag ich dich! ruft er voller Wut, daß er so lange
gutwillig zugehört hat.
Der nackte Mann Siehst du jetzt, was du für ein Totschläger bist!
Erschlag mich doch!
Parzival Du willst mich nur reinlegen!
Der nackte Mann *höhnt:* So einer glaubt, daß er ins Paradies paßt! Nie
wirst du im Paradies sein!
– Verzeih mir, heiliger Mann, sagt nun Parzival, ich muß lernen, meinen
Jähzorn zu beherrschen.
Er schleudert das Schwert aus dem Fensterloch und setzt sich nieder.
Draußen schreien die Hühner. Der nackte Mann läuft hinaus.
Parzival fängt an, die eisernen Platten seiner Rüstung aufzuschnallen und
abzulegen. Der nackte Mann kommt mit einem toten Huhn zurück.

– Siehst du, sagt Parzival fröhlich, mein Schwert habe ich weggeworfen, jetzt ziehe ich auch noch die Rüstung aus! So gut habe ich deine Lehre verstanden. Jeder, der mich umbringen will, kann mich jetzt umbringen: mit einem Schwert, mit einem Pfeil, oder sogar nur mit einem spitzen Ast, den er mir in den ungeschützten Hals bohrt.

– Du hast das Huhn getötet.

– Ach, hat mein Schwert es getroffen?

– Du kannst nichts anderes als töten.

– Das ist nicht wahr, ich will genau so heilig sein wie du! Du wirst es schon sehen!

– Nie! Nie! Nie wirst du das können! höhnt der nackte Mann.

– Du wirst es schon sehen!

Nun versucht Parzival so zu leben wie der nackte Heilige, er jagt keine Tiere mehr, schwindlig vor Hunger ißt er Pflanzen und Beeren und Gras, vor jedem Schritt fegt er mit einem Zweig den Boden vor seinen Füßen, damit er nicht versehentlich ein Lebewesen zertritt.

Eines Tages, als Parzival bei einem Entennest sitzt und darauf wartet, daß die Jungen aus den Eiern schlüpfen und nach Futter schreien, stößt ein Reiher aufs Wasser herunter. Parzival sieht einen Fisch in seinem Schnabel zappeln, wirft sich ins Wasser und erwischt den Vogel gerade noch an den Beinen, als er davonfliegen will.

Verräterischer Vogel! schreit Parzival und reißt ihm mit beiden Händen den Schnabel auseinander, damit der Fisch wieder ins Wasser springen kann.

In diesem Augenblick kommt der nackte Mann vorbei und lacht:

– Hast du nicht aufgepaßt! Bist du ins Wasser gefallen!

– Ich habe einen Fisch vor dem Reiher gerettet!

– Verflucht bist du!

– Der Reiher wollte ihn gerade verschlingen!

– Verflucht bist du! Ein Verbrecher!

– Da schwimmt der Fisch fröhlich im Wasser!

– Und der Reiher?

– Was soll denn mit dem Reiher sein? Er ist ein Räuber, er ist in das friedliche Paradies eingefallen, das habe ich gesehen!

– Mische dich nicht immer ein!

– Wie soll ich denn glauben, daß die Räuberischen sanft werden ohne daß ich mich einmische?

Der nackte Mann wirft die Arme in die Luft und verdreht die Augen, daß man nur das Weiße sieht.

– Ich will den Schwachen helfen, sagt Parzival trotzig.

– Den Schwachen helfen! Und den Reiher läßt du verhungern! Stark und schwach! Das hast du dir so ausgedacht in deinem dummen Eisenkopf!

Stark und schwach! Das hast du dir ausgedacht, weil du selber stark sein willst, weil du kämpfen willst, weil du dich einmischen willst! Weil du richten willst darüber, was lebenswert ist und was nicht wert ist zu leben, weil du Gott sein willst, du dummer Eisenkopf! Dabei bist du nicht mehr als ein Wurm, du nimmst nur mehr Platz weg!

Parzival sieht, wie Fische aus dem Wasser schnellen.

Der nackte Mann höhnt:

– Paß nur auf, daß sie nicht die Wasserflöhe schnappen!

Das schlägt Parzival mit flachen Händen aufs Wasser, aus Zorn über den Heiligen, rutscht aus, fast ertrinkt er.

Parzival verbringt die folgende Zeit damit, die Tiere zu beobachten, die in dem Paradies des nackten Mannes leben. Er sieht die Enten und die Schnecken, die Hühner und den Fuchs, die Schlangen, den Elefanten, den Panther und das Schaf, die Tauben, die Katze, die mit der Maus spielt, die Fische und den Otter, den Frosch und die Fliegen. Er ist mißtrauisch: leben sie wirklich alle friedlich beieinander und tun sie einander nichts? Er will dahinterkommen, wovon sie leben, wenn sie einander nicht töten. Er liegt im Schilf und beobachtet den Frosch, den eine Fliege umschwirrt. Der Frosch glotzt sie an, ab und zu schluckt er, dabei schieben sich die Lider über seine vorquellenden Augen. Weil aber gar nichts weiter geschieht, schläft Parzival bei dem gleichmäßigen Surren der Fliege ein. Als er erwacht, ist die Fliege verschwunden, er sieht gerade noch, wie der Frosch wieder mit geschlossenen Augen schluckt. Hat er die Fliege geschnappt, oder ist sie weggeflogen? – Er sperrt die Katze mit den Mäusen zusammen, die er vorher mit Mühe gezählt hat. Als er am andern Tag nachsieht, zählt er statt zwölf Mäusen sechzehn. Er beobachtet tagelang den Panther, wie er träge im Baum hängt, unter sich die weidenden Schafe. Einmal, als Parzival nachts hinkommt, ist er verschwunden und er kann ihn nirgendwo in der Nähe entdecken. Am nächsten Morgen liegt er wieder auf dem Ast und räkelt sich. Wo ist er in der Nacht gewesen? Hat er draußen in der Wildnis gejagt oder hat Parzival ihn nur nicht gefunden in der Nacht, die so schwarz war wie sein Fell. Parzival legt den Enten dicke Regenwürmer hin, sie beachten sie nicht. Er starrt auf die Hühner, auf die Schlangen, die vom Dach herunterhängen, auf den Hecht unter dem Stein im Wasser, bis ihn die Augen schmerzen.

– Bin ich es allein, der Hunger hat? denkt er. Oder hat der schlaue Heilige die Tiere in diesem Garten so dressiert, daß sie gegen ihre Natur leben? Aber dann müssen sie doch sterben! Wie kommt es, daß ich niemand sterben sehe?

Parzival sieht über den Fluß. Da kommt drüben auf der anderen Seite eine Frau mit einem Karren. Sie schiebt ihn mit großer Anstrengung vor sich her, ein Knabe hilft ihr dabei. Der Karren ist mit Steinen beladen. Auf den Steinen liegen zwei tote Kinder. Die Frau bleibt stehen, nimmt einen Stein vom Karren und wirft ihn über den Fluß.

Parzival sieht ihr zu.

Sie nimmt noch einen Stein, wirft ihn herüber, einen dritten Stein. Parzival läuft in die Hütte des nackten Mannes.

– Drüben am Ufer steht eine Frau und wirft Steine herüber.

Der nackte Mann Bete für sie!

Parzival Kennst du sie denn? Was will sie denn von dir?

Der nackte Mann Wie gut, daß sie nicht über den Fluß kommt!

Parzival Aber sie steht schon im Wasser! Sie will herüber!

Der nackte Mann Das Wasser kommt vom Gebirge herunter, weil der Schnee schmilzt. Wie es rauscht! Wie es sprüht! Wie es schreit! Wie es brüllend über die Felsen stürzt!

Parzival Die Frau schreit! Hörst du sie nicht?

Der nackte Mann O die göttliche Kraft des fallenden Wassers! Wie es gewaltig zum Meer hinunterstrebt!

Da rennt Parzival wieder hinaus.

Die Frau steht drüben und wirft schreiend, voller Wut, Steine herüber. Die Wut gibt ihr solche Kraft, daß sie bis zur Hütte fliegen. Auch der Knabe, der bei ihr ist, nimmt Steine vom Wagen und wirft sie.

– Was willst du? schreit Parzival über den Fluß.

– Das sind die Steine von meinem Acker!

Parzival geht zur Hütte und sagt zu dem nackten Mann: Sie wirft die Steine, die sie von ihrem Acker aufgelesen hat.

Der nackte Mann Ja, ich weiß es.

Parzival Kennst du sie?

Der nackte Mann Es ist meines Bruders Witwe, meine Frau.

Parzival und der nackte Mann hocken in der dunklen Hütte, horchen auf das Prasseln und Poltern der Steine. Sie wollen die kreischende Stimme nicht hören, sie wird aber immer lauter:

– Nimm die Steine! Da hast du sie! Nimm die Steine! Du hast den Pflug nicht mehr gezogen, wie soll ich da säen und ernten! Du bist auch fortgelaufen wie dein Bruder! Da ist das Feld ein steiniger Acker geworden! Die Leute haben mich beschimpft! Das Unkraut ist gewuchert, ist in die Äcker der Nachbarn gewuchert, da haben sie Steine aufgelesen und auf mein Feld geworfen! Hier hast du die Steine! Einen ganzen Wagen voll habe ich hergeschleppt mit meinem Sohn! Die sollen dich erschlagen, weil du mich verlassen hast, hast mir deine Kinder gebracht und hast mich dann verlassen!

Parzival Sie schreit lauter als der Fluß!

Der nackte Mann Eine schrille Stimme hat sie! Eine schrille Stimme!

Die Frau Nimm deine Kinder zurück! Ich habe sie dir mitgebracht! Da, auf dem Karren! Da siehst du sie!

Anmerkungen, Ergänzungen, Varianten

Der nackte Mann fragt Parzival:

– Siehst du die Kinder?

Parzival antwortet:

– Ja, ich sehe zwei auf den Steinen liegen.

Die Frau schreit:

– Hier liegen sie! Sieh dir deine Kinder an.

Da späht der nackte Mann durch das Loch hinaus.

DIE FRAU Sieh nur herüber! Sieh deine toten Kinder an! Sie sind verhungert, weil du den Acker nicht mehr gepflügt hast!

– So? Sind sie tot? ruft der nackte Mann durch das Loch. Sind sie tot? Wer tot ist, kann niemand töten.

Die Frau will über den Fluß herüberkommen. Bis zum Hals steht sie im reißenden Wasser, mit hochgereckten Armen, in jeder Hand hält sie einen großen Stein.

DER NACKTE MANN Ich bete! Ich bete!

Die Strömung reißt die Frau mit sich, in Schaum und Wirbeln treibt sie flußabwärts. Der Knabe rennt am Ufer nebenher.

Parzival denkt drei Tage über dieses Ereignis nach. Er sieht den Karren mit den Steinen und den toten Kindern auf dem anderen Flußufer verlassen stehen. In der dritten Nacht steht er auf und geht suchend umher. Er findet sein Schwert draußen vor der Hütte, bedeckt von Erde und Hühnermist, Gras beginnt darauf zu wachsen. Er nimmt es, geht damit in die dunkle Hütte zu der Nische, wo das Lager des Heiligen ist. Er hebt sein Schwert mit beiden Händen und stößt es mit aller Kraft hinunter, wo er den Kopf des Heiligen vermutet. Er hört einen Laut, aber er kommt nicht aus den Decken, sondern von dem Fensterloch hinter ihm. Da steckt der heilige Mann seinen Kopf herein und kichert:

– Parzival, du Armer! Wie du dich anstrengst! Ich habe heute nacht für dich gebetet! Du strengst dich an, wie du dich immerfort anstrengst! Ich muß lachen, wenn ich sehe, wie du dich immerfort anstrengst!

Darüber gerät Parzival so in Wut, daß er auf alles einschlägt, er zertrümmert Tisch und Stuhl, er tritt die Türe ein, er zerbricht die Zäune, er schlägt mit dem Schwert zwischen die schlafenden Tiere, er trampelt alles nieder und sticht auf alles ein, was einen Laut von sich gibt. Schließlich geht er im Morgengrauen flußaufwärts davon, auf das Gebirge zu.

Als er ein Stück gegangen ist, hört er hinter sich ein schnalzendes, schlappendes Geräusch, er dreht sich um und sieht: ein Fisch springt über die Steine hinter ihm her. Darüber wundert er sich. Er lacht:

– O der Fisch geht über Land und hat doch keine Füße, weit wirst du nicht kommen!

Parzival schüttelt den Kopf und geht weiter. Obwohl er jetzt schnellere Schritte macht und bergauf geht, hört er, daß der Fisch ihm auf den Fersen bleibt. Und er sieht, als er sich umdreht, daß er jetzt sogar noch höhere Sprünge macht, seine silbrige Haut blitzt und schimmert in der Sonne, wie er durch die Luft schnellt. Da bleibt Parzival stehen und spricht zu seinem Verfolger:

– O Fisch! Was bist du für ein dummes, hirnloses Tier! Deine Straße ist doch der Fluß da unten –, wenn du schon auf Reisen gehen willst – und nicht der steinige Weg, auf dem ich laufe. Warum bist du überhaupt aus dem Teich gesprungen, wo du so friedlich und schön gelebt hast? Ich habe dich dem Reiher doch nicht aus dem Schnabel gezogen, damit du hier auf dem Stein in der Sonne kläglich vertrocknest! Und das wirst du! Dann wärst du ja noch besser drangewesen, wenn er dich blitzschnell verschlungen hätte, schnapp und weg! Du wirst doch nicht meinen, daß du mir aus Dankbarkeit folgen mußt, als ob du mein Hündchen wärst, bloß weil ich dich gerettet habe? Meinst du, dein Tümpeldasein, dein dumpfsinniges Dahinleben im feuchten Grund wäre mir so wichtig, daß ich dich deswegen gerettet habe? O du dummer Fisch! Ich habe es doch nur getan, weil ich dem nackten Mann gefallen wollte! Ich dachte ja, er wäre ein Heiliger! Und ich wollte auch so einer sein, – ein heiliger Mann, ein schuldloser Heiliger! Und ich dachte schon, ich würde im Paradies leben für die nächste Zeit und für immer! Ich will mit dir nichts zu tun haben, Fisch! Geh du in deinen Tümpel zurück und ich gehe weiter auf diesem Weg! Ich höre es nicht gern, wie du hinter mir herschlappst und auf die Steine klatschst! Ich hasse dies unangenehme feuchte Klatschen hinter mir! Soll ich mir vielleicht die Ohren zustopfen, deinetwegen? Ich sage dir, wenn du mir in deiner Fischdummheit, in deiner Tümpeltorheit weiter nachspringst, wirst du bald daliegen und die Kiemen blähen und mit dem Maul schnappen. Glaube nur nicht, daß ich dich dann zurück in den Teich trage, wenn du nicht mehr hochkommst! Meinetwegen kannst du dann in der Sonne verdorren und zum Himmel stinken.

Der Fisch liegt auf dem Stein und glotzt.

Parzival geht weiter. Er kommt zu einer Wiese, er läuft durch das Gras, er watet durch den Fluß, der hier, nahe seiner Quelle, ganz schmal ist, läuft auf der anderen Seite den Hang hinauf. Er hat die ganze Zeit den Fisch nicht mehr gehört und denkt: er wird umgekehrt und in seinen Teich zurückgesprungen sein, oder die Sonne hat ihn getötet. Wie er sich noch einmal umdreht, sieht er aber den silbrigen Fisch im hohen Bogen über den Bach hinwegschnellen, bis vor seine Füße.

Da sagt Parzival: In Gottes Namen! nimmt den Fisch, geht mit ihm davon.

Zeitgenosse an König Artus' Hof

Ein Nachwort zu Tankred Dorsts »Merlin«

I

Wir leben längst im Schatten der Aufklärung: in dieser zwielichtigen Zeitzone, da das hellste Wissen dunkel drohendes Unheil gebiert. Naturbeherrschung durch den technischzivilisatorischen Fortschritt verkehrt sich in Naturzerstörung; und die Geschichte der Wissenschaft, die mit jenem biblischen Sündenfall (der Wissen schafft) begann, könnte inzwischen ihr Ende finden im selbsterdachten atomaren Weltende. Die letzte Tragödie, deren Premiere keine Zweitaufführung folgen würde, erzählt eines jüngsten Tags vom Umschlag – griechisch: *Katastrophe* – der instrumentellen Vernunft in das Instrument des Wahnsinns.

Nur noch ein Wunder kann Rettung bringen. Also rettet sich die Kunst, die dem Leben was vormacht, zuerst ins Wunder. Und das Land der Wunder ist das Reich der Märchen und Mythen.

Das an Wundern reichste Schauspiel der letzten Jahre hat im Sommer 1985 der in Paris lebende englische Regisseur Peter Brook inszeniert: eine neun Theaterstunden füllende Dramatisierung des indischen Epos „Mahabharata" (Text Jean-Claude Carrière), einer Sammlung mythischer Heldenlieder, Romanzen, Kriegsstücke, welche in ihrer schriftlich überlieferten Fassung als das umfänglichste Werk der Literaturgeschichte gilt, fünfmal länger als die Texte des Alten und Neuen Testaments. Die achtzehn Bücher des »Mahabharata« (aus dem dritten vorchristlichen Jahrtausend) gipfeln in einem achtzehntägigen Kampf der Fürsten Asiens, in dem Millionen Menschen und Tiere fallen, und die überlebenden Sieger sehen im traurigen Triumph vor sich nur noch eine wüste Erde und ein Meer von Blut.

Auch Tankred Dorsts zwischen 1978 und 1980/81 geschriebenes Schauspiel »Merlin oder Das wüste Land« endet mit einer Schlacht der Giganten, der besten und letzten Ritter der berühmten Tafelrunde von König Artus. Und ist die Schlacht geschlagen, bietet Tankred Dorst gleich mehrere Versionen vom Ende an: eine Vision des Theaters, eine Vision der Naturwissenschaft – und eine des alten Märchens:

»Der Clown stochert in den Leichenhaufen herum. Er findet zwei Brillen, die ineinander verkrallt sind wie zwei Insekten. Er zerrt die Drahtgestelle auseinander. Er setzt die Brillen auf, erst die eine, dann die andere darüber; er sieht nichts. Er knackt die Bügel ab, er wirft sie weg.«

»Der erloschene Zwergplanet, der zu einem flach eliptischen, das galaktische Zentrum der Milchstraße in 30000 Lichtjahren Entfernung umkreisenden Sonnensystem gehörte, hatte nur einen Mond, geringen Durchmesser, hohe Dichte und feste Oberfläche . . . Auf seiner erstarrten Außenhaut aus Gestein und Metall bildete sich unter der schützenden Umhüllung einer feuchten Aura aus Sauerstoff und Stickstoff . . . eine Flora von großer Vielfalt. Sie überzog die Oberfläche des Planetenballs wie ein grüner Flaum. Später entwickelten sich auch verschiedene vielzellige Lebensformen . . . Kurz vor dem Ende des Sterns entstand aus den mehrzelligen Organismen eine Vielzahl verschieden pigmentierter androgyner Wesen . . . Sie entwickelten vermutlich eine gewisse Kultur mit primitiven Religions- und Gesellschaftsformen und erreichten wohl zu gewissen Zeiten ein schwaches Bewußtsein ihrer Vergänglichkeit. Es ist nicht erwiesen, inwieweit sie das Ende des Planeten voraussahen oder sogar herbeiführten. Die wenigen Spuren ihrer Existenz bleiben rätselhaft.«

»Im Morgengrauen erscheint nun eine schwarze venezianische Gondel, blumengeschmückt, darin stehen drei schöne Königinnen, Morgane Le Fay, Morgause, Ginevra. Sie steigen aus und gehen zu König Artus. Sie führen den Sterbenden zu der Gondel, sie betten ihn dort und rudern mit ihm davon über das dunkle Meer nach Avalon.

Die heidnischen Götter kehren zurück. Sie streichen um das Schlachtfeld.«

II

Eine Ahnung kommt hier auf, nicht eigentlich von der Götterdämmerung, aber doch von den letzten Tagen der Menschheit. Hierin liegt gewiß auch ein Bezug zu aktuellen Zeitströmungen. Doch bewegender muß wohl – für einen Regisseur wie Brook, für einen Schriftsteller wie Dorst – die Einsicht sein: In den großen Mythen werden, auf Einzelschicksale projiziert, die kollektiven Erfahrungen der Menschheit aufbewahrt; und deren fundamentale Wahrheiten, das wissen Poeten, Philosophen und Psychoanalytiker, überdauern so beispielskräftig, weil sich zwar die äußeren Lebensumstände durch Wissenschaft und Technik rapide verändert haben, kaum aber die Seele und der Körper des Menschen. Die Liebe und der Tod sind die Pole aller Hoffnungen und Ängste und darum auch aller Dichtung geblieben.

In Horkheimer und Adornos Studie zur »Dialektik der Aufklärung« wird an entscheidender Stelle die Sirenen-Episode der »Odyssee« erinnert: wie Odysseus sich an den Mast seines Schiffes fesseln ließ, um das lockende Lied der Sängerinnen hören zu können, ohne zugleich der Verführung nachgeben zu müssen, sich ihrer Todesinsel zu nähern.

Adorno und Horkheimer bezeichneten mit dieser Episode der »Odyssee« ein besonderes Gleichnis – für die dialektische Beziehung nämlich zwischen rationaler Aufklärung und den Faszinosa vorrationaler Mythen; oder man könnte heute auch sagen: Aufmerksam gemacht wird auf eine geglückte Beziehung zwischen kultureller Tradition und wissenschaftlich-technischem Fortschritt. Denn der Einfall des Odysseus, sich vorab fesseln zu lassen und die rudernden Gefährten anzuweisen, ihre Ohren mit Wachs zu verschließen, durchbricht zwar scharfsinnig den tödlichen Bann der Sage, und doch opfert der Vernunftmensch seinem modernen Sicherheitsdenken nicht völlig den Zauber des Alten. Und so genießt der Listenreiche mit dem Sang der Sirenen noch einmal die Schönheit des durchschauten und damit bereits vergänglich gewordenen Mythos.

III

Tankred Dorst hat in seinen neueren Texten eher realistische Erzählweisen anhand von Stoffen aus dem deutschen bürgerlichen Milieu bevorzugt; doch gab es da, vor und nach »Merlin«, zumindest schon einen Spürsinn und Neugier für den selbstgeschaffenen, die eigene Bürgerlichkeit übersteigernden Lebens-Mythos des Künstlers: in seinem Hamsun-Stück »Eiszeit« (1972) und später, 1983, in »Der verbotene

Garten«, einer szenischen Phantasie über Gabriele D'Annunzio. Mit »Merlin« freilich hatte Dorst auf seine Weise eine »Odysseus-Arbeit« übernommen.

Ein seltsames grandioses Panoptikum eröffnet sich in fast 100 Szenen, zu denen noch allerlei Varianten und Ergänzungen existieren: Christus vertreibt zu Anfang die heidnischen Götter, und drauf gebiert doch eine Riesin, assistiert von einem Clown, den Zauberer Merlin, einen Sohn des Teufels. Und der wird, gleichsam in einem faustischen Pakt mit den Menschen, gutwillig und böstätig, zum geheimen Inszenator blutiger Ritterschlachten und schaurig schöner Romanzen in einer Dramenwelt, die das fabeltrunkene Mittelalter gleich neben dem skepsiskühlen 19. und 20. Jahrhundert aufleben läßt und in der sich Vergangenheit und Gegenwart, Vorzeit und Zukunft durchdringen, verspinnen.

Aus Stoffen der, keltischen Ursprungs, um die erste Jahrtausendwende vornehmlich in England und Frankreich und später durch ganz Europa bis zum Orient verbreiteten Sagen vom Reich und der Tafelrunde des Königs Artus, von den Rittern Lanzelot und Parzival, der schönen Ehebrecherin Ginevra und des Magiers Merlin hat Dorst mit theatralischen Dialogen, Prosastücken, Gedichten und Liedern eine neue Lesart der überlieferten Mythen komponiert. Und dabei ist ihm viel mehr gelungen als nur eine kompilierende Adaption verschiedener Vorlagen – wie die grundlegende Chronik des Geoffrey von Monmouth (»Historia regum Britanniae«, 1132-1139), die Lanzelot- und Parzival-Romane des Chrétien de Troyes (»Le Conte du Graal«, 1180/90), Wolfram von Eschenbachs Epos »Parzival« (1200/10), Thomas Malorys berühmte Zusammenfassung des »Morte d'Arthur« (um 1470), bis später hin zu den Opern Wagners (auch Tristan und Isolde gehören in den Umkreis der Artus-Sagen), der Travestie Mark Twains (»A Connecticut Yankee in King Arthur's Court«, 1889, dt. »Ein Yankee an König Artus' Hof«) oder auch der märchenhaft burlesken Merlin-Komödie Jean Cocteaus, »Les chevaliers de la Table Ronde« (von 1934/37, »Die Ritter der Tafelrunde«) ...

In den frühmittelalterlichen Mythen, die selbst Literaturgebildete und Opernliebhaber nur als einigermaßen entlegen in Erinnerung haben, entdeckt Dorst heute, bar aller Heldentümelei, wieder verblüffend lebensfrische Geschichten. Abenteuer des Erwachsenwerdens, des Verliebtseins, von Familienzwisten, Eifersucht und Freundschaft, Geschichten auch der in fast alltäglichen Erlebnissen noch immer überschießenden Lebenssehnsucht einiger Menschen.

So erscheint der Knabe Parzival erst wie ein ums schiere Menschenleben kämpfender Wolfsjunge, und allmählich wird in dem jugendlichen Wildling ein Abenteurer erkennbar, der die frühe Leidenschaft, Kälte und Neugier einer Rimbaud-Figur mit der vitalen Naivität eines eher heutigen »Ausreißers« verbindet. Und die nach vielen Liebeshändeln, Intrigen und Kämpfen auseinanderbrechende Tafelrunde des Artus-Reichs, einst gedacht als Ort neuer Sinn- und Friedensstiftung, verweist wie eine kühne Metapher auf das Scheitern späterer Revolutionen und historischer Neuerungsversuche. Ein großes Scheitern, in dem doch ein Stück Hoffnung überlebt.

»Merlin« klingt aus mit der letzten Schlacht, die der Britannier-König Artus um das Jahr 537 bei Camlan geschlagen hatte und nach der ihn die Legende für immer auf die Feeninsel Avalon entrückte; mit einem schnellen Szenenwechsel und Gedankenschritt geht freilich der Blick auch schon voraus in eine geisterhaft gegenwärtige Zukunft. Dieses Drama verwebt dabei einen mythischen und einen utopischen Entwurf – ohne die Figuren von einst uns aktualisierend aufzudrängen oder sie durchs Besserwissen der Nachgeborenen nun neuerlich auf Distanz und Marionettengröße zu schrumpfen. Dorst durchwirkt die alten Stoffe wohl mit einer heutigen Ironie, die das Alte als Altgewordenes bezeichnet, aber dennoch nicht gratismütig denunziert. Es ist eine melancholische Heiterkeit am Werke, eine hingebungsvolle Entspanntheit bei der Fügung des immensen Materials und dazu eine kalkulierte Schlichtheit der Sprache (manchmal gewiß an der Grenze des »Uneigentlichen«, allzu Zeitlosen), mit der hier das Morden und Minnen und am Ende ein apokalyptisches Schlachten aus der sagenhaften Ferne in neue sagbare Nähe geholt werden. Die so poetisch beglaubigte Dialektik der Aufklärung gibt im »Merlin« darum den seit Kindertagen vertrauten Zauber der Mythen und Märchen nicht preis. Und Tankred Dorst sind Szenen-Bilder eingefallen, wie sie aus der

Dramenliteratur der letzten 20 Jahre sonst kaum erinnerlich sind: phantasmagorische Entwürfe und Imaginationen, die an Gemälde von Hieronymus Bosch oder an Filme von Fellini und Kurosawa denken lassen und in den Sphären der politischen Familien-Fehden natürlich auch an Shakespeare (Mordreds Versuch, die Herrschaft Artus' zu usurpieren, gleicht einer Paraphrase des elisabethanischen Königsdramas).

Ein Stück Literatur, aufgemischt aus vielerlei Ingredienzen (neuphilologisch: »Textsorten«), aber allemal eines, das in die dritte Dimension des Schauspiels drängt. Deshalb ist der Magier Merlin, der in einer Episode, wie ein weise gewordener Peer Gynt, seinem Vater Mephisto sagt, »Der richtige Weg ist der, auf dem der Mensch sich selber findet«, vom Autor auch gedacht als ein durchaus irdischer, jetztzeitiger Entertainer. Das literarische Märchen soll mit Merlins Hilfe noch einmal ein Stück Welt-Theater werden. Und die Aufführungen auf deutschsprachigen Bühnen und im Ausland haben seit 1981 gezeigt, daß nach Merlins Taktstock, Slap-stick, Zauberstab durchaus zu tanzen ist.

IV

Entertainer. Das mit einem Wort angedeutete jetztzeitliche Moment bringt auch mit sich, daß Dorsts Sprache zwar viele Stile beherrscht (und vorweist), nur nicht den des *tragischen Pathos*.

Seit Brecht, der so viel urgewaltiges Gefühl nicht mochte und im übrigen das *absolute* Unheil (der Tragödie) im »Theater des wissenschaftlichen Zeitalters« gebannt sehen wollte durch die klar erhellten Kausalitäten sozialer Mißstände und den Hinweis auf ihre menschenmögliche Veränderung, seit Brecht also und dann später mit Dürrenmatts Diktum, daß im Zeitalter der Bombe nur noch die Groteske dem Theater und der Realität gerecht werden könne, ist das Pathos der Tragödie verpönt. Und die Tragödie ist auch keine mehr, sondern erscheint allenthalben im Gewand der schwarzen Komödie (diese Verwandlung ist Thomas Bernhards liebstes Spiel). Bei Shakespeare, dem Lehrmeister, hielt die Tragödie im klassisch-antiken Sinne – nicht: das erbaulichere bürgerliche Trauerspiel – dem kruden Nebeneinander und Durcheinander von Farce und Fürchterlichkeit aus; da war der Totengräber wohl ein Clown, aber der Tod noch keine Clownerie.

Tatsächlich sehe ich im Mangel an tragischem Pathos einen möglichen und den einzig gewichtigen Einwand gegen Dorsts »Merlin«.

Wie aber, läßt sich sogleich gegenfragen, ist die notwendigerweise an das einzelne, individuell erfahrbare Schicksal geknüpfte Tragödie im Theater oder sonst in den Künsten noch darstellbar angesichts des abstrakten globalen Schreckens, der uns mit den täglichen Nachrichten flimmernd-unwirklich überzieht – solange Tausende von Stunde zu Stunde verhungern und Folter und Massenmord nicht mehr »ewige« Themen der Epen und Tafelbilder sind, sondern Tagesthemen auf dem Bildschirm, im Fernschreiber?

Keine neuen Fragen. Und als älteste Antwort bleibt da nur im Olymp des Theaters ein homerisches Gelächter, zur schwarzen Weltkomödie der Beifall der alten, toten Götter.

Auch die Re-Mythisierung oder die Verdoppelung des Mythos hilft nicht weiter. Robert Bresson, der materialistische Magier des Films, hatte 1973 im Kino nochmals eine Geschichte von Lanzelot erzählt (»Lancelot du lac«): Das war ein unheimliches, fast ununterbrochenes Gegeneinanderwüten der Ritter in ihren Blechrüstungen, die sie alle, bei geschlossenem Visier, zu nichts als gesichtslosen Monstern machte – und die blutigen Kriegsspiele des Mittelalters wie eine ferne frühzeitliche Science-fiction-Geschichte erscheinen ließ. Das Endbild einer Welt kämpfender, sterbender Roboter. Gestern und morgen. Nur nicht heute.

Das wirkte so genial wie kalt, keine menschliche, bloß eine unmenschliche Tragödie. Tankred Dorst hat dagegengesetzt: eine *comédie humaine*. Und das Jetztzeitliche der alten Geschichte beruht auf dem Gedanken einer thematisch, motivisch übergreifenden Immanenz. Was mit dieser Schlußfolgerung gemeint ist, mag eine gleichsam historistische Szene aus diesem Buch erläutern, dessen Untertitel »Das wüste Land« nicht zufällig auf das Hauptwerk des christlichen, aber nicht optimistisch inspirierten Dichters T. S. Eliot verweist:

»Riesige überfüllte Parkplätze, verstopfte Zufahrtsstraßen zu dem Hügel am Rand der Großstadt. Der Hügel ist aus dem aufgetürmten Trümmerschutt des Krieges entstanden und in eine künstliche kleine Gebirgslandschaft verwandelt worden. Rasen, blühende Büsche; schmale gewundene Pfade führen zum Gipfel hinauf, wo die Kreuzigung stattfindet. Große Zuschauermenge. Der sterbende Christus am Kreuz.«

Umschreiben wir den Gedanken der »Immanenz«, in der sich Mythos, Utopie und Gegenwart durchdringen, am Ende mit einem Zitat. Patrice Chéreau hat nach den Erfahrungen mit seiner mittlerweile selbst legendär gewordenen, Urzeit, Mittelalter und das 19. Jahrhundert als unsere eigene Vorvergangenheit miteinander untergründig verbindenden Inszenierung des »Ring des Nibelungen« in Bayreuth gesagt: es gehe ihm und seinen Mitarbeitern mit Blick auf Wagners Werk »um eine zeitgenössische Analogie, eine Allegorie. Wir wollten ein imaginäres Bild der Gegenwart aufbauen.«

Ein solches Bild hat auch Tankred Dorst entworfen. Unser Zeitgenosse an König Artus' Hof.

Peter von Becker